U0015336

華德福經典教養書

故事
是教養的
魔法棒

Healing Stories
for Challenging Behaviour

蘇珊·佩羅（Susan Perrow）—— 著

張書瑜——譯

小樹文化
Little Trees

華德福經典教養書

故事是教養的魔法棒

Healing Stories for Challenging Behaviour

作　者：蘇珊‧佩羅（Susan Perrow）
譯　者：張書瑜
總 編 輯：張瑩瑩｜主　編：鄭淑慧｜責任編輯：謝怡文｜校　對：林昌榮
封面設計：周家瑤｜內文排版：洪素貞｜出　版：小樹文化

發　　行：遠足文化事業股份有限公司（讀書共和國出版集團）
　　　　　地址：231 新北市新店區民權路 108-2 號 9 樓
　　　　　電話：(02) 2218-1417 傳真：(02) 8667-1065
　　　　　客服專線：0800-221029
　　　　　電子信箱：service@bookrep.com.tw
　　　　　郵撥帳號：19504465 遠足文化事業股份有限公司
　　　　　團體訂購另有優惠，請洽業務部：(02) 2218-1417 分機 1124、1135

法律顧問：華洋法律事務所 蘇文生律師
出版日期：2013 年 7 月初版首刷
　　　　　2020 年 5 月 6 日二版首刷
　　　　　2023 年 6 月 19 日二版 3 刷

國家圖書館出版品預行編目資料

故事是教養的魔法棒 / 蘇珊.佩羅(Susan Perrow) 著；
張書瑜譯. -- 二版. -- 新北市：小樹文化出版：遠足
文化發行, 2020.05
　面；　公分

譯自：Healing stories for challenging behaviour

ISBN 978-957-0487-30-5(平裝)

1.親職教育 2.說故事 3.問題兒童教育 4.行為改變術

528.2　　　　　　　　　　　　　109004443

All rights reserved　　版權所有，翻印必究
Print in Taiwan
特別聲明：有關本書中的言論內容，不代表本公司/出版
集團之立場與意見，文責由作者自行承擔
Healing Stories for Challenging Behaviour by Susan Perrow
1 Lansdown Lane, Stroud, Gloucestershire, GL 5 1BJ, UK
www.hawthornpress.com
©2008 Hawthorn Press Ltd, Hawthorn House,
Complex Chinese translation © 2020 Little Trees Press

小樹文化　　小樹文化
官網　　　　讀者回函

本書獻給所有的孩子。

感謝我的孩子基倫、西蒙和傑米，他們的童年與我的說故事之旅密
不可分。

感謝我的丈夫約翰，他給了我無盡的支持和愛。

感謝我的孫子們，我希望能與你們分享我的故事。

感謝南希·梅隆、馬丁·拉卓、麥克·墨仁，和馬修·巴頓，他們
認為我的故事可以大放異彩，鼓勵我寫出這本書。

感謝我的老朋友、夥伴和指導老師蘇珊·哈里斯，是她教會我面對
挑戰永不退卻。

感謝澳洲和非洲的所有孩子、家長和老師們，他們給了我寫作的靈
感，一路跟隨我載歌載舞。

——蘇珊·佩羅

讓「故事」的力量，
啟發、激勵更多的聽者

文／資深華德福教師　林麗真

　　受託，寫序。一時之間，竟然為之困頓。大多數曾聽過我講課的人，總認為，寫一篇序文，對我而言，應當是輕鬆容易的事。此時，仔細思量，我才發現：說與寫，是如此的不同！在「說」與「聽」的當下，人與人，直接相遇，每一瞬間都在創發出鮮活的體驗。大多數的人會認為，「說」者是給予，「聽」者是接受。事實不然，真實的情形是，「聽」者牽動著「說」者，共同誘發、完成「創造」的過程。本書作者所呈現的諸多故事，它們是應「聽者」而創生。**作者把這一切鮮活的創發過程與體驗，轉為文字，讓更多「隱形的聽者」獲得啟發、激勵。**

　　然而文字形式的「故事」，必須在音聲當中，在人與人的相遇當中，再次注入生命。古老「說書人」的圖像，道盡這相互關係中的奧祕：在陰鬱的大榕樹下，在熙來攘往的大廟口前，一群村民、孩童三五成群的圍繞著一位長者，期盼的眼神，等待著，說「西遊」，道「三國」——人類遠古的開端，藉由口述，一代又一代的傳述下來。它們，徙迤於時光之流，歷久而彌新；它們，迴響於各種不同的語言音聲當中，承載著亙古不變的真理、智慧。

我多麼希望，能夠用「說」的，為這本書做序；因為作者所呈現的，是她生命當中「真實的故事」。因此，我想邀請各位讀者，請您們也用「說」的，為這本書做序；如此，「故事」將再次生活起來！

（此文為林麗真老師於 2012 年為此書所撰寫的推薦序，希望這篇文章能夠延續麗真老師對讀者的啟發，陪伴我們看見故事療癒的力量。）

說故事的大人要不斷更好，
孩子才會更好

文／國際說故事人　胖叔叔（陳銘驤）

　　人與人，面對面，共享說故事的時光，這實在是一種太美妙的人類活動。自40歲從軍中退休後，我意外成為一年要說三百場故事的志工胖叔叔，我完全體會並且認同本書作者蘇珊・佩羅所形容的「故事之光」。正因為故事散發出奇妙的魔力之光，讓我獲得孩子和家長們的喜愛和肯定，彼此間建立了溫暖而愉悅的情誼，不僅在台灣許多地方，包括育幼院、醫院、圖書館和兒童美術館，就連才首次造訪的馬來西亞，都因為故事之光的神奇力量，讓我和當地大小朋友們歡樂又融洽。

　　現在越來越多的家長相信，為孩子說故事的妙用多多，專家學者們也說，**聽故事會讓孩子們更聰明、有智慧、愛閱讀、會思考，而且親子共讀又可增進親子關係**。的確，為了讓孩子更好，為孩子說故事一定比放任孩子使用電子產品更有益處，不過，為孩子說故事的大人自己也要不斷更好，才會讓聽故事的孩子更好；如果我們希望透過說故事來幫助孩子，就一定要讓說故事先為我們自己帶來幫助，例如快樂、自信、肯定和成長。而作者在本書中為我們指出了一條在說故事裡的自我成長之路——就是創作具有療癒功能的故事。

書中展現令人印象深刻的故事教導魔力

　　身兼母親和幼兒教師雙重身分的作者，在本書中道出許多令人印象深刻的故事創作實例，展現出對孩子的教導魔力！例如，鞦韆的安全帶變成故事裡的「魔法帶」，讓原先不想被綁住的小女孩欣然繫上，因為這樣才能變成小公主飛起來；還有，透過故事的想像力，尿尿變成了瀑布，讓小男孩願意接受爸爸的挑戰，盡力使「瀑布」直入馬桶，從此再也不會對不準，尿得到處都是。

　　最讓我感動的是〈小精靈〉的故事（請參考本書P41）。故事中的小男孩不知道為什麼單親的爸爸常常會發脾氣，奶奶告訴他是因為小精靈沒來家裡幫忙做家事，小男孩出門到處找，直到貓頭鷹告訴他，要站在月光下的湖邊，對著湖水唸出謎語：「小精靈，快出現，看進湖裡我發現……」於是，小男孩在湖裡看見自己的倒影，發現自己就是小精靈，於是他回到家裡，在晚上悄悄幫忙做家事，再進房睡覺，等爸爸起床後一看，快樂的大叫：「小精靈來過了！」

　　當作者為她兒子說完這故事以後，竟然發現兒子也開始連續好幾個月在晚上偷偷起床，刷刷洗洗做家事，而她也會在早上快樂的說：「噢，小精靈來過了！」這些往事成為作者和兒子之間多年後快樂的回憶，這就是故事的魔力。

本書的故事創作建議，讓說故事的我們能自我成長

本書針對許多孩子可能會出現的行為，如「無聊、抱怨、不誠實、鬼鬼祟祟、不尊重、不愛惜、貪心、不願分享、急躁、缺乏耐心」等，列舉出對應的療癒性故事，讓讀者可以直接參考運用，而作者也提醒大家，只有自己最了解自己所帶孩子的一切，所以自己正是可以為孩子量身創作故事的最佳人選。

作者在書中介紹了故事創作的三項結構：「隱喻、情節和解決方案」，可以幫助我們分析各個故事的結構，進而練習針對孩子的需要，向著創作故事之路邁進，讓我們在說故事上更能夠自我成長。

或許我們一開始會對創作故事有些遲疑卻步，但正如作者所說：「每個人心裡都有個故事家，希冀能有嶄露頭角的機會。」說故事在傳遞自身家族故事及文化價值觀念上，都可以發揮重要的功能，而創作故事更能讓我們進入自我開發及肯定的新層次，的確值得所有愛好說故事的大朋友好好嘗試及探索，讓自己成為受到大小孩子們喜愛的故事家。

請相信，**說故事不僅是為孩子好，更應該要先讓我們說故事的大人更好；我們能夠更好，孩子們才會更好。**

即使故事只有一分鐘，
也能出現正面改變

文／華德福教師 南希・梅隆（Nancy Mellon）

　　二十一世紀初，就在電子產品日益更新的同時，說故事的傳統卻也在世界各地興盛起來。這是因為用來傳遞感情的聽說能力，逐漸被冷冰冰的電子產品取代。這個興盛似乎預見了即將流行的手機、電腦以及簡訊時代的來臨。大家渴望比較健康的溝通方式，找回說故事的藝術，成千上萬人都聽到了這樣的呼喚：「去講故事吧！從此時此刻開始吧！溫暖你的心靈，訓練你的想像力，喚醒這些感動身心的語言吧。」

　　正當大大的電視霸占了餐廳、客廳與起居室，成疊未被翻動的印刷品堆在各個角落裡積滿灰塵時，世界各地的說故事團體卻聚在一起，體驗著這種特別的溝通方式。越來越多的父母、祖父母、教師和領導人物，開始重新找回自己的說故事能力。在家庭、學校和各種聚會場所，人們重新拾起字句和情節，賦予文字新的養分，細細琢磨，想要尋找更生動的表達方式。在這樣的過程中，渴望已久的溫暖感覺又重新傳遞在人心之間。

　　說故事的人既是表演者也是藝術家，能夠療癒人們的心靈。從遠古時期開始，故事家和療癒者的角色就密不可分；即使激勵人心的故

事只有一分鐘，也能讓說故事者和聽眾出現正面的改變。他們也發現，**藉由無窮盡的想像力可以解決各種問題，有技巧的轉變原本被忽略或壓抑的問題，喚醒靈性的覺醒。**

　　新世紀的開始，一群有遠見的社會工作者、教育者和治療師決定作一個大範圍的調查，想了解有哪些人發揮出故事的預防作用，並用故事來幫助身心健康。他們得到了非常熱烈的迴響，愛講故事的人紛紛浮現，遍布各行各業。各種聯盟和研討會因而成立，定期舉行討論。時至今日，已經形成一個營運完善的國際性組織「療癒性故事聯盟」，總部位於美國，並聯合了英國、瑞典、澳洲以及其他許多國家的故事聯盟，致力於弘揚口述傳統，讓人們重拾說故事的樂趣。

　　就在這項運動展開之時，2006年，我首次受邀來到澳洲授課，探討故事對身心靈的影響。授課期間，本書作者蘇珊・佩羅邀請我住到了她在拜倫灣的家。蘇珊謙虛的與我分享她在講故事和當老師的過程中的種種收穫。從蘇珊的抽屜和筆記本當中，看得出她逐漸展現說故事方面的創舉以及新的發現。我對這一切感到相當激動。我發現，多年來她一直肩負著故事家的使命，用故事來療癒人們的心靈。你即將讀到的這本書，就是當時我們突發奇想的成果。

　　經過許多個月的努力，蘇珊・佩羅將她鼓舞人心的歷程，寫成了這本充滿啟發性的書。我相信，以她的智慧、想像力和慷慨，能讓你體悟到說故事所帶來的歡樂和療癒力量。希望本書能夠鼓勵你多說些對孩子及大人多所助益的療癒故事。

故事的療癒之光，
讓孩子回歸平衡的生活

文／蘇珊‧佩羅（Susan Perrow）

　　我第一次體驗到故事對孩子具有神奇效果的時候，彷彿感覺到黑暗中現出了一道曙光。而且這個方式不管是對我的孩子或是其他孩子都有效。隨著時光流逝，我在管教孩子時，越來越常運用這種「故事之光」。於是我開始寫故事，並融合其他文化中充滿智慧的故事。

　　多年以後，我在東非進行教師培訓工作時，發現斯瓦希里語[1]中有個很美妙的單字，很符合當年的體驗。這個詞就是「ANGAZA」，意思是「照亮（某物）」。「Hadithi kwa kuangaza usiku」就是「照亮黑夜的故事」。

　　撰寫此書的目的有兩個，不僅想與你分享這些「故事之光」，也想幫助你寫出自創的療癒性故事。本書各個章節中，我收集了許多現代與傳統故事，也加入自己創作的故事。**這些故事充滿了想像力，可以幫助孩子改變不良行為或狀態。教師、父母、幼兒工作者和兒童治療師，也能從中學到如何針對兒童的失序行為創造療癒性故事。**

　　本書包含八十個故事，為了方便查閱，故事已依照對應的行為類

1　編注：斯瓦希里語（kiswahili），為非洲語言中使用人數最多的語言。

型分類，讓你可以引用、修改或模仿以自創故事。每個故事都有簡單的說明，內容包含適用的年齡以及使用建議。這些行為類型涵蓋了一般認知的各種失序行為，譬如：不誠實、懶惰、捉弄他人、霸凌等等，還包括收拾整理等日常情況、搬家的經歷，以及分離焦慮、恐懼和噩夢、疾病和親人去世等問題和困境。

這些故事適用於3～8歲的兒童。然而，故事經常發揮意料之外的作用，像一些為兒童而寫的故事，有時候也能使青少年和成人發生很大的轉變。在這本書中，經常看見這樣的例子。

「人們常常忽視故事神祕和強大的力量。藉著潛移默化的方式，故事將影響著你內在的心靈和自我，在改變你的同時也成為你的一部分。」——班·歐克里（Ben Okri）[2]

「療癒」（Healing）一詞在字典裡的解釋是「使達到平衡，變得健全或完整」。因此，本書療癒失序行為的方式，就是透過故事幫助人們恢復平衡和補足缺失。如果你受到了啟發，希望寫出自己的療癒性故事，請參考本書的故事創作模式。這個創作模式包括三重架構——「隱喻」、「情節」和「解決方案」。

在這個創作模式中，**「隱喻」以充滿想像力的方式，幫助聽者與故事建立聯結，具體化負面的失衡狀態以及正面的平衡狀態。隨著故**

2　出自班·歐克里所著的《天上的飛鳥》（*Birds of Heaven*），鳳凰出版公司（1996），倫敦。

事發展，「情節」會升起「張力」進入「失衡」的狀態，最後會跳脫這種狀態，進入健康而正面（並非引起罪惡感的）的「解決方案」。

此外，本書還介紹了「如何針對不同年齡選擇合適的故事」、「如何融入不同文化」、「如何利用道具和其他輔助物」，以及「說故事時應遵循哪些原則」。透過閱讀本書，我希望你會受到鼓舞而想創作自己的故事，進而延續古老的說故事傳統並發揚光大。

在人類歷史上的許多傳統文化中，部落或社群的睿智長者也身兼導師，他們天生就會利用隱喻和故事來教育孩子。透過「有智慧的故事」引導和啟發孩子的行為、開啟孩子的想像力，以正面、肯定的方式與孩子溝通。本書就是想重啟人們運用隱喻和故事。

如何使用本書：理解孩子的背景，為孩子量身創作故事

建議讀者從頭讀起，不需過多分析或質疑，只要跟隨本書的「故事之旅」。我還寫了很多個人趣聞，希望能讓你產生共鳴。你可能會想跳至 Part 3、Part 4，閱讀針對各類行為的故事，不過，如果想研究這些故事的創作過程，並探討如何編故事，請翻回到 Part 2。最後，當你準備好要講故事時，可以參考本書 Part 5，掌握說故事訣竅。

本書並不是用「父母篇」、「教師篇」和「治療師篇」的分類法，因為我認為這三者的角色互相重疊。老師針對孩子不收拾東西時所說的故事，父母也可利用來教導孩子維持家中的整潔；當家長創作故事來處理孩子在家中不誠實的行為時，老師也可從中受到啟發；治療師的故事也可提供新的想法和隱喻給家庭與學校，反之亦然。

請記住，故事並非解決問題的萬靈丹，也無法應對所有情況。任何行為都是在特定背景下產生，有其前因後果，不可能只用一種方法就解決。而且每個孩子都有不同成長背景及環境，包括家庭、學校、社區以至於整個大環境。因此，**對孩子來說，只有最了解孩子人際關係、環境及人格特質的你，才是為他們量身創作故事的最佳人選。**

這本書的主要目的，就是希望激發你創作療癒性故事的動力，但請不要執著於追求完美。你所創作的故事可能會有很多瑕疵，但正如李歐那・科恩（Leonard Cohen）所說：「瑕疵是為了讓光照進來。」最重要的是你試過了！來自裂縫的光芒或許能讓你學到最多。

「敲響每個還會響的鐘，忘了你的美麗夢想，世間萬物皆有裂痕，因此光才能透進。」——李歐那・科恩3

本書是我練習和嘗試多年的結果，撰寫這本書的過程有掙扎也有快樂。理論架構的部分比較花費心力，但是書中集結的故事，是我三十多年來為人師、為人母教養孩子的經驗，很自然的就躍然紙上。

經營說故事工作坊和研討會幾十年下來，我得到的感想就是：每個人心裡都有個「故事家」，希冀能有嶄露頭角的機會。希望這本書的出版，能夠讓說故事在家庭、學校和社區生活中再次被重視，也希望能對大家有所助益，將故事的療癒之光照耀你所關愛的孩子。

3　出自李歐那・科恩（Leonard Cohen）的歌曲《聖歌》（Anthem）。

目錄

Part 1　從我的故事之旅，看見故事對教養的神奇魔力

Chapter 1　故事可以讓乾癟如梅乾的心靈，變回多汁的鮮梅

26

對孩子來說，故事的想像世界就跟現實世界一樣真實

茁壯的想像力，會隨著年齡增長慢慢萎縮

充滿想像力的故事與大自然，讓我們尋回早已失去的能力

簡單的小故事與童年回憶，就能建立說故事的信心

跟隨自己的直覺，就能創造療癒故事

列出你的問題和擔憂，找回你的說故事自信

Chapter 2　讓故事成為家庭生活的一部分，為生活增添活力與色彩

39

故事與歌謠，可以改變家庭生活氛圍

運用故事，培養孩子幫忙做家事

Part 2 創作療癒故事，
從了解故事與行為的關聯開始

Part **3** 針對失序行為的故事

Part *4* 幫孩子面對成長挑戰的故事

Part 5 說故事的藝術：
說故事的技巧與演繹方式

說故事呈現的個人風格，讓故事更加親切

閱讀故事書所仰賴的書面文字，依然是重要的成長經歷

三大重點，讓你的說故事技巧和程序更加順暢

從我的故事之旅，
看見故事對教養的
神奇魔力

Welcome

打開本書之前，或許你很懷疑「故事」對於親子溝通的效果，又或許，你覺得「說故事」是很棒的教養法寶，卻苦於沒有信心自己創作故事。「故事醫生」蘇珊‧佩羅，要用最貼近我們生活的經驗談，帶我們一起探索創作故事的過程。跟著蘇珊‧佩羅的故事創作節奏，你就會發現，原來創作故事是如此簡單。

Chapter 1

故事可以讓乾癟如梅乾的心靈，變回多汁的鮮梅

有位母親曾把可能成為神童的9歲兒子帶到愛因斯坦面前，請教怎樣才能使孩子的數學更精進。愛因斯坦回答：「給他講些故事。」這位母親還是不停追問有關如何讓數學更好的答案。愛因斯坦說：「如果想讓他變聰明，就給他講故事；如果想讓他有智慧，就講更多的故事。」

對孩子來說，故事的想像世界就跟現實世界一樣真實

1970年代，當我還是個實習老師的時候，第一次讀到愛因斯坦對故事和想像力的觀點。我最喜歡的科目是數學，也對愛因斯坦的著作很著迷，所以我很想知道「為什麼像他這樣的數學天才，竟然把想像力看得比知識重要」。他提出，知識僅侷限於我們所知的一切，而想像力則涵蓋了未來所有的可能性。根據愛因斯坦的理論，**想像力會促使人們進步，而偉大的發明需要豐富的想像力。**

對我來說，這是一個全新的概念，使我第一次將故事、想像力和教育聯結起來。我在24歲取得教育學位後就開始教書，而且工作不到六個月，就第一次體驗到故事對兒童想像力的影響。

　　那時我在澳洲雪梨一所幼兒園當助理教師。當時，再過幾週就要過聖誕節了，老師決定從《胡桃鉗》中找一個適合聖誕節主題的故事。她希望請「糖梅仙子」來班上，所以要找人扮成這位仙女。老師不但要我認同這想法，還要我扮演這角色。我還記得，剛開始我認為這個想法很好笑，覺得孩子一定會認出我，而破壞了神祕的氣氛。

　　聖誕節那天的遊戲時間，我悄悄從課堂上離開，到儲藏室換上了「仙女」的服裝。我穿著母親的白緞婚紗蓬裙，一隻手拿著金星魔杖，另一隻手提著一籃用紅色玻璃紙包著堅果和葡萄乾的「糖梅」。

　　這時候，老師已經讓二十五個孩子圍著她坐成一圈，在指定的時刻，我緊張的跳著舞來到圓圈中間。孩子都非常驚訝！老師開始彈奏故事裡的音樂，而我則分給孩子每人一顆糖梅。此時，一個剛滿6歲的男孩伸手摸了一下我的裙子，睜大眼睛說：「我從沒有摸過真正的仙女！」

　　然後我換回平常穿的衣服來到花園，孩子正在玩耍。他們當中有些人依然小心翼翼的握住糖梅，想等父母來了才吃，另一些正開心的吃著。孩子看到我，便大聲喊著：「蘇珊，妳到哪裡去了？妳錯過糖梅仙子了！」

　　這件事讓我留下很多的疑問。隨著時光流逝，當我也成為媽媽以後，我觀察到故事如何影響孩子的想像力，而促使我想要更進一步去研究。

茁壯的想像力，會隨著年齡增長慢慢萎縮

　　開始探究孩子想像力的深度和廣度後，我首先注意到的是兒童的想法與成人有很大的不同。在接受教師培訓的過程中，我修過兒童發展這門課，我了解兒童並不是縮小版的成人。我直接觀察自己的三個兒子和班上的孩子，就發現他們和大人天差地別，可說是不同世界的人；生理、情感、人際關係和認知上都不相同，或許也可說是成熟度和發展程度的不同。

　　但是想像力呢？**想像力與人類大多數特質不同，它一開始是茁壯又神奇的，但是卻逐漸萎縮！**記得小時候，我的想像力能夠把我送上雲端，這些雲一會兒變成馬，一會兒變成海豚或巨龍，也能帶我翻越高山，離開我居住的小鎮，我會想像自己隨著門前的鐵路，出發前往充滿冒險的廣闊世界。這種力量甚至能使我融入花園裡的植物、花兒和小蟲，與這些活潑、鼓動的生命合而為一。想當年，一切事物都充滿可能性。我還記得那種境界——我就是世界，世界就是我！然而所謂的成長和發育期結束後，我變成一個缺乏想像力的成年人，需要刺激才能重啟想像力。我的許多成年朋友也有類似的經歷。這該如何解釋呢？

　　我花了多年的時間尋求解答，但是我並不是在教育心理學或研究兒童成長的書籍裡找到答案，而是從富含想像力的詩歌中發現的。華茲華斯（William Wordsworth）的詩〈永生之暗示〉（Intimations of Immortality）讓我首次有了觸動心弦的深刻領悟。這首詩完美捕捉到了孩子的成長歷程：從虛無縹緲的精神世界來到塵世中，然後經歷童年、青

少年，再步入成年。

以下是華茲華斯〈永生之暗示〉的節選：

人的出生不過是一場遺忘與睡眠。

從我們體內升起的靈魂，

也是我們生命的太陽，

原本另居他方，

而後自遠方來到我們身上⋯⋯

並非全然遺忘，

亦非全然赤裸，

而是拖曳著榮耀的雲霞

從神的國度而來。

幼兒時，我們身披天國的明輝。

兒童漸長成，牢籠的陰影便漸漸向他逼近，

然而那明輝，那流動著的光源，

他還能欣然望見。

少年時，

他每日離東方漸行漸遠，

也還能領悟造化的神奇，

幻異的光影依然是他旅途的同伴；

成人時，明輝便泯滅，

消退於平凡的白日之光。

因為這首詩的幫助，我能夠更完整描繪出兒童意識的發展過程，而且這段過程不僅僅只有成長，也有失去。看著熟睡的嬰兒，我時常想起這一句「幼兒時，我們身披天國的明輝」——這個景象彷彿天使降臨，神聖感油然而生。但這些「祥雲」漸漸消逝，然後，正如華茲華斯的悲嘆，當兒童漸漸成長，牢籠的陰影便漸漸向他逼近，直到最後「幻異的光影……消退於平凡的白日之光」。

我一直在思考，有沒有方法能使這種率真、充滿活力的心靈相通，不再因成長而退化？

我疑惑了很久。直到最近，我有個驚喜發現，而且這個發現讓我這樣的講故事者，得到極大鼓舞。和華茲華斯一樣，歐文·巴菲爾（Owen Barfield）在《物質、想像與精神》（*Matter, Imagination and Spirit*）一書中，也描述了兩種現實——精神的與物質，「隱藏」與「日常」。但是他並不用二分法把成人歸類，而是建議我們在這兩者之間搭起一座橋，形成一條互通的道路。這條連接著物質和精神之間的橋樑就是「想像力」，巴菲爾把它描述成一座想像的彩虹橋。當然還有很多方式可以搭起這座橋樑，如禱告、沉思、音樂等等。但是對我來說，「想像之橋」的想法就如同美妙的鈴聲在我耳邊迴響。

由於這些詩意的啟發，我了解到孩子為何容易接受故事與童話。因為**他們還處在夢幻的階段，對事物都持開放的態度，不論是身體或感受，或是現實與精神，所以他們不會因為現實或理性，去排斥或拒絕故事**。真理就蘊藏在豐富的故事王國中，還有什麼能比故事更能打動孩子，更符合孩子與生俱來的想像力呢？身為成人，除非我們所受的教育充滿想像力，並具備豐富的故事，或者天生就具有充沛的想像

力和創造力,不然我們必須非常努力才能保有想像力。

有人曾經問我6歲的兒子為什麼喜歡童話故事,他說:「因為故事中說的就是我所想的。」這童稚的智慧又使我更了解到──對於孩子來說,想像的精神世界就像現實世界般真實。在這兩個世界之間,孩子似乎有能力像蝴蝶般在想像之橋來回穿梭,而大多數成人卻像長了很多腳的毛毛蟲一樣,要跨出一小步都很困難。

一位年長的導師曾跟我說過,說故事者的旅程是屬於「精神上的追尋」。當我第一次聽到這種說法時,還不知道講故事跟精神有什麼關聯,但現在我明白她為什麼會這樣想了。因為故事可以豐富我們的想像力,幫助成人化蛹成蝶,在潛藏於精神世界裡的花園翩然起舞。

充滿想像力的故事與大自然,讓我們尋回早已失去的能力

曾經有位年輕的醫生報名了我的說故事課程。在自我介紹時,輪到他說明為什麼要參加這個課程,他敘述自己在讀了六年醫學院後,心靈乾癟得像是「梅子乾」。他希望透過學習講故事,再度活化自己的思維,重新變成多汁的「鮮梅」,甚至回復童年時的靈活。接下來的幾個星期,從一個簡單的故事開始──胡蘿蔔的一生,用胡蘿蔔種子和一根真胡蘿蔔作為道具,他進步到能講出許多精采生動的故事,甚至能夠編故事。後來,這位醫生竟成了小朋友最喜歡的醫生。診所裡總是有個為小病人準備的「故事袋」,他會從袋中拿出道具,如紙青蛙、小娃娃、發亮的鵝卵石等來說故事,讓孩子放鬆。

在忙碌的生活中,我們的想像力很容易枯竭。就像肌肉一樣,不

使用就會萎縮，需要鍛鍊才能恢復強健。我所受的中學教育著重於科學和理性思考，老師很少刺激日漸萎縮的想像力。成年後，我才利用閱讀和創作詩歌與故事來豐富自己的想像力。在澳洲南十字星大學任教時，我都會建議參加說故事課程的學生每天都讀一篇童話故事。如果你覺得自己的想像力也像「梅子乾」，我建議你可以從這本書中挑選十個故事，每天讀一篇。**雖然這些故事主要是為孩子而寫，但是你會發現，故事中生動的比喻和充滿想像的旅程也會豐富你的心靈。**如果你覺得這種做法很有效，可以讀更多故事，童話故事或是成人故事皆可，也可以閱讀類似《魔戒》的奇幻小說，或是參加說故事或寫故事的課程。

另外，大自然也是激發想像力的好方法。當我構思故事時，大自然給了我許多很棒的想法。在寫作遇到瓶頸時，穿越樹叢、漫步沙灘、在公園或花園裡閒坐，都會啟發我的想像力。有時候甚至不需出門，只要透過窗戶看看樹枝、看看樹皮的紋理、萌芽的葉子、晶瑩剔透的雨滴，都能激發我創作故事的靈感。

大自然有一種潛力，可以放鬆身心、洗滌心靈、賜予我們力量，達到啟發的作用。大自然重建了我們與內心世界的聯結。尤其是在創作兒童故事的時候，我常需要置身於大自然的神奇與美好之中，對生命的神奇和美好保持開放的胸襟。

簡單的小故事與童年回憶，就能建立說故事的信心

成人缺乏豐富想像力通常是因為「懷疑」──懷疑故事對現實生

活的重要性和相關性。我曾因為想做說故事的研究，而向當地大學申請獎學金，主任的第一個反應是嘲笑，接著他提出質疑，要求我證明這個主題具有研究價值。多年之後，在我的碩士畢業典禮上，他與我握手的那一刻真的很有成就感！他從原本的懷疑，逐漸轉變到真正關切這主題。不久之後，「說故事」還被列入學校課程。

在課堂上我常常會聽到懷疑的聲音。曾經有位心理學家媽媽，在與小組成員分享時對我們述說她的經歷，她曾經認為這些「故事和想像的東西」很荒謬，但是作為科學研究者，她決定用實證來檢驗。一個星期前，她和孩子在公園玩，她無意中聽到一位老奶奶和小孫女在鞦韆旁爭吵。奶奶要求孫女繫上鞦韆的安全帶，但是孫女不願意，於是奶奶不肯推動鞦韆，孫女只好坐在鞦韆上哭。奶奶說，如果不繫安全帶，可能會摔下來，還會摔斷手，最後住進醫院，而且小女孩的媽媽會很生氣。

這位心理學家媽媽沒有採取說教的方法，而是在腦海中尋找有想像力的解決方案。忽然間，她有了個創意。她上前問奶奶是否可以幫忙，得到允許後，她看著小女孩說：「妳知道嗎？這個鞦韆有一條魔法帶。如果妳繫上魔法帶，妳就會變成小公主，魔法帶會讓妳飛得高高的！我可以幫妳繫上嗎？」這時候，小女孩停止哭泣了，眼睛睜得大大的，點頭同意了！這個媽媽幫她繫上安全帶，奶奶開始推鞦韆，奶奶與孫女之間的衝突消失了。心理學家媽媽很驚訝，也不再懷疑想像力的作用了。

人們懷疑的態度通常也是對自己創造力的懷疑。有個4歲的男孩總是無法對準馬桶，尿得到處都是。爸爸很煩惱，不論怎麼教都沒有

用。後來這位爸爸上了「比喻的魔力」課程之後，他只是使用了「瀑布」這個有畫面的詞，而不是用「直接尿進馬桶」這種抽象的語句，孩子居然馬上接受了挑戰，讓「瀑布」直直流入馬桶，而且每次都對準了！爸爸很驚訝換個用語的效果，也很滿意自己初次的創造力成果。從這次簡單的比喻遊戲之後，這位爸爸為兒子和女兒編了許多睡前故事。後來他說不但因此增進了親子關係，想像力也變得更豐富。

我曾問過那些參加故事創作課程的老師和治療師，能否在今天編出一個故事，很多人都會大聲回答「不能」。但是三、四小時後，在聽了許多故事後，他們的想像力開始變得豐富，再用故事結構加上創意，最後的結果通常會讓他們感到訝異。

即使是生長在有說故事習慣的非洲老師，也常會出現缺乏自信的情形。我的碩士論文的主題，就是在探討像我這樣缺乏講故事傳統文化背景的故事講述者，應該如何去「喚醒」非洲老師原本的講故事技能。鼓勵小組討論，透過故事的力量來開啟記憶便是方法之一。在開普敦的培訓中，為了讓小組討論能更為熱絡，我決定講一個關於樹的簡單故事：一棵樹曾經有強壯的根部，曾經挺拔健壯，但由於缺乏呵護變得發育不良，葉子也掉光了。這幅場景會幫助參加培訓的人從自己的「故事樹」中喚起對童年的回憶。甚至有位老太太當場就坐在地板上，開始回憶她奶奶會在講故事的時候彈奏幽哈迪[4]。從這個點開始，回憶與故事就不斷湧現，故事樹的當前場景與未來發展就此顯現。使用故事與一棵樹這樣簡單的畫面，就激發那位女士說故事的熱

4　編注：幽哈迪（uhardi），一種用葫蘆做成的弦樂器。

情，而這節課也比上一節課更有成效。在上一節課中，當我徵求大家的童年回憶時，小組中沒有人願意、也沒有人有勇氣與大家分享；這次的討論卻花了整整兩節課才結束，而且讓小組成員都重拾說故事的傳統，許多人說故事的技巧煥然一新，特別是某些年長的女士。同時也讓不同文化背景的人，產生同樣的說故事熱情。

我再舉另一個例子。我曾經請南非開普敦當地一個比較有經驗的小組各自編故事發表，十個人中只有三個人完成。沒有寫出故事的人垂頭喪氣的走進教室，向我抱怨：「太難了，蘇珊，我們做不到。」我把椅子放到教室面前，坐下來和她們分享我自己的故事。在我的熱情鼓勵下，寫了故事的那三個人，也分享了她們的故事。講完這些故事後，教室的氛圍完全改變了。三位成員突然感到很自豪，接著另外兩名成員依次坐到前面的椅子上，講出當場編的故事。大家開始相信，那把椅子有特殊能量。我們一起用彩色絲帶裝飾它，並稱之為「故事椅」。接下來的一個星期，其他五名成員也帶來了她們的故事，她們堅持要坐在故事椅上說。而最後，所有人都講出了精采的傳統故事。

跟隨自己的直覺，就能創造療癒故事

我要分享一個我自己對抗缺乏自信的經驗。身為故事治療作家，這個經歷挑戰了我的專業。第一次去東非的時候，我在一家教師培訓中心擔任外派講師。在奈洛比推廣說故事課程時，一位年輕的肯亞媽媽請求我幫助她的兒子。她的兒子3歲時受到保母的性虐待，並因此

染上了性病。這個孩子接受了幾個月的藥物治療，治療的那段期間，每次小便時，他都感到非常疼痛。我見到這位媽媽時，孩子已經6歲了。雖然身體已經痊癒，但是孩子依然畏懼疼痛，仍需要不斷的鼓勵才能去上廁所。上廁所的時候，他還是需要媽媽陪在身邊為他唱歌、講故事，直到他能夠放鬆。

現在，孩子準備去上學了，媽媽非常希望能找到方式讓他克服恐懼。但她很懷疑：「聽故事會有幫助嗎？」

突然之間，這個問題讓我遲疑了。雖然我一直在宣揚故事的治療能力，但我從來沒有遇過這麼充滿挑戰的狀況。我雖願意竭盡所能，卻懷疑自己力有未逮。雖然我不是專業的心理學家，但我還是決定一試。接下來的幾個晚上，我都睡得很少。將要成為故事家的你們得有心理準備，故事往往是在午夜夢迴時誕生的！

我第一個要求是和孩子見面。於是媽媽帶來了又高又英俊、棕色皮膚、神情驕傲的孩子。一看到他，我就覺得他像個小王子。我跟隨自己的直覺，在孩子沒聽見的時候告訴媽媽，我感覺故事應該是關於一個王子，一個「天生的國王」。我有點擔心國王和王子的主題不太符合非洲文化，但是媽媽回答說，孩子最喜歡的就是關於國王、皇后和城堡的故事。

現在我的故事有了著力點。第二天晚上，我在昏暗的燭光下熬夜寫出故事的大綱。使用隱喻、情節和解決方案的結構，我寫出了〈天生的國王〉（請見P296），並在登機回澳洲之前印了一份給那位媽媽。對我而言，解決方案非常明確——孩子需要找回內在的力量和信心。簡單的說，故事中王子的旅程是從光明走向黑暗的城堡，再重新回到

光明。其中，我使用了很多象徵著困難和幫助的隱喻（詳見Part 2〈創作療癒故事，從了解故事與行為的關聯開始〉）。兩個月後，那位媽媽寫了一封電子郵件給我，證實了這個故事療法很成功。這對我而言是個極大的鼓勵，讓我能在故事療癒的道路上繼續前進！

列出你的問題和擔憂，找回你的說故事自信

剛開始閱讀本書的時候，讀者一定會懷疑說故事能夠改變孩子什麼，這是很正常的。以下是說故事課程學員經常提出的五個問題，在繼續閱讀之前，不妨先了解一下，相信對你會有幫助。如果你有同樣的問題，請在框內打勾，如果有其他問題，可以列在下方。

□ 我不是個有創造力的人。
□ 我想不出適合孩子的隱喻與有創意的點子。
□ 我不會編故事。
□ 孩子所表現出的失序行為，是無法使用想像力來改善的。
□ 我不認為故事有「療癒」的功效。
□ ＿＿＿＿＿＿＿＿＿＿＿＿＿＿＿＿＿＿＿＿＿＿＿＿＿＿＿＿
□ ＿＿＿＿＿＿＿＿＿＿＿＿＿＿＿＿＿＿＿＿＿＿＿＿＿＿＿＿
□ ＿＿＿＿＿＿＿＿＿＿＿＿＿＿＿＿＿＿＿＿＿＿＿＿＿＿＿＿
□ ＿＿＿＿＿＿＿＿＿＿＿＿＿＿＿＿＿＿＿＿＿＿＿＿＿＿＿＿

建議你讀完本書之後再回頭看這些問題。

接下來的兩個章節中，我將繼續我的故事之旅，記錄故事如何影響我的家庭生活和職業生涯。我希望用自己的經歷和經驗鼓勵你，讓你看到故事的療癒力量。雖然我把這些故事分類為兩種，一種適用於父母，另一種適用於教育和諮詢人士，但不論你是什麼身分或從事什麼職業，建議你兩種故事都要讀，因為不同領域的說故事經驗，都可以帶來有用的啟發。

Chapter 2

讓故事成為家庭生活的一部分，
為生活增添活力與色彩

在我的家裡，故事像是一條光的絲帶，已編進家庭這條錦緞中，在生活中處處散發光芒。在這章中，我將分享發生在我家的故事，時間則是三個兒子從嬰兒到小學階段。這些故事為我們的家庭生活增色不少，並且為我們帶來力量。為了寫下這些經歷，我特地「採訪」了我的兒子基倫、西蒙和傑米，現在他們分別是29、28和26歲。在徵得他們的同意之後，我在本書裡寫下我們的回憶。希望我的經歷可以鼓勵你，讓故事也成為你的家庭生活的一部分。

故事與歌謠，可以改變家庭生活氛圍

我當老師時的說故事經歷深深影響了我（請見下一章），因此當我為人母時，深知故事對於孩子健康成長的重要性。我不斷從二手書店、市集和圖書館為孩子收集各種故事書。隨著孩子成長，我收集的題材越來越多、越來越廣，從童話、大自然神話到民間傳說、各種文

化中的神話及傳奇故事。孩子十幾歲的時候，還加入了探險家和冒險家的傳記（更多故事題材請見第6章）。

孩子年幼的時候，我每天都會講睡前故事，這是我最喜歡的親子活動。雖然大多數的晚上我也累了，特別是單獨撫養孩子的那段日子，但是讀故事書或講故事卻可趕走疲勞、恢復活力。當我筋疲力盡時，那些幽默、有節奏的歌謠，也能使我重新振作⋯⋯像是：

「貓頭鷹和貓咪，坐上豌豆綠的小船，出海旅行去⋯⋯」

或者，

「克里斯多夫·羅賓，邊喘氣邊打噴涕⋯⋯」

這是米恩（A. A. Milne）的《小熊維尼》故事書系列[5]中的一首詩，如果孩子身體不舒服，這首童詩便是很好的慰藉。我會坐在床邊大聲朗讀，詩中的幽默感可以使氣氛輕鬆起來。這個系列中還有一首我喜歡的歌謠，名叫〈國王的早餐〉，故事很長、富有節奏感，描述國王想將他的麵包加「一點點奶油」的故事。這首童詩用來轉移焦點最有效，尤其是當孩子在早餐時刻爭吵時！

孩子漸漸長大以後，變得不想聽我說故事而喜歡自己閱讀。在我們的家庭生活中，看書的時間比看電視多，好處就是常常會被老師注意。我的兒子西蒙還在一次作文比賽中獲勝，題目是「為什麼看書比看電視好」。他在文章開頭這樣寫道：「我看書看得入迷了，差點沒時間寫這篇文章⋯⋯」獎品當然是一張圖書禮券。

5　這兩首詩來自《我們很小的時候》（*When We Were Very Young*）以及《我們六歲了》（*Now We Are Six*）。詳見附錄一的推薦書目。

運用故事，培養孩子幫忙做家事

大兒子7歲時，透過故事的魔法，我們意外獲得了一件禮物。

故事的名字很簡單，叫〈小精靈〉[6]，是《金色小路》（*Golden Pathway*）故事集中的一篇，也是我準備為基倫講的睡前故事。

弟弟們入睡後，他最高興的就是可以比弟弟多聽一個故事。在撫養三個年幼孩子的艱難日子裡，〈小精靈〉為我們帶來了活力和歡樂，並產生了療癒的作用。

〈小精靈〉

故事的主角是兩個小男孩，他們的媽媽去世了，爸爸獨自辛苦撫養他們。爸爸白天要工作，晚上和清晨還要煮飯和打掃。

有一天奶奶來看他們，老大就問奶奶，為什麼爸爸那麼愛發脾氣，也不快樂。奶奶說，可能是因為小精靈沒有到他們家來幫爸爸做家事！

小男孩想知道要去哪裡找小精靈到家裡來幫忙，讓爸爸快樂起來。奶奶說，只有森林裡有智慧的長老貓頭鷹才知道。說完奶奶就回家了。

那天晚上，小男孩翻來覆去睡不著，最後，他決定要在清晨太陽升起前去森林裡找有智慧的長老貓頭鷹。他悄悄離開家，沿著森林的小路往前走，找到貓頭鷹後，他問：「請問小精靈住在哪兒？」

貓頭鷹叫他沿著小路走回湖邊，在月光下站在湖岸邊，唸出以下的

6　編注：蘇格蘭傳說中，善良的小精靈總是穿著一身棕色的破衣服，幫人做家務，但人們不能給他們報酬，一給報酬他們就會永遠消失，只能透過其他方式回報，例如在他們可能經過的地方故意留一些食物。

謎語。貓頭鷹保證,如果他照著做並解開了謎語,就可以找到小精靈。

「我轉呀轉,小精靈快出現……

看進湖裡,我發現……」

小男孩照做了,當然,他看到了自己的倒影。他馬上就明白了!原來自己就是小精靈、幫爸爸做家事的小精靈。他悄悄回到家裡時,天還沒亮,但他決定馬上動手。他先打掃廚房,再準備生火和掃地。就在天剛亮的時候,他悄悄回到自己的房間靜靜躺在床上,聽到爸爸走進廚房,並發現所有的工作都完成了!爸爸開心的大叫:「噢,真是快樂的一天啊,小精靈來過了!」

這個故事我只跟基倫講了一次。第二天早上天還沒亮,浴室傳來的刷刷聲將我吵醒,我第一個念頭是我忘了關窗戶,負鼠[7]從窗戶爬進來,掉到浴缸裡去了。我起床想到浴室一探究竟,在通往浴室的走廊轉角,見到的景象讓我大吃一驚:7歲的兒子跪在浴缸裡,一隻手拿著清潔劑,另一隻手拿著刷子,反覆刷洗著浴缸。

我躡手躡腳回到床上,心裡又驚又喜,也如同故事中的爸爸,感到非常開心。我又躺了二十分鐘,才終於聽到他躡手躡腳回到房間去(基倫7歲時就已展現完美主義的傾向,他希望把浴缸擦得潔白光亮)。

我心想:「我也要加入劇情中。」於是起床走到浴室,大聲說:「噢,真是快樂的一天啊,小精靈來過了!」一大早看到在晨光照耀下閃閃發光的浴缸,這句話很自然就會脫口而出。特別是清潔浴室總

7　編注:澳洲常見的有袋類小型動物,夜間出沒。

是我最後才做的家事。接著，我去廚房準備早餐。幾分鐘後，基倫也走進來了，我們都沒多說什麼，但是他臉上洋溢著喜悅，我也是！

接下來的兩個星期，基倫每天摸黑起床，然後上演小精靈的故事。每天早晨他都會嘗試新花招，過了一段時間，顯然他想不出新把戲了，只好每天擦洗廚房的櫥櫃門。我擔心他把櫥櫃門上的油漆擦掉，於是刻意留下線索引導他，例如前一晚把鞋子放在櫃子上，旁邊放著鞋刷和鞋油；留一些未洗的碗碟在水槽裡……

我們一直沒有說破這件事。又過了幾個月，在某個忙碌的一天，當我累攤在椅子上，我用基倫聽得見的聲音說：「多希望小精靈能再來幫我工作啊！」他真的這樣做了，但是只維持了幾天。之後我再也沒有提過小精靈，因為我必須非常謹慎，不要給這個小幫手太多的壓力。

至今我都不知道，為什麼這個故事對基倫影響這麼大？難道我像故事中的爸爸一樣壞脾氣？又或是猜謎語那段情節深深打動了他？但是可以肯定的是，對聽故事的人來說，這是個難忘的心靈之旅。因為奶奶和貓頭鷹並沒有告訴小男孩應該要幫爸爸做家事，他必須自己想到。很多年過去了，基倫快30歲的時候，我提起了這個故事，我們聊到了他對這些事情的印象。有趣的是，他雖然不太記得故事情節，但他仍記得扮演小精靈和保守祕密的快樂。

長途坐車和梳頭時，運用故事穩定孩子的情緒

長途開車旅行時，孩子都必須坐在後座、繫上安全帶。只要你在

澳洲和非洲這樣廣闊的陸地生活過，你就會明白每趟旅程都必須靜靜的坐很久。

這時候，除了讓孩子玩預先準備好的車上遊戲和玩具外，還可以利用長程開車時練習講故事。我從童年最喜歡的故事開始講，理由很簡單，即使記不得完整的故事，也大概記得內容。記得第一次在車上講故事時，我非常緊張，但是握著方向盤直視前方，讓我比較安心。孩子在後座安靜、全神貫注的聆聽，更給了我信心繼續講下去。

在無數長途旅途中，故事的療癒效果對我們四個人都產生了影響。在講故事的過程中，三個平時好動的男孩沉浸在故事的想像當中忘了動來動去、互相捉弄和打鬧。到達目的地後，我的疲憊和心煩也減少了。當我和一位老朋友分享這個經驗時，她說：「我完全了解！這一招我是跟我奶奶學的。我以前常常帶孩子爬山，我會一路講故事，講到山頂再講下山來。」

後來我發現，非洲南部的布希曼人也有這種智慧。他們能在沙漠裡走好多天，一路給孩子講故事，講關於遠方的山、溪谷中的岩石還有沙丘升起的星星……

在某些情況下，孩子們也必須安靜的坐著。例如梳理糾纏打結的頭髮，或是捉頭蝨和找蝨子卵——生活在亞熱帶澳洲和非洲海岸潮溼氣候的居民，經常需要做這些事情。非洲地區的母親要花上幾小時為孩子編辮子，而我從觀察這個活動的過程中，學到了她們講故事使孩子保持安靜的方式！

多數時候還需要加上幽默感。我創造了一個忙個不停的「打結小仙子」，需要孩子安靜坐著時就可以派他出場。他有各種各樣的冒險

經歷，那些經歷有時甚至可以讓孩子自己去編，而我寫的一首詩也可以激發孩子的靈感：

〈打結仙子〉

> 他在這兒，他在那兒，他到底在哪兒？
>
> 風把他吹到這兒，風把他吹到那兒，
>
> 風把他吹進了你的頭髮內，
>
> 漁夫發現他纏進了釣魚線裡，
>
> 他總是愛鑽進縫衣線中！
>
> 他在這兒，他在那兒，他到底在哪兒？

豐富的故事，創造充滿想像力的童年

除了應對孩子的問題，故事也可以創造充滿想像力的童年。

回憶起養育三個兒子過程中的喜悅，我非常驚訝以下三樣平衡發展，會對他們造成很大影響：天然豐富的飲食、扮演民間傳說故事角色，以及各種想像遊戲。除了一般男孩子喜歡的弓、箭、槍、矛等武器，以及他們喜歡的滑板、板球、足球、衝浪等體育運動，他們仍有充裕的時間「穿過魔法衣櫥」[8]，在富有想像力的遊戲中進入另一個

8　編注：在C. S.路易斯（Clive Staples Lewis）所著的《納尼亞傳奇》（*The Chronicles of Narnia*）中，四個孩子偶然穿過魔法衣櫥，來到一個神奇的世界。

寬廣的國度。

最近我和孩子聊天時也發現，那段時光是他們最快樂的回憶。他們經常去附近的小溪尋找魔法水晶；在海灘岩洞裡建造海盜的祕密基地；在我們家後花園角落裡蓋了間結構錯綜複雜、有多條通道的小屋給「小精靈」住。

二兒子西蒙對小精靈小屋的印象最深。他8歲時，我們從租的房子搬到自己買的房子裡。當我們和家具一起到達新家時，他所做的第一件事情，就是帶著哥哥和弟弟去後院，為小精靈蓋新房子好讓他們搬進去。孩子們都相信，小精靈也跟著搬家公司的卡車來到了新家。

三兄弟都很喜歡我任職幼兒園附近的「敲門樹」森林（見P57），因為這個森林裡的樹有魔法門。很多年以後，小兒子和朋友們還找了一個晚上重遊那座森林，以此慶祝21歲生日。

充滿想像力的遊戲和小精靈，
從孩子身上找回對自然的感動

在孩子的童年時光裡，我只給他們一些簡單的材料，鼓勵他們玩創意遊戲。我收集了很多大紙箱和小木頭，讓他們建造祕室；把舊衣服留給他們玩裝扮遊戲。我還從車庫拍賣會買來小槌子和挖掘工具，讓他們去找魔法水晶。我總是在花園裡留一塊合適的土地讓他們捉迷藏，以及為小精靈建樹屋和魔法屋。

為了避免孩子亂想，我從不主動提起小精靈的話題，我並非否認這些事物的存在，反而很想知道孩子的看法。西蒙3歲，還在牙牙學

語時，就會說出在我們南非家中的花園裡，有小精靈和猴子住在一起。在那片延伸到森林的草地上，他常常坐在我身旁，說出他看見的事物。我很驚訝他所說的話，但我從不批評或歸類。這些美好的時光始終是我心中神聖的回憶，因為孩子豐富的想像也感染了我。

小時候，我相信自己能在花園裡看見跳舞的精靈。我已經不記得他們是不是長得像繪本裡面的仙子，但覺得他們更像是翩翩起舞的光點，有著模糊的臉和手腳。由於這些記憶，加上後來在書中讀到自然精靈和代表自然元素的生靈[9]，我從來不曾懷疑過神話、傳說和兒童故事中恆久不變的小精靈，我很確定自己小時候也見過這樣的精靈。

我記得很清楚，我還能看到黑暗中的「東西」。哥哥和我以前常常躺在床上討論我們能看到的東西，而且我們看到的都很相似。有一天晚上，我在走廊裡看到了一個非常可怕的形狀，我哭著跑去找爸爸媽媽。可是他們的反應很讓人失望——爸爸罵我胡說八道，叫我趕快去睡覺。從此之後，我再也不說了，但我至今依然記得這些事[10]。

大人很難了解孩子的想像國度，當然也很難了解一些出現在民間傳說和童話故事中的事物，但是對於孩子而言，它卻是真實的世界。與其堅持要孩子以大人的眼光來看待這世界，還不如從孩子身上學習

9　見附錄一的推薦書目中，魯道夫・史代納（Rudolf Steiner）的著作。

10　我後來發現，如果這類童年經歷發生在冰島，更容易被大人接受。在到處都是岩石和冰山的北方國度，這些「看不見的小精靈、小矮人、守護神和其他生靈」，很自然的受到人們的尊重。在當地報紙上，常常可以發現精靈存在的證據，例如有人想在精靈出沒的地點蓋房子或修路，卻莫名的沒有成功。在冰島，一些通靈者還畫了「精靈地圖」，標出精靈經常出沒的地方，以便一般人了解精靈的生活範圍。通靈者把精靈描繪成大自然的另一面，就像樹木和花朵上的陽光，其形狀則跟著環境改變。他們認為精靈希望人們保護大自然，並且認為大多孩子天生可以看到這些「小人」。

我們早已遺忘的東西──大自然是有靈性、有生機的，充滿著律動的能量。這一切存在於現實裡，我們卻通常難以察覺。

想像力無限的家庭習俗，解決生活挑戰、讓回憶更加豐滿

當孩子掉牙時，國外一般家庭的做法是拿走牙齒後，在原處留下一元或兩元銅板作為交換。當大兒子掉第一顆牙時，我覺得這種做法太唯物論，於是決定改用更簡單、更具想像力的東西──牙仙子拿走牙齒後留下的是小貝殼，而不是硬幣。第二天一大早，6歲的兒子興奮的說：「我就知道真正的牙仙子是不會放錢的！」這句話至今仍在我的耳邊迴響。

得到孩子純真的認同之後，我們家就有新習俗了。孩子每一次換牙，當牙仙子拿走牙齒之後，都會留下大自然的寶物（貝殼、水晶和羽毛等）。當他掉第七顆牙的時候，牙仙子留下了一個寶盒，旁邊還有一張字條，寫著：請你將盒子當成寶物的家，將收集到的寶物放在裡面。幾十年以後，我們仍珍藏著這些小盒子和裡面的寶物，成了我們珍貴的回憶。

充滿想像力的方法還可以解決小兒子的疑問：「聖誕老人是真的嗎？」在很多家庭裡，弟弟妹妹都會聽到已經長大的哥哥姊姊說：「世上沒有聖誕老人。」對一般家庭而言，這個問題十分普遍。有一年聖誕節，我們家也發生了這個問題。當時小兒子傑米只有5歲，為了解決這個問題，我為兩個哥哥講了個睡前故事。這個故事是說：當小朋友長大、會自己做禮物了，聖誕老人就會變成「送禮精靈」附在

小朋友身上。孩子們受到故事鼓舞，立刻開始列出一份名單，把所有能想到的親戚和朋友列在名單上。最後他們做了好多禮物，譬如手工製作的卡片、果醬，還有蠟燭與書籤等等，並把禮物包裝好放在聖誕樹下。想當然爾，傑米也不再聽到關於「聖誕老人不是真的」這樣的話！兩年後，他也聽到了「送禮精靈」的故事。

　　我有一個朋友，她成長在有十個小孩的德國和塞爾維亞家庭，她最近告訴我，每個孩子出生時，母親都會帶回一個特別的蛋糕，這已經成了她們家的傳統。那是一種塗有果醬和奶油的海綿蛋糕，跟平常吃的蛋糕不同。母親告訴昂首期盼的孩子們，這是「弟弟和妹妹從天堂帶來的蛋糕」。他們都很期待這個蛋糕，也很珍惜吃蛋糕的過程。我朋友說，她會花好幾天才吃完分到的那塊蛋糕。透過這種方式，其他家庭成員都帶著敬畏和驚嘆迎接每個新生兒。在我朋友的記憶中，每當有新生兒誕生時，他們從來沒有嫉妒或埋怨的心態。

　　研究和實驗家庭傳統的智慧是很有趣的。**透過跟長輩討論，父母可以獲得充滿想像力的好點子**。我的奶奶具有約克郡[11]血統，她認為如果孩子跌倒、膝蓋受傷，或者心情低落，最好一邊做家事一邊唱首歌給孩子聽。如果唱完以後，孩子的情緒依然低落，就要去了解到底發生什麼事情。奶奶認為這種方法很有效，因為歌曲中充滿想像力的內容，能夠吸引孩子的興趣，幫助孩子忘掉難過的事。

11　編注：位於英國北部、歷史悠久的一個郡。

童年所接觸的大量詩歌，造就成年後的創造力

除了家庭傳統與富有想像力的遊戲之外，接觸大量的故事和詩歌，使我的三個孩子對語言非常敏銳。從十幾歲開始，他們就很喜歡寫詩，尤其是在特殊節日的時候。這麼多年以來，孩子創作的詩已經是我生日時的主要禮物。我把這些詩放在家中的小珠寶盒裡，那些都是最美好的回憶。

小兒子傑米最近用旅行照片和自創的詩裝飾公寓的牆面，他的生活方式總是充滿創意；二兒子則在寫作和表演上很有天賦。最近的社區活動中，他分享從小到大收集貝殼的故事，使現場的觀眾幾乎感動落淚。

大兒子基倫是衝浪職業選手，正在世界各國巡迴比賽。他常常把一些詩情畫意的比喻融入文章中，投稿到衝浪雜誌。他向女友求婚時，用了一個別出心裁的方法：日出時，他把女友帶到海邊，在沙灘上畫了一個心形，讓她站在裡面等他，自己則潛入海裡。等他再次出現在女友面前時，他的手裡拿著一枚閃閃發光的戒指……這個求婚方式的靈感是從童話故事中得到的！

孩子的特殊事件，就是編故事的最佳時機

在養育孩子的過程中，我第一次為他們編故事是因為一個特殊事件。在那之前，我對孩子講的都是別人寫的故事。

傑米3歲的時候很討厭洗頭髮，不是普通討厭，而是非常討厭。

每次幫他洗頭，對彼此都是一場折磨。每當洗頭髮的時候，兩個哥哥理所當然的接受，可是最小的傑米總是想盡辦法拖延。最後我只好利用家長的優勢，幫他洗澡時順便也把頭髮洗了，但是換來的是傑米的大喊大叫。

就在這些尖叫聲當中，我想到了一個好主意，而靈感應該歸功於幼兒洗髮精的製造商。這家廠商選用的瓶子很特別，是小熊形狀。

拿起瓶子的瞬間，一個故事在我的腦海中浮現，最後這個故事以獨特的方式從我口中傳到傑米的耳朵。我當時必須大吼大叫才能讓他聽見故事！不過，我大喊了幾句後，傑米就專心聽了起來，之後我就恢復正常音量。

洗髮精小熊的簡單故事就這樣誕生了。洗髮精小熊有著數不清的冒險經歷，他四處旅行、穿越森林、沿著小河並且去過許多城鎮。在路上，每個見到他的人都會友善的和他打招呼，但是每當小熊想回應時，從嘴裡出來的不是話語，而是泡泡。

洗髮精小熊完全改變了傑米的洗髮時光，因為傑米好想聽到更多關於小熊的故事。那段時間內，他幾乎每兩天就想洗一次頭。當然我只會在他洗頭髮的時候講小熊的故事，而且要先打開洗髮精的瓶子，才會開始講，這就是為人父母的智慧！不洗頭的時候，我會把洗髮精放在很高的架子上。

故事是緩解親子衝突的最佳解藥

當老大、老二都上小學，而老么還需要等一年才能上學的那段期

間，是我當媽媽最辛苦的日子之一。本來我可以利用這段時間好好陪伴傑米，但他天生個性好勝，事事都要當第一，常常不能接受自己是家裡年紀最小的，特別是等待上學的這一年。每天早晨，兩個哥哥搭校車去上課的時候，我必須使出渾身解數轉移他的注意力，不讓他失落、生氣。但我必須承認，當時的我快要沒有耐心和想像力了。

雪上加霜的是，傑米即將要過5歲生日，他很想要「太空超人」（Master of the Universe）的玩具當生日禮物。這種玩具是為了幫同名電視節目做廣告而製作。玩偶本身是用灰色橡膠製成，臉上有些傷疤，腰帶上還掛著武器。傑米每次都以「我的朋友都有這種玩具！」為由向我索討，但基於保護孩子的心態，我希望孩子盡量少玩帶有攻擊性的玩具，也不希望他和這樣的玩偶睡在一起。

傑米生日前一個星期，我在手工藝品店看到了一個柔軟的娃娃，有著可愛的臉配上淺色的頭髮，還穿著藍色的小西裝。藍色正好是傑米最喜歡的顏色，它讓我想起了傑米。我認為傑米一定會喜歡這個娃娃，便立刻買了下來、包裝好，作為傑米的生日禮物。就在傑米生日的那天早上，他打開禮物，發現不是他想要的太空超人之後，十分生氣的把娃娃扔在地上，然後氣沖沖的從屋裡跑了出去。

接下來幾個星期，是我成為母親後最難受的日子。傑米非常氣我！但是面對這種廣告壓力，我並不打算妥協，因為廣告正狡猾的一步一步侵入我們的家庭和生活。我們的關係陷入僵局，似乎沒有化解的辦法，我決定使用故事來彌補我和傑米之間的裂縫，而故事的靈感就來自於放在我臥室櫃子上的這個娃娃。

連續三天晚上，在傑米睡著之前，我站在他的床邊，用一種漫不

經心的語氣開始說「雲朵男孩」的故事。我必須用比較隨意的方式做這件事，因為自從不開心的生日之後，他就非常不願意參加親子活動，包括睡前故事。

〈雲朵男孩〉

有一個雲朵男孩，他住在雲朵上的雲朵房子裡，睡在軟軟的雲朵床上，晚餐是雲朵薄餅。雲朵男孩的頭髮像白雲一樣雪白，穿著像藍天一樣湛藍的衣服。雲朵男孩一直都是一個人快樂的生活在天空，直到有一天，他的雲朵房子飄啊飄，飄近大地，他看到了地上的小朋友。小朋友的身高跟他差不多，他們在雲朵下面的世界裡生活，在草地上和花園裡遊戲。雲朵男孩看了好羨慕，決定要去下面的世界，找朋友跟他一起生活、一起玩。他每天都跟雲朵房子一起在遼闊的天空漫遊，飄過森林的上空，沿著河流，越過高山……他走遍了世界的每一個地方。他要找一個可以跟他一起玩、可以照顧他的朋友……可是，哪裡才能找到這樣的朋友呢？

到了第三天晚上，傑米已經忘記自己不想聽睡前故事了，反而對這個簡單的故事產生濃厚的興趣。那天晚上，故事講完了，我在結尾留下一個問題：「雲朵男孩要去哪裡才能找到這個朋友呢？」

傑米睡著以後，我悄悄走進他的房間，在他所睡的上鋪底下，掛上一條白色的長布，然後小心的把那個娃娃放進「雲朵」裡，並確保他第二天早上從梯子下來時能看見。之後我回到房間睡覺，雖然我不知道這個故事是否奏效，但至少我知道它已經引起了傑米的興趣。

一想到第二天早晨所發生的事，仍會讓我感動落淚。小兒子用力拉著我的手叫醒我，他興奮的說：「媽咪，雲朵男孩選我當他的朋友耶！」我看著站在床邊的傑米，手裡抱著那個娃娃，開心的笑著。

　　那個娃娃從此成為我兒子最親密的朋友，我們家的生活也因而改變。傑米不管到哪裡都會帶著雲朵男孩，而且自己有的東西也會給它一份。例如我給傑米買了一雙紅色的橡膠靴，他就會替雲朵男孩做一雙紅靴子；等到傑米上學時，雲朵男孩也得到了一個縫製的小背包，裡面還放了一個裝滿葡萄乾的火柴盒，他說要給雲朵男孩當午餐。當然，接下來的幾年，傑米每天晚上都抱著它一起睡。大約9歲的時候，傑米才小心翼翼的把它放進一個籃子，收藏在櫃子裡。

　　很多年以後，傑米上大學念設計系。在我離開澳洲去東非工作之前，他回來探望我時，看見我正在收拾物品。我將雲朵男孩、其他玩具還有書全都放在一個盒子裡，因為接下來的三年內都不會再打開。

　　他很訝異我竟然這樣對待他的好朋友，於是他把雲朵男孩放進背包，帶回了雪梨。現在雲朵男孩住在傑米公寓的床上，還有傑米女朋友從小最喜歡的可愛娃娃和它做伴……兩個娃娃等待著某一天，會有小孩來和它們一起玩！

　　從雲朵男孩進入傑米生命的那一刻起，他想得到太空超人的欲望就消失了。傑米的朋友到家裡參加聚會時，都想要和傑米一樣擁有這樣的朋友。雲朵男孩甚至成為我們家庭生活的一部分，照片甚至占了家庭相簿好幾頁呢。傑米最近曾表示，他認為雲朵男孩以及與童年故事相關的手工藝品、木偶，對他的設計工作有重大影響。就是因為它們，他才會喜歡尋找美麗的事物，特別是自然的形狀和材料。

Chapter *3*

讓故事成爲教學的一部分

就像故事成為我家庭的重心，我也把故事融入我的工作中，從早期的兒童教育到教師培訓、諮詢工作以及家長互助計畫，且無論是在澳洲還是在非洲。

教師和顧問生涯中，我創作了應對不同行為和情況的故事，這一篇就是描述其中的心路歷程和遭遇到的困難。以下的故事範例包含範圍很廣，從幼兒教養、小學低年級教學，甚至成人諮詢都有。我挑選出這些故事（完整內容可以在後面章節中找到），是為了說明創作故事的方法，而且本章還提供小竅門，讓願意 嘗試創作故事的讀者更容易開始。在下一部分「創作療癒故事」中，我將更有系統、更詳細的探討創作方法和故事結構。

重複與押韻的詩歌，可以讓孩子保持專注

在非洲和澳洲當了幾年全職媽媽以後，我重返職場，在澳洲東北

海岸建了一所幼兒園。在園裡，故事時間是每天的重心，大多數情況下，我們透過講述而不是朗讀的方式，讓故事栩栩如生（本書最後會更深入闡述「說故事」這個主題）。在準備故事課程的過程中，我首先從世界各地搜集民間傳說，然後慢慢試寫出一些簡單的自然故事。因為這所幼兒園位在臨近森林的小鎮上，所以我剛開始寫出的自然故事，多半是森林童話。

我的創作最初是從簡單的詩歌開始的，當時的我從未想過，自己真的能寫出一個完整的故事！從十幾歲開始，我就很喜歡用詩歌來表達心中的喜怒哀樂以及遭受的挫折，自然而然的，詩歌再次在我心中點燃了想像的火花，成為我創作故事的跳板。

為了去大自然漫步時，可以管理好孩子的秩序，我想到了一首詩。當時我原本想帶幼兒園小朋友前往學校附近的森林，作為第一次遠足，沒想到，走入森林小徑之後，孩子就走散了，有的甚至走到森林另一頭的大馬路邊。在助手的幫助下，我花了二十分鐘才讓孩子重新集合，然後匆匆忙忙返回學校。我原本預期這會是一次優閒的叢林漫步，卻由於缺乏經驗，反倒成了一次混亂的、令人擔心的經歷。

再次帶孩子造訪森林之前，我先獨自探訪了森林，渴望找到有創意的點子。走上小路時，我看到一棵大樹，樹的底部看起來像一扇門。我突然有了〈敲門樹〉這首詩的靈感，而且在接下來的日子裡，這首詩衍生出了很多的故事。其中一個童話〈神仙蛋〉（請見 P265），就收錄在本書中。

〈敲門樹〉

我知道「敲門樹」的小祕密，

有棵敲門樹在等著你，也等著我。

在閃閃發亮的綠色森林邊緣，

有條小路帶領我們前往小精靈的家——

門上敲三下，就三下，不要多，

小精靈就會出現在敲門樹附近。

如果你們一起靜靜的等，

小精靈就會來打開魔法門！

　　有了第一次的混亂經驗，每當進入森林郊遊前，我都會先讓孩子在這棵樹的周圍集合，並朗誦這首詩。這讓森林郊遊的氛圍變得完全不同。我不需要下命令，孩子們就會開心的自動排隊等著敲樹門，而且大一點的孩子還會提醒年紀較小的孩子，不要敲超過三下！接著，我把手掌放在耳邊說：「聽！我聽到大門打開了。跟著我，讓我們看看會發現什麼呢？」這麼一來，我就變成了隊伍的帶頭者，孩子也不

故事創作小竅門

將詩歌作為故事創作的跳板。可以自己寫詩，
或是將古老的詩歌、童謠改編成一個小故事，
用押韻和重複的方式組成故事。

再亂跑，還會小心行走並仔細觀察。我們看到了蜥蜴、鳥、蝴蝶和蜻蜓，孩子還很肯定的說，他們常常看到小精靈在林間灑落的陽光下翩翩起舞。利用這個方法，我們可以在森林裡待得更久，享受更多森林的美好，然後我也可以把孩子安全送回學校。

回程時，我們通常會在公園裡停留，孩子可以在防護欄圍著的安全區域內攀爬、盪鞦韆和自由奔跑。

詩歌和簡單童謠的使用，不但是我創作故事的跳板，也透過各種方式融入到我創作的故事之中。對小孩子講故事的過程中，我很快就學習到：**使用重複並押韻的字句，可以讓他們保持專注**。之後，孩子還會把這方式運用到遊戲之中。例子之一就是〈拔蘿蔔〉的故事（請見P254）。我親眼見到故事裡的簡單童謠影響孩子到花園玩遊戲時的行為。當孩子想摘花或拔菜時，就會很自然的問出故事中的句子：「小矮人，小矮人，我的小矮人，我可以把你的大蘿蔔（胡蘿蔔／花朵）帶回家嗎？」接著，我就會看到他們彎下腰去聆聽，回答究竟是「可以」還是「不可以」。必要的話，我會代表植物在孩子身後輕輕低語：「現在還不行，它還是我的，下次再試試看吧！」就這樣，這個故事以一種令人愉悅和充滿節奏的方式，教導我們當地人的智慧：要注重自身與大地及作物之間的緊密關係。而且，在採收前要先詢問大地，之後要感謝大地之母的慷慨贈與。在充滿強取豪奪、物質至上的年代，這是多麼生動的一課！

自然界的圖案、韻律和寓意，都是最棒的靈感來源

經過好幾年的籌款和建設，我的幼兒園終於從租屋處搬進了固定的場所，也從森林旁邊移到了海岸附近。雖然遠足活動時，我們還是經常會回去拜訪「敲門樹」，但隨著幼兒園環境的變遷，我講述的自然故事，逐漸演變成海邊的傳說。

當我漫步在沙灘上，或是靜靜坐在岸邊眺望海洋，或是在岩石間的小水灘戲水時，靈感常常油然而生。這也讓我覺得，非洲南部布希曼人的諺語：「故事如風，來自遠方，你心自知。」說得真對。**想獲得故事的靈感，就該常常置身於大自然，感受故事之風迎面吹來！**

有一年聖誕節前，當我在海邊散步的時候，一棵風滾草從沙丘上滾下來，一個孩子在後面追著跑，想要抓住它。就在那一瞬間，我產生了故事的靈感。這棵風滾草看起來好像一顆草星星，讓我聯想到幼兒園裡那些翻滾的男孩子。還有在不久前，我看到一個朋友做了草星星，作為澳洲夏日聖誕的裝飾，撒上金色的亮片，懸掛在陽台邊。這

故事創作小竅門

1. 從深受兒童喜愛的經典故事中發掘主題，你會更容易建構出屬於自己的故事。
2. 在大自然中尋找靈感。你可以到海邊或林間散步，或是靜靜的坐在花園中，觀察自然界的脈動與繁忙。

些畫面盤旋在我的腦海中，同時令我想起《薑餅人》[12]故事中的經典韻律和層層推進的情節。

最後，我的〈星星草人〉故事誕生了。我把它拿來作為當年幼兒園的聖誕故事之一，並且沿用了許多年。這個故事講的是沙灘上有位矮小的老婦人，想要抓住一顆草星星。但這顆草星星正在回到天空的路上，根本不想被抓到！

　　來玩，來玩——不要，不要，我要回到天空去！

　　我沒時間玩，太陽正在叫我呢，

　　你追呀，追呀，拚命追，

　　你捉不到我——因為我是星星草！

　　（完整故事請見P262）

星星草繼續沿著沙灘向前滾，趺趺撞撞，翻滾不已，那個小小的老婦人跟在後面跑，不久，狗來了，螃蟹來了，漁夫也來了。這個瘋狂的追趕跑跳碰，最終歸於寂靜和滿足。老婦人帶著星星草人回到了家，將這盞「聖誕夜之燈」掛在房間裡。

有趣的是，那些翻滾的男孩非常喜愛這個故事。那個學期中，這是第一個能讓孩子們全神貫注的故事，從頭到尾，他們都安安靜靜的聽。他們在聽故事時達到的專注狀態，也延續到其他的日常活動中，

12　編注：《薑餅人》（*The Gingerbread Man*）是美國經典童話故事，敘述薑餅人逃過了各式各樣的追捕，但最終狐狸用計吃掉了它。

達到了小小的平衡效果。

　　自然世界存在的許多圖案、韻律和寓意，可以讓我們產生創作故事的靈感。有一次我在沙灘收集小鵝卵石，要塞進裙子的口袋裡時，我想著哪天可以用來表演。接下來的那個星期，當我開車回家時，看見一棵倒在路邊的樹根，被雨水洗得閃閃發光。當我把樹根扶正的時候，我發現它的底部形成了一個空間，就像一座小房子。孩子幫我把它抬進後車廂，運回了幼兒園。這些大自然的饋贈啟發了我的想像力。在我們的幼兒園裡，大孩子在打掃的時候很調皮，我必須為他們創作一個認真打掃的故事。針對這個需求，以及想善用平時從大自然收集到的物品，我的〈小掃帚〉（請見P282）偶戲誕生了。

　　〈小掃帚〉的表演很成功，獲得了大人和各個年齡層孩子的喜愛。我曾為8、9歲的孩子講這個故事。事後，那一班的孩子還開心的將這個故事做成了圖畫書。有一次，在成人故事會中，我還把故事改編成單人舞台劇。聽完故事的聽眾通常會心癢癢的想趕快去打掃。曾經有很多家長問我：「為什麼我的孩子一回到家就想知道掃帚放在哪兒？」還有一對父母對我說，這個故事幫助了他們重新調整家事的分工。

故事創作小竅門

從大自然中收集道具，既可以激發創作的靈感，又可以應用在講故事當中。用豆莢做船，還有貝殼、堅果、橡子、羽毛、竹子和浮木——自然世界中各樣的圖案、形狀和材質，為我們提供了無窮無盡的靈感，幫助我們找到適用於不同主題的道具。

遇到特殊狀況的孩子時，要先決定故事主軸

有時，在特殊的狀況下要先決定故事主軸。有一天，4歲小男孩馬修在教室裡表現得像是一陣旋風。平時他在幼兒園裡很安靜，可是那天卻不斷打翻物品，把所有東西弄得東倒西歪，遊戲時間更成了一場災難。

他媽媽一邊將兒子的書包放入置物櫃，一邊對大家解釋：這是因為昨晚一場大火燒毀了他們半個家。馬修和全家人一起逃到了花園，親眼目睹家裡的臥室全被火夷為平地。媽媽向兒子解釋，房子是有保險的，很快就能重建。但是這個可怕的經驗仍然深深影響了馬修。因此那天早上，馬修在學校的行為，就如同熊熊燃燒的烈焰。

午餐過後的休息時間，馬修因為太累，很快就睡著了。躺在孩子身邊時，我突然湧現了故事靈感。我想這個故事也許能以更具想像力的方式，幫助馬修了解昨晚發生的那件傷心事。

兔子是馬修最喜歡的動物，所以我選擇了兔子一家作為故事主角。故事情節很簡單：一場叢林大火迅速燒毀了草原，只留下兔寶寶安然無恙的睡在洞穴裡，因為洞穴在很深的地底下。大火之後，綠油油的青草要幾個星期才會長出來，但是兔寶寶很快就重返青草地，到處嬉戲蹦跳了。透過故事，我希望傳遞的訊息有兩點：兔寶寶是安全的，環境也會慢慢恢復正常。這個故事證明，**對小孩子來說，讓他們運用想像力模擬情況，遠比接受大人的理性解釋更有效。**

馬修醒來後，我召集所有孩子到走廊上聽故事，這時正好是父母快要來接孩子的時候。儘管沒有時間修飾故事，但是孩子都很喜歡，

之後的兩個星期裡，他們不斷要求我再說一遍。這個故事也對馬修產生了立竿見影的效果。幾分鐘後，當媽媽到達時，他跑到門口去迎接，並拍拍她的手臂說：「沒關係，媽媽，一切都會沒事的。」媽媽望著我說：「蘇珊，妳是怎麼做到的？」我請她等孩子睡著以後打電話給我，我會為她講個故事，而我也確實這麼做了。後來，我把這個故事收入本書，命名為〈兔子媽媽和大火〉（請見P295）。

故事加上肢體接觸遊戲，有助於矯正孩子的攻擊行為

〈亂跑亂跳的小紅馬〉（請見P257）是我寫給一個4歲男孩的故事。在幼兒園裡，他總愛跑來跑去，對其他孩子拳打腳踢，無法保持片刻的安靜。他不喜歡別人觸摸他，任何人一靠近，他就會動手。老師考慮到其他孩子的安全，認為必須單獨照顧他，以及沒收他的靴子。因為沒穿靴子的話，孩子比較不會踢傷靠近他的人。

我受邀前來指導這個幼兒園時，正好在走廊上見到孩子強烈抗議

故事創作小竅門

1. 只要有構想就可以嘗試。故事並不需要經過修飾或是印刷成冊，也一樣有用。
2. 我們往往能從孩子身上得到最棒的靈感。當為特定的孩子或群體創作時，可以聆聽他們的興趣和希望，並將其融入隱喻或故事過程裡。閱讀本書Part2故事創作部分，可以獲得更多這方面的靈感。

自己的靴子被沒收了。我坐下來讚美這雙閃亮的棕色靴子，然後他告訴我，這是一雙牛仔靴，還說自己多麼希望自己有一天能擁有一匹馬。這讓我靈光一現，想到了故事的雛形，並在那個週末完成了整個故事。這個男孩熱愛馬，所以這個故事讓他完全沉浸其中。

老師講了這個故事許多遍，並聽從我的建議，用小馬遊戲來結束每一天的幼兒園生活。這個遊戲鼓勵孩子一個接一個圍著圓圈跑，然後輪流躺在圓圈中間，讓其他孩子輕輕撫摸自己，幫自己梳理頭髮──就像對待好動的小紅馬。很多孩子都想第一個躺下，這個外向的男孩就是其中之一。這個肢體接觸的遊戲，有助於矯正攻擊行為。

當幼兒園老師面對一大群愛打鬧或躁動不安的孩子時，這個故事很有用。當然，對待這樣的行為還需要其他策略。就像前面提到的那個孩子，老師必須脫掉他的靴子，避免他亂踢時可能造成的傷害。我們還進行了家庭訪問，想要找出問題的根源，並且促使家長和老師採取一致的辦法。所以我們把故事抄了一份給男孩的父母，讓他們在家裡也能唸給孩子聽。

從靴子的小故事，讓孩子養成良好新習慣

1990 年代末期，我在南非開普敦的創新教育中心工作，負責實地考察。當時在開普敦以及附近的營地裡，有幾個學前教育中心，我的工作也包括去參觀這些中心，並就學員情況撰寫報告，學員中也有經驗豐富的教師。其中一所學校的校長是年紀較大的女士，我隱約感覺到，如果我對學員作出負面評價，不但會影響我們的友誼，還可能引

發難解的種族問題。

　　但是，那所學校有個很明顯的問題：每到休息時間，五十雙鞋子被孩子扔在幼兒園門外，得動用一位老師花半小時以上的時間，在放學前整理完畢。我沒有對校長提出任何意見，而是為孩子寫了一個簡單的故事〈德貝的靴子〉（請見P160）。這是我低頭看到自己的紅靴子時得到的靈感，因為那雙靴子看起來就像一對好朋友「相伴不分離」。校長很喜歡這個故事，反覆講給孩子聽。從此之後，不需要老師督促，大孩子會主動把自己的鞋子井然有序的排放在走廊上，年紀小的孩子也跟著模仿，而那位負責整理鞋子的老師終於可以休息了。

　　當我再次拜訪這所學校時，我首先看到的是，鞋子沿著走廊整整齊齊的排成一排，這顯示孩子養成了良好的新習慣。後來我也把這個故事運用到其他的幼兒園和學校，幫助孩子在開學第一週就建立起排好鞋子的習慣。這個故事對於進門需要脫鞋的家庭也很有幫助。

運用故事裡的象徵，喚起人類對自然環境的關懷

　　有一個以療癒為主題的範例故事，很適合所有年齡的聽眾。我在1992年為世界環保日創作了這個故事，後來它被拜倫灣的環保家園公

故事創作小竅門

一個有效的故事主題，往往比你想像的更簡單！

司（Home grown productions）改編成長達一小時的音樂劇，在許多小學巡迴演出。戲劇能增強講故事的療癒效果，這齣音樂劇〈光的花園〉（請見P172）就是一個好例子。

這齣音樂劇是與當地「種子組織」聯合創作的。這組織還特地為觀眾席上的小朋友準備了一包包的種子，讓他們帶回家種。演出很成功，故事情節也對觀眾影響很深，我看到一些大人擦去眼角的淚水，還有一個7歲孩子的班級，原定看完演出後要去海邊遊玩，孩子卻堅持要老師帶他們坐公車回學校，因為他們已經迫不及待要開始籌備花園、種下種子了。

這個故事主要描述一顆巨大的金球，只要「自然紡織娘」拿著由花草與樹葉織成的布每天擦亮它，金球便會為這個世界發出光芒。可是，滿不在乎國王出現了，他破壞了自然環境，使織布的原料消失了，沒有布可以擦拭，金球就變得灰暗無光。國王不想看到灰暗的球，就命人在它的周圍砌上高高的石牆。等石牆完工後，國王也開始變得灰暗，一病不起了。

對我來說，金球象徵宇宙的生命之源。因此，當金球失去光芒，國王企圖掩蓋它的醜陋時，灰暗和失衡的狀況就從國王身上浮現出來。但失去光芒是不可能被隱藏的。只有在天真無邪、熱情洋溢的孩子協助下，加上自然紡織娘和大地之母的智慧和耐心，世界才能重新恢復平衡。

許多人看了這齣表演後，出現了各種不同的詮釋。對於有些人來說，金球是上天的力量或神；對另一些人來說，它是萬事萬物之間的聯繫；還有人認為那就是我們的精神良知。有些人將自然紡織娘理解

為上帝或女神，有的人則認為是當代的環境運動。這些不同的解釋讓我們發現，故事有自己的生命力。

　　當然，**最好不要對孩子說出這些詮釋，也不要問他們，這樣只會扼殺他們的想像力！** 不過，在小學高年級或中學階段，老師可以在自然課或是關於環境的討論中，有效使用這個故事作為開端。

　　另一個關於環保的故事是〈老奶奶和驢子〉（請見P167）。和〈光的花園〉相比，內容較溫和簡潔、情節較簡單，因此更適合學前班和幼兒園的孩子。這個故事是我在1997年寫的，目的是為了加強開普敦民眾隨手撿垃圾的意識。這個故事當時以偶戲的形式在很多幼兒園裡巡迴演出，對孩子產生了立竿見影的效果。每場演出之後，我和另一位偶戲表演者瑪利亞・美斯本茲收拾道具的時候，孩子就會向我們跑來，手上還抓滿從學校操場撿來的垃圾。我們每天都得在車上放很多袋子和盒子，才能運走所有的垃圾。

運用故事，也能讓孩子愛上課程內容

　　雖然我主要從事幼兒教育，不過當地小學偶爾也會邀請我去擔任代課老師或是教手工藝。但是不論什麼課程，我總是利用講故事的方

故事創作小竅門
把故事轉變為戲劇或偶戲，可以加強信息的傳遞，增強矯正效果。

法切入教學內容。

　　我最成功的教學經歷，就是為一群8歲孩子上的編織課程。開課之前，我只和那些孩子相處過一堂課。那時我就發現，他們是我見過的8歲孩子中，最不服管束的一群。班上有二十三個孩子，其中十七個是男孩，而且當我第一次走進教室時，他們正爬上桌子，想要跨過窗台。

　　我的計畫是，先讓這些孩子使用自然材料自製棒針——先把木棒的一頭用削鉛筆機削尖、打磨光滑，另一頭黏上橡膠。但是我擔心他們可能會用棒針來打架，或者認為編織不夠酷，沒興趣參與課程。

　　經過翻覆思考，還失眠了一晚，我編了一個故事，講述一個頑皮又無聊的男孩發現了兩根「魔法棒」。這個名為〈傑米和魔法棒〉（請見P213）的故事，開頭詳細描述了傑米做過的糟糕事情，而這些事情吸引了孩子的注意力。經歷一系列小插曲之後，魔法棒幫助小男孩做了許多奇妙的事情，因此，他無論何時都把魔法棒帶在身上，然後在毛線球的幫助下，他再也不覺得無聊了。

　　這個故事虜獲班上每個人的想像力，他們迫不及待要做出自己的魔法棒，然後就像故事裡的男孩，編織出很多奇妙的東西。於是，那個學期的編織課成了他們最愛的時光。

　　那麼多堂課中，我印象最深刻的就是他們準備毛線針的情景。孩子必須打磨木棒，直到變得極為光滑。他們必須到我的辦公室，用棒針在我的臉頰上摩擦，直到我確認棒針表面像絲絨一樣光滑才算完成。經歷了製作的過程後，沒有任何一個孩子用他們寶貴的魔法棒去傷害過別人。**故事改善不良的行為，並且安撫了整個課堂的氣氛，讓**

孩子沉浸在編織之中。

　　另一個故事〈折疊小刀和城堡〉是為 7 ～ 9 歲的孩子所寫。有個家長因為兒子總是胡亂使用工具，為了改善他的行為，便請求我寫一個故事。這位家長在孩子過生日時送給他一把折疊小刀當生日禮物，同時為他講了這個故事。從此以後，孩子開始用截然不同的態度對待新工具。這個故事講述的是一把渴望被人使用的小刀，而且它會唱歌來表達自己的感覺。短短的歌謠不斷重複，創造出應有的氛圍和張力，即使 8 歲的大孩子也能感受得到。

　　從前有個小男孩，生日的時候得到了一把折疊小刀。一把閃閃發光、鋒利無比的折疊小刀！一把渴望一展身手的小刀！小男孩把小刀放在口袋裡。於是小刀就在那裡等待著，期待自己能被用上的時刻。

　　「我是小小刀，切割都要用到我，

　　打開我，快用我，用完把我收回去！

　　相信主人會聽到我的歌。」

　　（完整故事請見 P161）

故事創作小竅門

用故事來介紹課程，無論是什麼課都可以！可以幫助孩子以想像力建立與主題之間的聯結，讓他們對整堂課保持興趣。

在學校和夏令營中，我也成功運用了這個故事來鼓勵大孩子，善用他們的雙手，用木頭、黏土或皂石去創作。故事可以將頑皮的、不負責任的行為轉化成寧靜而有創造力的行為，這從毛線針和折疊小刀的故事中就可以看出來。

故事是改善特異行為的最佳良方

我在幼兒教育工作中的另一個職責，是擔任父母的諮詢顧問。澳洲政府資助了一個名為「促進家庭關係」的計畫，我很榮幸負責主持「創意父母支援計畫」。這份工作需要家訪，也需要拜訪當地學校，因此我有機會觀察到家長和老師如何應對棘手的情況。通常拜訪之後，我需要寫一個故事，或鼓勵家長和老師針對這些棘手行為寫一個故事，以幫助或改善特異行為。

扮演父母支援者的角色，常令我覺得自己像個「故事醫生」。兩年多的時間裡，無數的經歷告訴我，故事可以解決孩子的各種失衡行為。老師使用某些故事後，為學校氛圍帶來了正面的改變，如〈亂跑亂跳的小紅馬〉（請見P257）和〈小男孩去航海〉（請見P221）。有些故事是家長自己創作或我為家長而創作的，而故事對孩子的影響也會延伸到家庭環境，如〈毛線球〉（請見P164）、〈傑米和魔法棒〉（請見P213）。有些故事對所有家庭成員都產生了影響，如〈光的公主〉（請見P230）、〈美麗的女王〉（請見P216）。有時故事可以觸動家長的想像力，讓他們產生轉變。例如：在讀了棕色小斑馬急著把條紋變成黑色的故事之後，兩位家長異口同聲的表示：「現在我懂了，我需

要給孩子更多當小孩的時間。」有了這樣的回饋之後，每當我談到保護孩子的童年時，我就會以〈著急的小棕斑馬〉（請見P194）做為開場白。

　　另一些故事對治療師、家長和孩子都很有效，比如〈剛剛好農夫〉（請見274）。曾經有個5歲孩子，總是愛爬進壁櫥裡面上廁所，家庭心理治療師就借助這個故事，以富有想像力的方法解決了問題。後來這位心理學家還出版了一本小小的圖畫書，去幫助那些有如廁困難的大孩子。這個故事還可以幫助媽媽在家庭生活中，建立起更多的規律和協調，讓情況不再混亂，也能對孩子產生正面的影響。孩子熱愛故事中農夫的吟唱：「每樣東西都有自己的家，每樣東西都在自己的家。」而且收拾玩具時常常輕輕哼著這首歌。這種策略上的結合，療癒了失衡的行為，孩子也再次開始正確上廁所了。

　　這些經歷使我更加興致勃勃探索各種辦法，讓故事更能融入現代家庭和學校生活。我的工作後來延伸到專為家長、老師和治療師設計的「創造性規則」課程。我們幫助參加課程的學員，運用富有想像力的詩歌、遊戲和故事，用於應對孩子各種不守規矩的行為。這個研習

故事創作小竅門

在故事中融入童謠、謎語和歌曲的話，不斷重複的押韻可以營造故事的氛圍和張力。一般來說，讓孩子留下最深印象的往往是歌謠，甚至小學階段的孩子也是如此。

營頗有成效，得到了許多收穫，使我和學員都更加堅信隱喻和故事在育兒實踐中的重要性。本書收錄了從研習營中挑選出來的故事，有我的作品，也有學員的作品。

不斷嘗試，就是通往創作好故事的最佳捷徑

這些成功的經歷給了我勇氣，促使我開始創作和收集具有矯正效果的故事，並且記錄下各自的使用情況和效果。這些故事和筆記最初堆疊在盒子和抽屜裡，後來慢慢移到我的筆記型電腦中，而最終的成果就是這本書。

這裡需要說明一下，並不是我創作的每一則故事都有幸與大家見面。有些故事用手寫或用打字機打出來之後，就直接進了垃圾筒。有些故事則在文件夾裡積滿了灰塵，不過，很多年後，我改寫了其中一些。這或許告訴我們，不論什麼故事都不要扔掉！**一個故事不「奏效」，肯定有各種各樣的原因，但不斷的嘗試絕對是寶貴的經歷。**我確信，「寫出不好的故事」是學習過程中必經的過程。偶爾我會覺得某個故事很糟糕，在幼兒園裡講過一次之後就不講了，而不會重複講述好多天（通常，重複講同一個故事是很好的節奏，年幼的孩子很喜歡重複聽），而這個星期剩下的幾天，我就會改講深受孩子喜愛的民間傳說。

一個故事沒有效果是因為篇幅太長？還是因為情節空洞？或者太複雜？或者是因為描述太多而情節太少？下面的章節就是在探討故事結構及其相關問題，也介紹許多故事創作的小技巧。

Part 2

創作療癒故事，
從了解故事與行為的
關聯開始

Welcome

我和故事研習營學員為孩子創作故事的過程中，運用「故事創作結構」很有用，這部分就是要跟大家分享這個模式。但是在著手探索如何創作療癒故事之前，各位必須先了解「故事」和「行為」這兩項基本問題。

Chapter 4

故事和行為的關聯

故事是什麼？我發現很難對「故事」下一個定義，就像很難定義一個人、一棵樹或一道彩虹。因為故事是活的，就像生活一樣，很難界定或分類。

在字典裡可以找到故事的定義，但是，你應該會和我一樣覺得，這說明相當死板：「任意長度的一段敘述或傳聞，可以是口頭講述的，也可以付諸文字；可以有韻腳，也可以是白話；可以是真實的，也可以是虛構的……」

用充滿想像力或比喻的方式來描述故事，會更生動一些。我會用下面的例子說明關於故事的各種比喻，這些都可以增進我們對故事的理解。讀完之後你會發現，想出獨創的比喻是很可貴的。

故事的比喻，聯繫起想像世界與日常世界

正如我在第3章中提到的，非洲南部的布希曼人（當地人稱為「桑

人」），把故事比喻為風，並相信故事來自遠方。

　　說故事的時候，人會產生心靈感受，桑人知道這一點，並以言簡意賅的方式表達。故事是這些叢林居民的生存工具之一，影響了他們日常生活的主要活動，尤其是狩獵；故事告訴他們沙漠動物的相關知識，引導他們在沙漠中找到食物和水。將故事比喻為「風」的說法，聯繫起想像世界與日常世界。

　　一位科薩族[13]婦女參加了我在開普敦舉辦的育兒培訓，她把豐富孩子心靈的故事比喻為一個裝滿健康食物的鍋子。學員都覺得這個比喻非常精采，並想根據這個觀點列出需要哪些原料才能寫出（煮出）一個「有營養」的故事。她們建議可以再拿一個碗或盆，盛放那些可以加入故事中的調味料——笑話、謎語、魔術、歌曲或童謠。

　　「水」的形象以及與水有關的比喻，也是描述故事的絕妙方式。故事對我們的精神生活非常重要，如同水之於我們的身體。水能使我們恢復活力，對健康成長極為重要；故事則以特有的方式深入我們的心靈，就是像水可以滲入牆上的裂縫，這是其他事物做不到的！許多故事匯成一股甘泉，等待人生的旅行者去暢飲，使他們重新得到生機和活力，再繼續他們的旅程。

　　還有人將故事比喻為「藥」。埃思戴絲（Clarissa Pinkola Estes）在《與狼共奔的女人》（*Women Who Run With the Wolves*）一書中，用故事這味藥幫助女人找回本能。而強斯頓（Anita Johnston）則在《在月光下用餐》（*Eating in the Light of the Moon*）一書中，用故事治癒飲食失調。

13　編注：南非一個說科薩語的族群，主要分布在東開普省。

這些書不僅讀起來引人入勝,還運用了神話故事及民間傳說中的智慧,療癒身體和心靈的疾病。

將故事比喻為藥,比較接近本書的主題。自古以來,人們就懂得使用故事來療癒心靈。在人類奮鬥的數千年歷史中,流傳下來的故事不計其數,而且故事中隱含療癒作用的訊息和意義,已經滲透到日常生活及精神生活中。

療癒性故事,幫助人們恢復失去的平衡

每個故事都可能具有療癒作用。如果一個故事讓人發笑,笑的人就得到了療癒;如果一個故事讓人流淚,也同樣發揮了療癒效果。民間傳說和童話故事的療癒效果更好,是因為具有普遍性的主題和解決方案,能夠為聽故事的人帶來希望和勇氣,讓他們面對生活中的艱難困苦,找到前進的道路。

一位世界知名的環境保護主義者大衛·鈴木(David Suzuki)認為,故事可以幫助人們建立與土地的心靈聯結,進而療癒地球。如果一個簡單的自然故事可以幫助孩子建立與附近森林的聯結,當他們長大以後,就會更有意識的保護、愛護森林。因此,透過故事可以促進人與環境的融合。

聽故事的體驗是具有療癒效果的,不論故事的內容是什麼。在學校活動中安排固定的講故事時間,有助於培養孩子們的專注力、激發想像力。現在的孩子長時間看電視或DVD,這樣的行為其實也具有療癒意義。

所有故事都具有療癒的潛力，然而，特殊的故事具有改善或療癒特定狀況的效果。在本書中，我將這樣的故事稱為「療癒性故事」。我們之前提到了療癒的定義是「恢復健康、達成平衡、變得健全」，同樣，療癒性故事可以幫助人們恢復失去的平衡，再次變得完整。當老師、心理學家、父母、祖父母以及其他照顧孩子的成人，為孩子講療癒性故事時，就可以使孩子的行為或狀況恢復正常。

孩子的某些問題行為，其實是正常的發育過程

簡單說來，孩子的行為就是「孩子做事的方式」。行為可以是正面的，例如合作、互助、分享、和藹可親、可靠、誠實等；也可以是負面的，例如攻擊、不誠實、懶惰、無禮、貪婪、易怒等。

影響孩子行為的因素

孩子的行為可能受到多種因素影響：

- 年齡和成長階段（包括生理、認知、社交和情感發展）
- 個性（脾氣、性格等）
- 文化背景
- 基本需求是否滿足（孩子行為不當是否因為餓了、冷了、累了？）
- 健康狀況
- 家庭環境
- 托兒所、幼兒園或學校的環境
- 學校或家中的生活是否有規律

- 身邊的其他成人、年紀較大的孩子、同齡朋友、兄弟姊妹
- 孩子過去的行為養成方式（例如，如果孩子尖叫或生氣就能得到想要的東西，他就會養成這種行為）

　　所有孩子都有行為不當或令人不快的時候。事實上，**一些被認為是有問題的行為，單純只是特定年齡受到刺激或情況下的正常反應。**例如：兩歲的孩子在受到限制時會大發脾氣，這是正常的；3歲的孩子偶爾把幼兒園的玩具裝進口袋帶回家，這也很正常。他們認為這不是偷，而是單純的「借」。這種行為可以看成是孩子需要大人的協助，讓他適應從家中過渡到幼兒園的生活；而對6、7歲的孩子來說，有點兒鬼鬼祟祟、遮遮掩掩，甚至撒謊，都是正常的。我並不是說照顧孩子的人必須忍受孩子的這些反應，而是希望照顧者必須大致了解，孩子在不同成長階段的「正常表現」。這些知識可以從兒童成長及兒童心理的育兒類書籍中獲得[14]。

影響兒童行為的主要因素：生活背景和人際關係

　　影響兒童行為的主要因素有兩個：生活背景和人際關係。

　　家庭、學校、社區以及這個世界，構成了一張錯綜複雜的網，每個孩子都在其中生活、成長。因此，孩子的特定行為是受到多方面影

14　例如拉曼·鮑德溫·丹斯（Rahima Baldwin Dancy）所著的《你是孩子的第一位老師》（*You Are Your Child's First Teacher*）。詳見附錄一的推薦書目。

響而成，很難從單一層面來解釋。

第一，特定行為發生的方式、時間、地點和原因，都是需要考量的因素。如果孩子餓了或累了，通常脾氣會比較不好，這是可以預見的，也是合理的。如果孩子的腿部肌肉長期疼痛，家長和老師卻沒有發現，或是孩子年齡太小，無法表達他的疼痛，那麼孩子就可能會攻擊靠近他的任何人，而被誤診為具有暴力傾向。

有一次，我聽說有個4歲孩子在幼兒園戶外遊戲時間裡表現得很奇怪，尤其是朋友興高采烈的玩泥巴或玩水的時候。詢問他的父母之後，我們發現，原來是六個月前，土石流淹入了孩子家裡的後門，他受到了驚嚇。儘管他們已經搬到鎮上的新房子裡，孩子還是不敢靠近泥巴或水，而且只要看到就會緊張。這個孩子的爸爸參加了我的療癒故事研習營之後，編了一個故事：有一家人住在一個小竹棚裡，一到下雨天，屋裡就會到處是泥水。這個故事非常輕鬆、幽默。最後這家人收拾好行李，搬到另外一個小鎮，住進了一棟有著結實的牆壁、排水管道和高大圍牆的房子，從此家裡不再有水沖進來了。連續很多個晚上，爸爸媽媽都在睡前為兒子說這個故事。男孩很喜歡這個故事，一直要求爸爸媽媽再講一遍。過了幾個星期，老師發現他已經可以快樂融入戶外活動之中，並且開始碰觸泥巴、沙子和水，還從中得到很多樂趣。

第二，孩子與團體或家庭成員的關係，會影響到他的行為。孩子是否剛剛加入新的班級？是否搬家不久？剛進入新的環境時，孩子通常會表現出某種行為模式：性格相對外向的孩子可能會透過炫耀的方式，在新同伴中找到自己的位置，而相對內向害羞的孩子則可能會

顯得膽小黏人。這時，老師和家長應該充分理解孩子，給予照顧和關注，幫助他們度過最初幾週或幾個月的難關。想讓這些行為得以化解或恢復正常，通常需要花費一些時間，但這並不代表老師或家長就該忽略可能的問題行為。相反的，他們需要不斷觀察，注意這一群孩子的社交動向，尤其要注意霸凌的蛛絲馬跡。〈紅卡車的故事〉（請見P247）就講述了當班上一個新來的8歲女孩受到欺負時，老師的處理方式。我推薦大家讀一讀培恩博士（Kim-John Payne）的一篇文章，看看他是如何處理融入團體的問題和霸凌（見附錄一「推薦書目和網站」）。

人際關係也會影響行為，這一點有時從老么的身上可以看到。幼兒園老師常常發現，家裡較小的孩子會把哥哥姊姊對待他們的行為帶到學校來，例如嘲弄、欺負、罵人等。這時候，雖然故事可以發揮一些作用，但還必須加上家庭訪問，並針對整個家庭採取相關策略。

第三，成人與孩子之間的關係，大大影響了失序行為。故事〈無尾熊寶寶〉（請見P321）是為了一位媽媽而寫的。這位媽媽很煩惱，因為4歲的兒子不乖，每天都不想離開她去幼兒園。但這個故事幫助她了解，原來是自己不願意和孩子分開，所以指責孩子不乖是錯誤的。事情的真相是，這位媽媽不能面對自己小時候離開家人的恐懼，此外，在孩子小的時候，她因為有全職工作，經常把孩子丟給保母，所以非常內疚，才會離不開孩子。這個具有療癒效果的故事幫助她釐清了思路，她與兒子的關係也更親近。她讓孩子在家裡再待一年，孩子5歲時，高高興興的開始了學校生活。從這個例子來看，有些時候，需要改正的是家長或老師的行為！

父母離異或再婚會導致原有家庭成員的分離，或是異父異母兄弟

姊妹的加入，這都會對孩子產生影響。我在一次家庭訪問時發現，這個家裡的三個孩子，其中一個是繼子女，經常為了獲得媽媽的注意而打架、尖叫。而這位媽媽很憂傷，她覺得自己的人生沒有價值。孩子難纏的表現，與媽媽的抑鬱消極有著直接的關係。於是，我為這個媽媽寫了一個故事，幫助她重新發現自己內在的美麗（請見P216〈美麗的女王〉）。這個故事不僅讓媽媽建立信心，在讀過多遍之後，她還把故事說給13歲、9歲和5歲的三個孩子聽，他們百聽不厭。在家庭療癒的漫漫長路上，這個故事僅僅是方法之一，但卻幫助他們建立了睡前說故事的習慣。這位媽媽告訴我，至少這是一天當中，全家最和諧的時刻。

評估成人行為的影響，避免無形中造成孩子的失序行為

不斷檢視自己教育孩子的方式是很重要的，這樣可以避免在無形中造成孩子的失序行為。舉例來說：你對孩子的期望是否符合孩子的年齡及成長？學校的課程是否滿足了孩子的需要？你平時做事是否有條理？是否提前做好準備？還有很重要的是，你的方法是否有助於孩子的正向行為？

以下問題可以幫助你（以及其他家長／老師／照顧孩子的人）進行評估：

問題	回答（是／否）
你的行為是否正向？	
你的語言是否正面而有禮貌？	
你的社交技巧是否良好？有沒有教給孩子？	
你設定的限制是否明確、公平、一致？	
你是否會注意到孩子的良好行為並加以鼓勵？	
面對孩子的失序行為，你是否盡力轉移或分散他的注意力（初次發生時就予以制止）？	
你是否忽視（或助長）了孩子吸引大人注意的行為？	
處理不當行為時，你是否會傳遞言行不一的混亂訊息？（例如一邊告訴孩子：「如果你繼續哭鬧，我們就不去公園了。」一邊又幫孩子穿上外出鞋）	
你是否留出優質時間（全心全意、沒有其他干擾）來陪伴孩子？	
孩子的日常活動是否安排過滿，沒有足夠的自由遊戲時間？	

從兒童心理學，辨識孩子的異常行為

　　即使父母以上各項都做得很好，孩子仍可能會出現某些行為，需要我們謹慎看待。這些所謂的難纏表現、問題行為或失序行為，往往不是短暫惱人的行為。照顧孩子的人很容易發現孩子行為異常，因為只要出現這些行為，就需要花更多的時間和心力去處理。

　　為求精確，我採用兒童心理學家對行為異常的描述，節錄如下。

挑釁或異常行為可能是：

- 對他人權利造成不公平的干擾、傷害或侵犯的行為
- 傷害環境或其他生物的行為
- 明顯傷害孩子自身的行為
- 頻繁出現或不符合孩子年齡的倒退行為
- 干擾孩子學習或處理資訊的行為，或是阻礙孩子使用已學會技能的行為
- 干擾孩子與他人互動的行為
- 行為本身並無不當，但發生在錯誤的時間或地點（例如在室內扔球、在學校圖書館裡大聲唱歌或喧譁）
- 時常造成問題，且多於一人認為是不恰當的行為

如果孩子失序行為的程度嚴重，且在各種情況下一再出現、持續時間較長，甚至干擾了孩子的正常發育，則可以被進一步歸為「疾病」，例如通常稱為過動兒的注意力不足過動症（Attention Deficit Hyperactivity Disorder，ADHD）。如果懷疑孩子有此類疾病，應向專家尋求諮詢診斷。為了提供完整的訊息，孩子的老師以及所有照顧者都應參與討論和診斷過程。

具體描述失序行為，選擇適當的故事隱喻

描述行為應該清楚、準確。譬如膽小、害怕、愛破壞、不合作等常用的說法，就很難讓人理解孩子有哪些方面需要改變以及該如何改

變。更重要的是，故事創作時，**詳細而具體的描述可以幫助我們針對特定行為選擇適當的隱喻**。描述時，列出以下要素會很有幫助：

- **誰**：行為人是誰（有時還須說明行為與誰有關）？
- **何種行為**：有什麼行為？
- **時間**：行為發生在何時？
- **地點**：行為發生在何地？
- **表現方式**：行為的具體表現是什麼？

下面的表格列出了家庭、幼兒園以及學校常出現的一些失序行為，和應有的良好行為。

表1：描述孩子的失序行為

誰	何種行為	時間	地點	表現方式
女孩（5歲）	害怕獨自待在家裡的任何一個房間	白天和晚上	家裡	黏著媽媽或爸爸，去另一個房間（如廁所和自己的臥室）時總要別人陪伴。
男孩（8歲）	亂用小刀	獨自一人時	家裡	用鋒利的刀子割家具、樹木、枕頭等等。
男孩（4歲半）	不斷向老師抱怨和哭鬧	室內及室外遊戲時間	學校	黏在老師身邊，抱怨沒有朋友、不喜歡幼兒園。
整個班級（6歲）	打掃時間不願意合作	點心之後及午餐之後	學校	孩子跑走或躲起來，就是不願意幫忙掃地、擦桌子等。

表2：描述孩子的應有行為

誰	何種行為	時間	地點	表現方式
女孩 （5歲）	充滿信心的獨自探索新環境	白天	家裡	孩子在白天有自信的去房子其他區域探險，並敢獨自待在那裡。 孩子太小，不能期望她在黑暗中也做得到。
男孩 （8歲）	小心使用小刀及其他鋒利工具	獨自一人時	家裡	用小刀和鑿子雕刻木頭，用小刀做飯，如切菜、削水果等。
男孩 （4歲半）	停止抱怨，加入遊戲	室內及室外遊戲時間	學校	不再黏著老師，願意加入其他小朋友，參與並享受幼兒園裡的活動。
整個班級 （6歲）	打掃時間願意合作	點心及午餐之後	學校	孩子們喜歡掃地和清潔，打掃時間非常願意合作，而且做得很好。

表3：透過故事，將失序行為轉化為應有行為

（下一章將討論這些故事的創作框架）

誰	何種行為	故事	效果
女孩 （5歲）	害怕獨自待在家裡的任何一個房間	「星星女孩」晚上從天上飛下來，穿過窗戶，飛進孩子的臥室。她成了孩子特別的朋友。	媽媽做了一個星星娃娃當作故事道具，還做了一條星星項鏈，掛在廚房的掛鉤上。女孩很開心的戴上了這條項鏈。在項鏈的陪伴下，她開始自己去廁所，也敢去房子裡其他地方。
男孩 （8歲）	亂用小刀	男孩總用折疊小刀到處破壞，導致許多不良後果，後來男孩做了一個夢，夢醒後他用小刀雕刻了一座木頭城堡（請見P161〈折疊小刀和城堡〉）。	男孩用木頭雕刻了一些很漂亮的東西，他享受這種快樂。他很願意用折疊小刀去創造物品，不再破壞和毀壞物品。
男孩 （4歲半）	不斷向老師抱怨和哭哭啼啼	一條小鯨魚總是不停抱怨。有一次他迷了路，受困在環礁湖中。最後他唱起一首鯨魚之歌，終於得救了（請見P139〈愛抱怨的鯨魚〉）。	孩子黏人時，老師就唱起故事裡的歌。孩子聽了後不再抱怨，開始以更具建設性的方式使用自己的聲音——他開始學習唱這些歌謠。孩子慢慢的不再黏老師，加入到遊戲中。
整個班級 （6歲）	打掃時間不願意合作	三個小人輪流使用掃帚，第一個嫌麻煩，不願意打掃；第二個馬虎又匆忙；最後一個仔細認真的完成任務（請見P282〈小掃帚〉）。	老師把這個故事變成一齣偶戲。孩子們戴上不同顏色的帽子來表演這個故事，並且把表演帶入遊戲和打掃時間。大家開始認真打掃，而且這樣做的人也受到老師和其他孩子鼓勵。

描述行為應針對行為本身，而不是在孩子身上貼標籤

　　當我們構思故事來改善孩子的行為時，並不是要把壞行為變成好行為，也不是要把淘氣孩子變成乖孩子，而是要使某種行為或狀況恢復到平衡狀態。在創作的過程中，你必須特別留意「貼標籤」的行為！給孩子貼標籤是非常不健康的，然而這種情況卻經常發生，並且往往帶來負面影響。我認識一個孩子，他被學校老師錯誤的貼上了不誠實的標籤，長大後就真的變得不誠實。很多年以後，在和學校輔導員的談話中，他坦白說出當初的想法：「教室裡不管丟了什麼東西，他們都說是我偷的，那我乾脆真的去偷算了。」

　　我發現必須針對本書收錄的故事進行一般性分類，例如貪婪、懶惰、害羞、躁動等等，以便讀者找到相對應的故事。但是，我不希望人們用這些分類錯誤的描述孩子，或為他們貼上標籤。我也不希望讀者由於這些分類誤解行為問題就是孩子內在的問題，與生活背景、人際關係無關。所以，**在描述某種行為時應針對行為本身，而不要將行為與孩子混為一談。**

　　此外還應該記住，對於行為是好是壞、是恰當還是不恰當的判斷，都是非常主觀的。我們自身的信仰、處事態度、文化背景以及過往的經歷，包括成長經歷，還有對孩子的理解、與孩子的關係，以及不同的情況，各種因素都會影響判斷。所以，請與其他家長、老師或是諮詢師分享我們自己的經歷，以便作出更客觀的判斷。

改變孩子行為，是為了讓事物回到該有的平衡

改變行為的目的，就是要讓事物恢復該有的平衡狀態，例如從不愛惜變為學會愛惜；從不整潔變為較整潔；從躁動變為寧靜；從不誠實變為誠實，但是絕不是要把一個壞孩子變為好孩子。

如果因為搬家或有新生兒出生，4歲的孩子表現得無理取鬧，一個幫助孩子適應新環境的故事，將有助於家庭生活恢復平和（請見P270〈小袋熊的新嘗試〉）。

如果5歲孩子經常在教室裡亂扔玩具，說一個充滿想像力的故事，並在故事中賦予玩具生命，就可以讓孩子懂得愛惜和尊重玩具，讓狀況恢復平衡。在故事中，可以構建出這樣的畫面：小娃娃喜歡別人搖她、餵她，不喜歡被亂扔；小鍋和小勺喜歡為娃娃做晚餐，不喜歡被亂扔；小汽車喜歡帶著娃娃去旅行，不喜歡被亂扔……那麼室外的玩具呢？小球喜歡被帶到外面玩拋高遊戲，拋得高高的，一直拋到天空裡。遊戲結束之後，小球被帶回屋裡、放回盒子、躺在小娃娃和其他玩具旁邊休息。故事裡的每個玩具都有一首短短的歌，大人在遊戲時間唱這首歌會很有幫助：

我是一個小娃娃（小汽車……），我很可愛，
請你輕輕搖著我（推著我……），不要用丟的！

如果6歲孩子常把午飯的廚餘和紙片扔到花園裡，老師可以為他們講或表演〈老奶奶和驢子〉（請見P167）的故事，亂扔垃圾的行為

將會有所改善。故事中照顧大自然孩子的隱喻，還有幫助大自然孩子從醜陋變為美麗的各種方法，將使孩子留下深刻印象，有助於孩子自發改變自己的行為。

如果8歲的孩子經常偷東西，詳盡描述偷竊後果的故事將深入孩子內心，幫助他用更平和的方式來面對這個問題（請見P151〈不正直的野狗〉）。

結實的教養紀律，是推行療癒故事的基礎

本書主要目的是告訴你「如何使用療癒故事，以巧妙而有效的方式，去應對失序行為」。本章是講述如何透過各種方法來理解和分辨不同類別的行為。在下一章中，我將提供故事結構框架，幫助讀者尋找隱喻、故事架構，以解決更多種不同的行為和狀況。

前面已經提到，解決失序行為需要很多方法和策略，說故事只是其中之一。故事不可能解決所有問題。為了從根本上解決問題，我們應該研究一下複雜的「紀律錦緞」。故事可以是織錦畫中閃亮的織線，但是如果基礎線不夠結實，編織的東西就會散開。如果在基礎不穩固的情況下使用療癒性故事，象徵故事的織線就會脫垂在半空中，所有創意的嘗試也會失敗。

這個編織的比喻可以讓我們更全面的管理孩子的行為。它提供了針對失序行為的許多策略——結實的經線包括韻律、規律和一致、接納、尊重、設定確實可行的限制、充滿準備、有條不紊以及有助於正面行為的各種方式。

富有創意的緯線也有許多，除了講故事這條充滿想像的織線之外，還有幽默、遊戲、歌曲、童謠、家族儀式、節日和社區活動，都可以使紀律的錦緞變得更加豐富多彩。

　　紀律的錦緞很複雜，需要專書探討那些豐富多樣的織線。也許以後我會寫這樣一本書，不過本書將專注於療癒性故事這條閃亮的線。

Chapter 5

故事創作結構三部分，
幫你製造源源不絕的新故事

讀者現在應該已經明白，我在創作療癒性故事時採用固定的結構，也就是使用「隱喻」、「情節」和「解決方案」等三部分來構成故事的框架。為了幫助你創作故事，我將分別探討這三個部分，不過你會發現，這三者必須緊密配合才能組成完美的故事。

這裡提供的框架僅是建議，絕不是故事創作的唯一方式。你可以把這個框架當成創作故事的起點，也可以用來分析現有的故事。從長遠來看，剖析現有的故事，可以幫助你創作新的故事。

創作故事的首要動作：確立目標

故事創作的首要動作，就是確立目標。在創作療癒性故事時，應根據情境和孩子的年齡，仔細選擇具有療癒效果的隱喻，構思出相應的情節或歷險。我要再次強調，故事不應說教或引發內疚感。**我們要做的，只是將事件忠實呈現，並透過故事中的「隱喻」和「情節」，**

提供適當的方式來處理某種行為，並提供確實可行的解決方案。療癒性故事應該盡可能讓聽者自己做出結論，這樣一來，「故事的力量」才會如班·歐克里（Ben Okri）所說的，以「看不見的方式」默默發揮作用。

隱喻：讓聽者與故事建立起充滿想像力的聯結

隱喻[15]是療癒性故事創作中不可或缺的一部分。它可以幫聽者建立起自己與故事之間充滿想像的聯結。作為故事情節中的重點，隱喻既可以是負面的（導致行為或狀況失衡的障礙、誘惑者或誘惑物），也可以是正面的（使行為或狀況恢復健康或平衡的幫助者或引導者）。表4（P94）「故事創作中的隱喻」列舉了一些隱喻，不過我們先來看這個例子。

試著想像一下：有個故事是為愛捏人的孩子所創作，可是故事中沒有充滿想像的隱喻，也就是說，故事直接講述有個孩子常常捏別人，當其他孩子拒絕和她做朋友以後，她才學會不再去捏人。如果在班上講這樣的故事，由於故事缺乏隱喻，無法讓聽者產生「聯想」，小朋友的第一個念頭就會變成要找出故事主角是誰，接著老師可能會被某個孩子的叫喊聲打斷：「瑞貝卡也是這樣，她很愛捏人。」

現在，我們以此為例來創作有隱喻的故事。首先我們面帶微笑，這可以幫助我們順利進入故事創作。「如果捏人的小朋友就像一隻鉗

15　編注：簡單說來，隱喻，也叫暗喻，是將一個事物當作另一個事物，而明喻則是有意識的將一個事物與另一個事物相比較，通常用「像」來表達。以一棵纖細的小樹為例，隱喻可以是「樹是彎腰的舞者」。而相應的明喻則是「樹像彎腰的舞者」。

人的螃蟹。」去掉「如果」和「像」，故事就可以開始了。

　　從前有隻小螃蟹，大家都不喜歡他。因為他的脾氣很壞，總是揮舞著大鉗子搯別的小動物，把大家都弄傷了。他的朋友都很討厭他這樣的行為……

　　現在，在故事中加入一些「障礙」隱喻——章魚、海星、海鷗。他們很不喜歡螃蟹的行為，打算給他一些懲罰。接著，海龜以智者的身分登場。隨著情節發展，另一個更加分的隱喻「幫手」——海藻織成的手套，讓小螃蟹的鉗子變得溫暖而舒適。故事的解決方案是，小螃蟹開始管住自己的鉗子——最後手套分解，被海浪帶走了，而小螃蟹也能和朋友們相安無事的在一起遊戲，不再傷害他們了。

　　有位治療師和老師曾分別使用〈張牙舞爪的小螃蟹〉（完整故事見P209）這個故事，改善小朋友的捏人行為。老師第一次在班上講完這個故事後，被捏過的孩子要求老師替愛捏人的孩子戴上手套，而喜歡捏人的孩子也高高興興的戴上手套。這是因為故事以正面的方式描述戴手套這件事，並不視為懲罰。

　　表4列出本書某些故事中所使用的隱喻。表中的分類只是方便讀者理解。事實上，隱喻具有想像的特質，很難歸類。舉個例子你就會明白：〈小精靈〉（請見P41）中，隱喻是「障礙」同時也是「引導」——謎語是障礙，一旦被男孩猜出，就會引導男孩完成新的任務，成為樂於助人的小精靈。〈德貝的靴子〉（請見P160）這個故事中沒有任何障礙，只有小小的改變——每到休息時間，靴子就必須在房間外面等

表4：故事創作中的隱喻

故事	障礙、誘惑者、誘惑物	幫手和引導者
天生的國王 （請見P296）	城堡的高牆、摔斷的骨頭、黑暗的房間	有智慧的女人、鏡子、陽光、王子的金皇冠、「天生的國王」
老奶奶和驢子 （請見P167）	從鄉村搬到城裡、人和自然失去聯繫、街上的垃圾	奶奶、大自然孩子、驢、孩子們
胡鬧小鸕鶿 （請見P191）	總是想要更多、很容易得到食物	鸕鶿父母的建議、善良的漁夫、記住鸕鶿該有的模樣
貪心小負鼠 （請見P176）	園丁鳥、閃閃發光的人類的寶貝、藏身的空樹幹、裝東西的負鼠袋	大自然的美麗、媽媽、露珠、裝寶寶的負鼠袋
不正直的野狗 （請見P151）	狗窩裡最小的野狗、紅色塵土、飢餓、藏骨頭的山洞	洗淨一切的大雨、小狗自己的良心
光的花園 （請見P172）	滿不在乎國王、寶石礦和藏寶殿、高高的石牆、灰暗無光的球	自然織娘、用天然物品織成的布、閃閃發光的金球、孩子們
愛抱怨的鯨魚 （請見P139）	和鯨魚群失去聯繫、暗礁、淺灘、退潮	鯨魚之歌的記憶、鯨魚群、大浪
小精靈 （請見P41）	發脾氣的爸爸、穿過黑森林的歷程、貓頭鷹和謎語	奶奶、貓頭鷹和謎語、男孩完成了幫助爸爸的任務
德貝的靴子 （請見P160）		小紅靴、不斷重複「朋友相伴不分離」這個涵義

候。這個故事的情節也很簡單，只是不斷重複靴子就像「朋友相伴不分離」。

為了理解隱喻在故事創作的作用，我建議你在閱讀書中的故事時，找出故事中的障礙和加分方式，填在表格中，但你會發現某些故事中的隱喻無法歸類。

從孩子的周遭環境，尋找隱喻的線索

針對特定行為寫故事時，常常**可以從某種動物、昆蟲或物品，找到和主角相似的行為，而拿來當成隱喻的線索**。例如：捏人或夾人的小螃蟹，羊或鴿子就不適合用來比喻捏人的行為；胡鬧的小鵜鶘、躁動的小馬、抓人的貓、吵鬧的小矮人。

針對某個孩子寫故事時，也可以用孩子喜歡的動物或玩具作為隱喻，或者從他的生活環境中尋找線索。孩子是否熱愛狗、馬或是大海和帆船？他生活在小河邊、森林裡，還是城市的高樓？如果孩子住在鄉村或是城市，在他上學的路上，或是附近的森林裡或海灘上，孩子會看到什麼，每天會有什麼經驗？

為團體或班級寫故事時，可以從課程主題或是學校周邊的環境中尋找線索。例如學校的花園裡或許有吵鬧的小鳥，也有溫柔唱歌的小鳥，班上也會有吵鬧的小朋友，由此可以構思出一個傾聽他人說話的故事。也許班上有學生會吐口水，老師就可以取材學校剛買的澆花水管。故事可以加點幽默：水管總是亂噴水，不論是隔著籬笆的鄰居，或是在辦公室裡工作的祕書，都被水噴到了。大家只好把水龍頭關

掉，把水管收走，直到水管明白有些東西是不能噴的！

　　尋找隱喻的線索時，沒有一成不變的規則，因為故事是沒有規則的！有時候幽默會帶出絕佳的效果。例如偷東西的故事中，「黏黏的手指」的隱喻，就可以引發各種奇遇，因為小偷一碰到任何東西，手指就會被黏住。有時候，故事中隱含異國的隱喻會引起孩子的興趣。例如在講關於吃手指的故事中，出現一隻喜歡吮吸自己手指和腳趾的小猴子，結果錯過了成熟最可口的水果，而對於生活在寒冷的國家、從沒見過猴子的孩子來說，印象一定很深刻。

　　在選擇隱喻時，需要練習創意思考。我的同事曾經為某個孩子寫過故事，而這個孩子的媽媽無預警的離家出走，沒人知道她什麼時候會回來。雖然這個孩子很喜歡某種動物，但是以動物媽媽當主角並不妥當，因為動物界的媽媽很少會拋棄孩子。因此，這位同事選了月亮（媽媽）和星星（孩子）作為隱喻。在故事〈月亮媽媽〉（請見P319）中，她把重點放在夜空中的星星孩子身上。星星孩子必須勤擦衣服，這樣外衣才會閃閃發光得更久，直到月亮媽媽回來。這個故事不僅幫助了孩子，也幫助了其他親人——在孩子的母親回來之前都必須更堅強。故事的結局很謹慎，沒有承諾媽媽將會回家。但幸運的是，這位媽媽在五個月後回來了。

適當的隱喻，更能讓人心領神會

　　別小看了隱喻，這方式不僅可以運用在故事當中，也可單獨使用。這樣的「故事種子」可以發揮奇妙的作用促使行為發生改變。例

如第1章所述的「神奇的安全帶」和「瀑布」（請見P33）。

大兒子5歲時第一次去看牙醫。我非常緊張，因為牙醫的手術室勾起了我小時候的緊張回憶。可是基倫卻非常興奮，他爬上大椅子，滿懷期待的張大嘴巴讓醫生檢查。牙醫是個年紀很大的印度人，他告訴基倫，有一顆牙齒需要銀色星星的幫忙才能更牢固。

牙醫解釋說，當他把星星放進去的時候會有點疼，但是星星會在牙齒裡住很長的一段時間，照顧他脆弱的牙齒。接著醫生問他：「可以嗎？」基倫熱切的點點頭：「好！」然後牙醫就開始補牙了。

這趣味的一課讓我見識到隱喻的力量。「銀色星星」的隱喻產生了正面影響，使得基倫願意接受補牙手術。一年之後，基倫開心的回去看了一次牙醫，他一點都不害怕。整個過程中只有一件事讓我為難，那就是二兒子非常沮喪，因為他沒有得到小星星！我不得不說服他，擁有一口好牙齒是最棒的事情，而星星只是用來穩固它們的。

詩人、作家和政治家經常使用隱喻或「故事種子」，來傳達有說服力的訊息。隱喻也是日常生活的一部分，我們經常使用隱喻來描述人的性格特徵，如：「綿羊般安靜」、「鰻魚般滑溜」，或強調各種困境，像是「打開一罐蠕蟲」、「抓住牛角」、「把貓放入鴿群」。在每週的教師例會中，有的同事會說：「我們要翻開每一塊石頭，直到問題解決。」[16]這些說法具有畫面感，往往更能讓人心領神會。語言中的隱喻無處不在，但如果用得太多會變成陳腔濫調，喪失最初那種豐沛的力量。詩人和充滿創造力的說故事家，可以找到新的用法，

16　編注：指想盡一切可能的辦法解決問題。

讓語言變得生動。

　　和孩子相處時，一定要刻意使用隱喻。先想想，某些情況下，孩子的哪些行為讓你感到煩惱。以整理玩具為例，你要如何利用視覺畫面或隱喻來改善目前的情形呢？首先想想哪些東西天生愛整潔、有條理——某種動物？某種昆蟲？某種小精靈？選好之後，試著寫一首童謠，在打掃時間唱給孩子聽——例如：「小小精靈，最愛乾淨，東西從來不亂丟，擺放整齊真用心……」然後可以把童謠擴展成故事，用幾個「障礙」隱喻製造凌亂的場面，然後「幫手」（來自你的童謠）出場，讓房間或是屋子變得整潔。

情節：製造緊張氣氛的重要元素

　　情節是構成療癒性故事的重要成分。**隨著故事的演進，曲折的情節製造出緊張的氣氛，首先將故事引入失衡的局面，然後從失衡中走出，達到回歸完整的解決方案。**「障礙」隱喻和「幫手」隱喻與情節發展密不可分。情節中的緊張氣氛或衝突通常透過「障礙」隱喻而形成，而解決方案則透過「幫手」隱喻來獲得。

　　對 3 ～ 4 歲的孩子而言，情節可以很簡單，只要在故事中重複相同的經歷，或重複一首歌、一首童謠，就足夠了。在〈蝸牛和南瓜〉（請見 P260）中，蝸牛一邊翻越南瓜，一邊反覆唱著蝸牛之歌：「慢慢的，慢慢的，噢，好慢好慢，蝸牛就是這樣慢，慢，慢……」〈小掃帚〉（請見 P282）是為了激發孩子的勞動熱情而創作的，其中的麵包屑之詩不斷重複，使情節充滿緊張感。孩子聽過三次以後，就開始

渴望積極的解決方案——掃起麵包屑。

　　另一個製造緊張感的方法是隨著每一次重複，加入新的人物。這種故事通常稱為連環故事，情節在單一場景不斷發展，因此重複就成為故事延續下去的關鍵手段。家喻戶曉的〈拔蘿蔔〉（請見P254）就是很好的例子——小男孩想去拔蘿蔔，拔不動，於是叫來媽媽幫忙，媽媽又叫來爺爺，爺爺又叫來兔子，兔子又叫來老鼠，最後小老鼠叫來了毛毛蟲。世界各地的文化衍生出這個故事的無數版本。如果沒有人物的累加，故事就只剩下「小男孩來到花園，拔起了蘿蔔」，會顯得非常簡單而無意義。

　　講給大孩子聽的故事，情節通常較為複雜，要有某種歷險，多次轉折或一系列需要完成的任務。在〈小精靈〉（請見P41）中，**情節的迂迴曲折將聽者更深入的帶進故事的主題。**如果奶奶只是告訴男孩，他應該成為幫助爸爸的小精靈，男孩可能不以為意。而這個故事的情節卻是：男孩進入森林去拜訪貓頭鷹，然後在月光下的湖水邊解開了謎語。

　　很多著名的童話故事的情節更曲折，例如〈灰姑娘〉、〈白雪公主〉等。而本書中情節曲折的故事則有〈隱形的獵人〉（請見P235）、〈光的花園〉（請見P172）等。

　　若要仔細體會曲折故事中的主題、緊張感和情節，我的建議是多讀兒童故事。你可以借閱或購買不同文化的民間故事集，而很多網站上也可以讀到各種各樣的精采故事（見附錄一「推薦書目和網站」）。

解決方案：讓失衡與破壞性行為恢復和諧、平衡

　　療癒性故事主要是讓失衡或破壞性行為恢復和諧，重歸平衡。**解決方案一定要積極，要有遠見，不能造成孩子的內疚感**。例如，在〈張牙舞爪的小螃蟹〉（請見P209）中，捏人是不好的行為，小螃蟹的朋友們不能接受。由於海龜和海藻手套的幫手，再加上小螃蟹自身的努力，停止了這種行為。故事中，螃蟹沒有對自己的行為產生罪惡感，反而還隨著故事情節的發展，很自然的自己解決了問題。在〈無聊的狒狒〉（請見P136）中，全家人一直鼓勵孩子出去玩，可是一切努力都白費了。小狒狒對玩一點興趣都沒有，這顯然是失衡的現象。

　　你能想像一隻小狒狒整天只是坐著，什麼也不做嗎？後來，小狒狒被關在獵人的籠子裡，這到達失衡的極限。最後，問題得到了解決，小狒狒被解救出來，可以自由的奔跑、跳躍、玩耍。這對於小狒狒以及聽故事的人來說，是多麼大的欣慰！

　　雖然故事最後才會揭示解決方案，你卻應該在開始編故事時就要先想好。如果無法確定解決方案，你很難知道隱喻和情節該朝什麼方向發展。

　　不同的行為和狀況需要不同的方法。有些方法很直接，例如，如果故事針對愛抱怨的孩子，明顯的解決方案就是讓孩子用聲音來做更有意義的事情，而不是抱怨。例如在〈愛抱怨的鯨魚〉（請見P139）中，小鯨魚最後學會了用自己的聲音唱出美妙的鯨魚之歌。

　　〈不正直的野狗〉（請見P151）所用的方法就比較複雜。故事先描述一系列的偷竊行為，然後繼續深入，來到「藏骨頭的山洞」，最

後一場大雨洗刷了一切，並揭開了不正直的行為。這個故事的解決方案是主角良心發現，自行將不誠實的行為變為誠實，而沒有受到外界的懲罰。

　　如果某個孩子的父母離異，為他所寫的故事中，解決方案就不能如此簡單。這時必須謹慎思考，故事不應該提供現實生活中難以實現的方案，例如不應該暗示孩子的父母會復合。你可能需要做一些調查，才能設計出解決方案。父母雙方是否會與孩子溝通並陪伴孩子？父母中的一方是否已完全從家庭中消失？這類故事也可以讓家長有機會得到訊息，進而改變自己的行為，例如學會持續關注孩子的需要。或許故事可以講兩棵大樹，生長在不同的花園裡，有個孩子喜歡去這兩個花園裡遊戲，而兩棵大樹都會為他遮蔭。孩子只要透過一扇特別的、會定時打開的門，就可以從一個花園通往另一個花園。或者可以設計成，這扇門會在人們唱起一首特別的歌時打開或關閉。當父母中的一方開車送孩子去見另一方，往往就是孩子開始焦慮的時候，這時就可以唱這首歌來減輕孩子的焦慮。故事還可以有這樣的隱喻——溫暖的陽光穿過樹葉的縫隙，在不同的時間灑在不同的花園中，甚至這兩棵樹的某些樹枝可以越過花園的籬笆，相互交織。或者，如果這樣太「親密」的話，可以讓這兩棵樹分別長在兩個花園裡相距最遠的角落，只有那扇特別的門才是兩者之間唯一的聯繫。做出這些不同的方案，不僅能對孩子產生療癒作用，對家長甚至療癒師和老師來說也有效。

　　如果孩子得了絕症，當然不適合為他講主角病情好轉，從此過著幸福生活的故事。講故事者應該讓結局把聽者帶到一個高於或不同於

現實的空間。父母為孩子寫故事時，多半會從自己的宗教或哲學信仰出發。老師或療癒師寫故事時，則需要考慮到孩子家庭的信仰。〈蠶的故事〉（請見P299）、〈小溪‧沙漠‧風〉（請見P302）和〈銀翼〉（請見P308）就是三個不同的例子。

分析療癒性故事，幫你建構新的故事

以下表格可以幫助你從隱喻、情節和解決方案三方面來分析現有的故事。分析可以幫助你了解故事模式，並建構出新的故事。表5列出了一些針對常見行為的故事，表6則列出了針對特定情況的故事。為了達到最佳效果，我建議你依次處理每個表格，每次填寫一個故事的相關內容：先閱讀故事，然後再填寫表格中的空白部分。

本書最後附有表5和表6的完整答案（見附錄二）。但是，答案僅供參考，並無對錯。你可能會在某個故事中發現一些隱喻或解決方案，是其他讀者沒有察覺到的。而本書最後面附上了一張空白表格，你可以複印起來，供自己或小組在創作新故事的時候，記錄下腦力激盪中產生的創意。

即使沒有解決方案，故事依然具有療癒作用

在肯亞首都奈洛比，有位參加故事課程的學員在SOS兒童村[17]工

17　編注：為保護兒童權益而設立的國際非政府慈善機構。

表5：分析療癒性故事──針對各種常見行為的故事

故事	隱喻	情節	解決方案
德貝的靴子 （請見P160）	·小紅靴 ·在一起的好朋友	描述一雙靴子一天的冒險經歷（重複多次）。	休息時脫下靴子，仔細放在一起，而不是亂扔。
老奶奶和驢子 （請見P167）			
小掃帚 （請見P282）			
亂跑亂跳的小紅馬 （請見P257）			
愛抱怨的鯨魚 （請見P139）			
著急的小棕斑馬 （請見P194）			

表6：分析療癒性故事——針對特定情況的故事

故事	隱喻	情節	解決方案
無尾熊寶寶 （請見P321）	・樹（世界） ・不斷長大，老在喊餓的寶寶 ・疲憊的媽媽 ・汁水豐富的葉子 ・更高的樹枝	媽媽和寶寶在樹上，媽媽睡著了，寶寶餓了，自己爬上去摘到了好吃的葉子。	無尾熊寶寶變得強壯又勇敢，可以離開媽媽，獨自去闖蕩世界了。
張牙舞爪的小螃蟹 （請見P209）			
折疊小刀和城堡 （請見P161）			
天生的國王 （請見P296）			
雲朵男孩 （請見P53）			
毛巾的故事 （請見P248）			

作。課程快結束的時候，她請我寫個故事幫助兒童村裡名叫秀雅的孩子。不久前，秀雅剛滿5歲的時候，家人在一次部落遭搶劫過程中喪生，從此她成了孤兒。

面對這個請求，我的第一反應是：「不，對不起，我不可能做得到。」然後我問這個學員，孩子遭受了如此可怕的經歷，她怎麼會認為一個故事就能改變孩子？我的學員懇求：「即使無法治癒也沒關係，或許故事能給她一點幫助！」

回到澳洲，我立刻寫了一個簡單的故事——〈給秀雅的娃娃〉（請見P307），希望這故事能幫上一點忙。我把故事用電子郵件寄回肯亞，讓秀雅的老師講給她聽。後來老師告訴我，秀雅在與他人相處和遊戲方面都進步了。聽完故事後的那個早晨，秀雅在床上發現了一個布娃娃，穿著繡有金絲和銀線的衣服。這個娃娃成了秀雅的好朋友。

這次的經歷讓我意識到，即使沒有解決方案，故事也可能會產生一點點作用……即使只是稍有助益，也令人欣慰！這次經歷也教會我，**故事創作者應該懷有「助人」之心，相信故事總有發揮療癒作用的時候。**儘管這本書的主題是「療癒」。但我相信，懷有助人之心也同樣重要。不過，請不要過度期待故事的功效。

簡單的道具，可以讓你的故事更有力

某些療癒故事很適合使用道具，像道具為〈給秀雅的娃娃〉故事添加更多的力量，就是很清楚的實例。故事中加入的道具不一定要用買的，**使用自製的簡單物品反而具有神奇的效果，而且含義深遠。**比

如，用黃色毛線為王子編織一頂皇冠；為愛幫忙的小精靈縫製一頂毛帽；將魔法戒指或是畫有圖案的木盾送給常被霸凌的孩子，做為他的「護身符」。

有位療癒師為了幫助一位5歲的孩子，就曾用道具加強了故事的作用。這個孩子常做噩夢，沒有父母的陪伴，不敢進入家裡的任何房間，即使在白天也如此。在故事裡，「星星女孩」晚上會飛過窗戶，飛進孩子的房間，成為她特別的朋友。小女孩的媽媽為這個故事做了「星星娃娃」，掛在小女孩房間的窗戶上。她還根據療癒師的建議，做了條簡單的星星項鍊，掛在廚房的掛鉤上——她鼓勵女兒戴上項鍊，去探索其他房間。戴上星星項鍊之後，小女孩開始敢自己去上廁所，也敢獨自去房子裡的其他地方了。

一位參加創意課程的媽媽也曾成功的使用道具，幫助不願去上學的7歲女兒。由於這位媽媽的新工作必須常常出差，女兒因此非常焦慮，即使爸爸在家也一樣。媽媽編了個故事：有個小小的風精靈，能夠越過高山、穿過森林，在朋友之間來回傳遞訊息。每次媽媽回到家，都會在故事中加上一段冒險經歷。她還縫製了有著白色翅膀的小精靈娃娃，做為故事的道具。她的女兒開始帶著精靈娃娃去上學，娃娃很小，可以放在口袋裡，所以她隨時都可以對精靈娃娃說話。在媽媽出差的日子裡，這個娃娃帶給她安全感。

一對父母因為5歲的兒子不肯獨自睡覺，感到很苦惱。他們家裡剛有了新生兒，所以睡眠時間對他們非常寶貴，但是5歲的兒子偏要和寶寶一起擠在爸爸媽媽的床上。媽媽參加了我舉辦的「手工與故事圈」活動，與大家分享了這個煩惱。之後的幾天裡，她寫了個故事，

靈感來自於手工編織。故事講的是一顆小星星從天空落了下來，被花園裡的小男孩撿起來，小男孩想幫助星星回到天空的家，因此從大自然中收集了各種五彩繽紛的物品，織成一塊彩虹毯。這塊魔毯載著星星飛回了天空。從此以後，魔毯就一直放在男孩的枕頭下面，和男孩一起生活，每天晚上帶著男孩去夢中冒險。

媽媽講完故事的第二天早上，男孩發現自己的枕頭下面（當然是在他自己的床上），有一塊魔毯，是媽媽為兒子編織的。不久以後，我去拜訪他們，爸爸媽媽非常欣慰的告訴我，5歲的兒子現在正睡在自己的房間裡，而他珍愛的魔毯就放在床邊。

還有一個藉用道具的故事就是〈張牙舞爪的小螃蟹〉（請見P209）。為了讓孩子不再捏人，還有什麼辦法能比戴上溫暖的手套更棒呢？道具在為孩子講故事的時候也能發揮很大的作用，實際範例請見本書第31章。

剛開始寫故事，建議聚焦在實際例子上

故事創作過程中，常見的困難就是範圍太廣泛。我建議剛開始學寫故事的人聚焦於實際的例子上，這樣可以得到較多靈感。

例如，針對攻擊性行為寫故事時，可以列出攻擊行為的具體表現。也許有個孩子吃飯時常把其他孩子推下椅子，那麼就可以寫個「喜歡被人坐的椅子先生」的故事。隨著故事的發展，我們可以呈現出，椅子先生會如何對付愛把貓弟弟推下椅子的貓哥哥。也許椅子先生會側面朝上，或者翻轉身體，四腳朝天，直到愛推人的小貓學會如

何正確使用椅子。也許椅子先生還會唱一首有趣的歌，告訴大家，椅子應該怎麼使用，讓故事裡透出可愛的幽默。

再舉個例子。「調皮」很難定義，所以我們可以試著從實際的舉動著手，例如踩踏花朵。也許一朵花有了意識，與經常踩踏她們的大狗開始說話；也許園丁做了稻草人，孩子和他成了好朋友，和他一起保護花園……這個稻草人也可以是孩子做的。如果孩子聽完後真的做個稻草人放在花園裡，故事的效果就更強大了。

聚焦在特定動作上，有助於找到靈感。當你覺得找不到方向，或者離題太遠，就想想這個建議吧！

根據不同情況改編故事，讓故事情節更貼近孩子的生活

身為寫故事的人，我正和大家一起編織遍布世界的「故事網」。我收集那些特殊的故事，同時也寫故事，並把這些故事與別人分享，使故事不斷流傳下去。有時為了切合某種特殊的情況，分享這些故事時，需要略作改寫。修改使這種分享更顯珍貴，也因此而誕生了我們這個時代的故事。

如果你發現這本書中的某個故事很適合你的情況，但是需要修改，你可以自由發揮。但一定要記住，故事是整體的，有前後呼應，所以有時改動其中一處，就得全篇修改，才能使故事連貫。

有些故事就是改編自經典傳說，〈織布鳥三兄弟〉（請見P197）就是其一。我借用了童話〈三隻小豬〉的情節，不過把大野狼改成了小旋風。對於東非的小鳥而言，這種旋風可以摧毀小鳥的生活，就像

大野狼可以摧毀小豬的生活一樣。

〈星星蘋果〉（請見P143）是個深受喜愛的故事，但每次講這個故事時，我都會作些小小的改動。故事裡有一句話講到老奶奶會做好吃的東西，我在不同地方講故事時，這句話總會有不同的版本。在美國，我會說「香噴噴的爆米花」；在澳洲，我會說「巧克力椰絲蛋糕」，或者考慮到健康，我會說「角豆小麥胚芽餅」；在肯亞，我則說「滿轆子」（mandazis）——這是東非人最常用來招待客人的食物。

如果某個孩子總喜歡用剪刀搞破壞，那麼，你就可以借用現成的故事〈折疊小刀和城堡〉（請見P161），只要作一點小小的改動，就能變成〈小剪刀和城堡〉的故事。這時男孩或女孩夢見的會是將一張大卡片變成美麗的城堡。或者也可以改成〈小剪刀和美麗衣裳〉，講給大一點的孩子聽，使他們期待上縫紉課，並且幫助他們學會愛惜手工課上的工具。

在〈著急的小棕斑馬〉（請見P194）這個故事中，棕色的小斑馬很難過，因為他的條紋還沒有變成黑色。這個故事很適合講給大人聽，可以讓父母知道孩子的成長是需要時間的，不要太心急！這個故事的主角可以是其他動物，比如小天鵝或小雄獅，只要外觀跟成年時有所不同即可。當然這也是安徒生童話〈醜小鴨〉所隱含的主題。

重複性、韻律和歌謠，有助於孩子健康發展

無論是自創或是現成的故事，說給年幼的孩子聽時，一定要不斷重複講，並且每次都以同樣的方式展開同樣的情節，以相同方式唸押

韻的歌謠。不要小看這種重複的療癒作用。孩子如果知道接下來會發生什麼,就會升起溫暖和喜悅的感覺。

情節在重複中推進,加上琅琅上口的歌謠,使故事充滿了節奏感,孩子很快就會熟悉整個故事,期待傾聽下文。因此孩子總是要求我們以同樣的方式,反覆講述同一故事。其實大人也是一樣,也都喜歡重複聽喜愛的歌曲或詩,而這時的音符跟歌詞都沒有改變。

父母越來越意識到,**前後一致和重複性才是孩子健康發展的要素,而非不斷的刺激和變化**。故事以及日常生活中的節奏和重複性,對孩子的助益如下:

- 體會到時序的規律和生命的延續
- 知道接下來會發生什麼,所以充滿信任和安全感
- 增強記憶力和注意力
- 培養音樂感(不斷重複的歌謠尤其有用)
- 發展語言能力

反覆講故事有助於孩子成長,同樣,重複的故事情節以及押韻的歌謠,也有益於孩子的心靈成長。寫故事的時候,不妨融入這些部分。至於方法我會在第6章詳談。本書的故事部分有許多範例,你可以從中發現重複的情節和歌謠,可以使故事充滿張力、流暢而有音樂感。

給予年幼孩子美好和充滿希望的結局

「托兒所」和「幼兒園」都意味著「孩子的樂園」[18]。孩子就像苗圃中的幼苗，讓他們健康成長的最佳方式就是提供保護，阻絕人生的狂風暴雨。

孩子有權利獲得這種保護，所以我們會本能的阻止孩子觀看新聞中可怕的戰爭和災難。曾獲得諾貝爾獎的印度詩人泰戈爾曾用〈海灘〉這首詩，表達要讓孩子盡可能在海灘上嬉戲，不受現實干擾的想法。

孩子們相聚在這一望無垠的海邊世界。

遼闊的穹蒼靜止在上空，水波永不休止的推操著，孩子們相聚在這無垠的海邊世界，歡快得手舞足蹈。

他們用沙造他們的房屋，用空貝殼玩耍著，用枯葉編成他們的船，一艘艘含笑的滑進大海裡去。在這世界的海灘上，孩子們自娛自樂。他們不懂得怎樣游泳，也不知道怎樣撒網。採珠者潛入水底摸珠，商人用船在海上航行；然而孩子們卻把小鵝卵聚集起來又撒開去。他們不搜尋寶藏，也不懂得怎樣去撒網。

海水大笑著掀起波濤，海濱閃耀著蒼白的笑容。凶險的波濤對孩子唱著無意義的歌曲，宛如一個母親正在搖著她嬰兒的搖籃。大海跟孩子們一起玩樂，海濱閃耀著蒼白的笑容。

18　編注：「幼兒園」（Kindergarten）一詞來自德語，意思是「孩子的樂園」。

孩子們相聚在這無垠的海邊，暴風雨在廣闊的天穹中怒吼，航船沉寂在無垠的大海裡，死亡臨近，孩子們卻在玩耍，在這無垠世界的海邊，有著孩子們盛大的聚會。

我們將以保護孩子為原則，選擇有意義的故事。這樣的故事不論情節簡單或是複雜，結局都是美好而充滿希望的。正義戰勝邪惡，這是童話故事非常深刻的主題，全世界的孩子都會喜歡。

孩子到了上學的年齡（6～7歲）之後，可以講些展現因果關係，結局彰顯正義和公平的故事，例如：〈魔法魚〉（請見P182）、〈漁夫的故事〉（請見P200）和〈一袋釘子〉（請見P220）。這些故事的結局雖沒有皆大歡喜，但主角沒有死去或受到傷害，而是從那些負面行為，比如貪婪、懶惰、憤怒的後果中吸取教訓。這些故事可以幫助孩子準備好面對現實生活。

等孩子更大一些，才能讓他們接觸那些結局不快樂，而且正義和公平無法伸張的故事。高年級或中學的孩子比較成熟，可以面對名人傳記故事中那些嚴酷的現實了，例如聖女貞德如何在稻草上被燒死，早期的拓荒者如何在海難和飢餓中悲慘的死去。大一些的孩子雖然可以面對傷心或悲劇的結局，但在**為他們選擇故事時不要忘記，十幾歲的孩子──甚至是大人，也都需要從美好的結局中獲得滿足。**

Chapter *6*

不同的年齡，
必須給予不同的故事

有一位熱情的母親參加完故事研習營之後，興匆匆的回到家裡，寫出了療癒故事。這是一個關於孩子尿床的故事，其中的隱喻很精采，情節也很有創意。一個月之後，她回來參加第二階段的研習，卻顯得非常沮喪，因為她創作的故事對孩子沒有產生作用。當我們問她兒子有多大時，她說：「快兩歲了！」

多年來，許多老師和家長一直請求我針對不同年齡、場合和情況，列出合適的故事。這是不可能完成的任務，而且我拒絕的理由非常充分——故事是無法分成特定類別的。不過，上面這段經歷讓我明白，我的確需要提出故事的適齡指南。但這只是為了幫助你做決定。如果你是一位持續為不同年齡階段的孩子寫故事和講故事的人，就會培養出選擇故事的直覺，但是本章提供的原則對於初學者還是頗有助益。考慮到每個年齡適讀的故事會有部分重疊，所以我還是按照故事類別來討論。

依照孩子的成長發育，給予不同的押韻故事、童謠

剛出生的寶寶：搖籃曲和寶寶童謠

我們最初與孩子分享的「故事」，就是哄孩子睡覺時所唱的搖籃曲。富有韻律的搖籃曲裡，有時蘊涵著簡單的故事：

睡吧，睡吧，我親愛的小寶貝，爸爸看著小羊，媽媽搖著夢鄉的樹，小小的夢降臨到你身上，睡吧，睡吧，我親愛的小寶貝。

像這樣溫柔的故事歌不僅適合小寶寶，也可以唱給學齡或更大的孩子聽，尤其是在生病或做噩夢的時候。世界上有許多傳統的搖籃曲，學習其他文化的搖籃曲會讓你收穫良多。父母以及孩子的照顧者也可以創作搖籃曲，最簡單的方法就是使用熟悉的旋律，換掉你不喜歡的原有歌詞。比方說，你不喜歡〈寶寶的搖籃〉歌詞中斷裂的樹枝[19]，可以用自己的方式來結束這首歌：

在樹上輕搖寶貝的搖籃，陽光穿透綠葉灑下來；
風吹搖籃輕輕搖；寶寶睡著了，鴿子咕咕叫。

19　編注：這首歌原來的歌詞是：Rock-a-bye baby, on the treetop, When the wind blows, the cradle will rock, When the bough breaks, the cradle will fall, And down will come baby, cradle and all. 大意是：「寶寶的搖籃，在那樹梢上；風兒輕輕吹，搖籃輕輕搖；樹枝斷掉了，搖籃往下掉；寶寶也跟著掉下來。」

即使覺得自己歌聲不好也沒有關係。為孩子唱歌、唸童謠是父母或養育者給孩子最好的禮物。孩子對這個世界如此陌生，又對周遭環境非常敏感，對他們而言，來自父母或照顧者的聲音，絕對勝過錄音帶。須配合簡單動作的童謠和故事，可以很自然的變成遊戲，例如「躲貓貓，看到你了」、「一隻小豬上市場」、「圍著花園轉啊轉」。觸摸和動作、撫慰的語言、音樂感、遊戲和歡笑，都有助於培養孩子和照顧者之間的關係。

當寶寶開始蹣跚學步，許多經典的童謠（比如〈小星星〉）和童話故事（比如〈母雞潘妮〉[20]）的節奏、韻律和重複性，可以為孩子帶來快樂和安全感。這些簡單而有音樂性的歌謠，依然深受部分6歲以及更大的孩子喜愛。

兩歲半或3歲以後：故事遊戲、手指遊戲和伴隨肢體動作的童謠

到了兩歲半或3歲以後，孩子對自己的身體和周遭世界已經有些認知，這時可以帶他們玩一些較複雜的故事遊戲（如〈我們繞過桑樹叢〉[21]、〈划船曲〉[22]），或是唱有關「身體」故事的歌謠（如〈頭兒肩膀膝腳趾〉）。孩子也非常喜歡手指遊戲。只要用手指就可以表演許多小故事——小老鼠藏在老鼠洞裡；小蜘蛛爬上噴水口；大拇指躲貓貓，又跑出來問好。

20　編注：〈母雞潘妮〉（Henny Penny）為英國經典童話，運用俏皮的文字、重複的故事，敘述了母雞潘妮被一顆橡果砸到頭，以為天要塌了，便跑去告訴國王的故事。
21　編注：〈我們繞過桑樹叢〉（Here we go round the Mulberry Bush），英國童謠與遊戲。
22　編注：〈划船曲〉（Row your boat），美國著名兒歌。

在華德福幼兒園裡有個重要的團體活動，就是「圓圈遊戲」或「晨圈」。通常，晨圈中包括很多不同的歌謠和遊戲，剛開始是針對學步兒童的簡單內容，如〈轉圈圈〉（Ring-a-ring-a-roses），接著漸漸過渡到適合5～6歲的孩子、動作較為複雜的遊戲，如〈圍著村莊轉呀轉〉（Round and Round the Village），還可以透過歌曲和童謠的形式，將故事演出來，比如秋天收穫，冬天撿木柴，春天清掃房屋，夏天在海灘上遊戲。

3～4歲：連環故事和荒誕故事

3～4歲的孩子已經可以吸收連環故事中更複雜的童謠和重複性。在連環故事中，角色不斷出現，加入到同一活動中，如〈薑餅人〉和〈拔蘿蔔〉。這樣的故事會有大量的重複性，每次有新的角色加入，同樣的動作就會再重複一遍——例如追趕薑餅人、幫忙拔蘿蔔。故事中琅琅上口的歌謠很容易成為孩子日常生活的一部分。例如，為了讓幼兒園的孩子結束遊戲時間，然後去洗手時，就可以說：「跑啊跑，快快跑，我是薑餅人，沒人抓得到！」

對學齡前兒童來說，他們也喜歡語言豐富，有韻律感，有幽默色彩的「荒誕」故事，如〈小掃帚〉（請見P282）和〈咯吱叫的小老鼠〉（請見下方）。〈咯吱叫的小老鼠〉是俄羅斯經典的荒誕故事，講的是一隻小老鼠發現了一個口朝下的罐子，於是爬進去，把它當作自己的家，這時來了一隻呱呱叫的小青蛙：

「小房子，小房子，這是誰的小房子？」

「是我的。」吱吱叫的小老鼠說：「你是誰？」

「我是呱呱叫的小青蛙，我可以進來和你一起住嗎？」

　　隨著故事的發展，這一情節不斷重複，「蹦蹦跳的小兔」來了，「嘴甜的狐狸」來了，「灌木叢裡的狼」來了，最後，「好重好重的熊」來了，坐在罐子上，把每個人都壓扁了。

　　許多不同的故事都是使用這種主題，其中包括〈老鼠和手套〉（The Mouse and the Glove）。你也可以用周遭常見的動物來代替故事中的角色。但一定要注意，不要太正經看待荒誕故事，因為那是用來誘發孩子心中正在萌芽的幽默感。**荒誕故事的本質就是沒有規則，甚至不會去遵守童話故事一定要有美好結局的黃金法則。**

3歲以後：大自然故事和「日常」故事

　　隨著孩子注意力的發展，從3歲開始，孩子漸漸能夠欣賞簡單的大自然故事和日常生活的故事。例如長頸鹿媽媽第一次帶寶寶去河邊散步；趕路的小烏龜每次遇見陌生的動物，就把頭縮回殼裡；小蛇翻過籬笆，留下一條銀色的痕跡；農夫烤了南瓜派；小男孩去划船。這些小故事講述了一些簡單、真實而且有先後順序的事件，有的還帶有重複性，或有與故事相輔相成的歌謠。小蛇可能會一邊慢慢爬，一邊唱著歌；農夫烤南瓜派的時候也可能會唱：

南瓜派，南瓜派，味道香，顏色美，大家看了流口水。

隨著孩子漸漸長大，大自然故事的篇幅可以更長，情節也可以更複雜。小學教師也可以借助大自然故事引入新的課題，不論是蝴蝶、山脈，還是水的循環，都可以從一開始就抓住孩子的想像力，讓上課變得更有趣。

另一種日常生活的故事是以「我記得……」作為開頭，學齡前以及較大的孩子都很喜歡。如果你從來沒有為孩子講過故事，那麼這種故事會是非常好的開始。我在澳洲經營幼兒園的時候，就曾在午餐時間為孩子講述我在非洲露營時所遇到的趣事：

我記得，那時候我在非洲露營。有一天，我坐在帳篷前面吃早餐，忽然一隻猴子不知從哪冒出來，拿走我盤子裡的香蕉。我還沒來得及伸手把香蕉搶回來，猴子已經跳到樹上去了。我抬起頭，看見牠坐在樹枝上，一邊剝著香蕉，一邊齜牙咧嘴對我笑。

最近，我在附近的商店遇到幾年前曾教過的小女孩。她告訴我，她長大以後要去非洲，這樣猴子就會去吃她的香蕉，就像我故事裡講的那樣。在此之前，我從來沒有發現，原來個人經歷的簡單描述也可以是故事。

這些以「我記得……」開頭、講述個人經歷的故事能夠一直伴隨孩子長大，從孩提時代到十幾歲，甚至更大。當然，要講給小孩子聽的時候，必須根據常識進行篩選。孩子小的時候，可以選擇天真無邪的簡單故事（例如，我記得我第一次學騎自行車的時候……）。慢慢的，當孩子進入青春期甚至成年之後，在適當的時候，可以說說自己年輕時

發生的限制級故事。我依然記得我爺爺奶奶的故事，儘管他們已經離開人世。我非常幸運的繼承了他們的日記，他們的奮鬥史和充滿智慧的經歷，是我們家「百寶箱」中最珍貴的。

4歲半～5歲：民間傳說和童話故事

隨著孩子身體和心理的發育，想像力也不斷增強。從小孩在想像力遊戲中的表現，就可以觀察到想像力發展的不同階段。兩歲以下的孩子會模仿大人的行為，把木頭放進手推車裡，就像爸媽把衣服放在洗衣籃裡。3～4歲的孩子喜歡玩弄物品，比如木頭，並用各種充滿想像力的方式去玩。他們會在遊戲中，把同一塊木頭一會兒當成熨斗，一會兒當成小汽車，一會兒又當成電話。

到了4歲半至5歲，孩子通常會先有想法，然後去找物品來實現。比如他們會玩餐廳遊戲、醫院遊戲、扮家家酒和建築遊戲：蓋農場、建城堡、造船等。這時，孩子的想像力漸趨成熟，已經可以理解傳統的民間傳說和童話故事了。

世界各地的民間故事是廣義上的童話，擁有共通的語言，全世界的孩子都理解並喜愛。童話對應的是放諸四海皆準的行為和狀況，而且其中的訊息會深入孩子正在萌芽的個性，有助於他們的發展。

民間傳說通常具有永恆的特質，不僅滿足孩子對神奇事物的渴望，也為他們帶來安慰和希望。在崇尚物質主義的現代，民間故事中深遠的智慧可以使人往精神層面傾斜一點，而達到療癒的效果，故事中那些「神奇」之處對於孩子來說非常寶貴。**神話不同於民間故事及童話，它講述的是「神」以及「超自然」的奇蹟，所以只適合8歲以**

上的孩子。而民間故事及童話的主角是人——貧民、貴族、傻子、公主或王子，還有小孩。童話故事中的好人總是美的，壞人總是醜的，故事描述的是原型，是精神層面的現實。然而，在童話中呈現的真實與現實世界的真實是不同的。在童話故事中，念頭可以立刻轉化為行動，而咒語和神奇的變化其實是心靈改變的過程，因此一個人會突然變好，會中魔法，也會被解開咒語。**童話就像一面鏡子，孩子可以從中看到他們可能的樣子，例如：女巫就象徵著成長過程中的障礙，而公主或王子則象徵著克服障礙，不斷成長。**

　　幾乎每個童話故事中都隱含需要解決的問題，或描述與邪惡的抗爭。前者包括講述三隻山羊過橋的〈三隻山羊〉（請見P244）。至於邪惡的表現形式則有很多，比如〈三隻小豬〉中的狼，〈白雪公主〉中的王后。「緊張」和「放鬆」是故事情節中不可或缺的，在不同的氛圍和各種各樣的挑戰中，聽者可以獲得心靈的歷練，這正是孩子健康成長所必需的。現在的書中往往缺少這些，僅是注重於教孩子算數和認識字母，或是對日常情境作出理性的解釋（比如〈我有新弟弟了〉、〈上學第一天〉），或者對傳統的故事進行修改，讓結局變得美好或不痛不癢。只聽這種故事的孩子，沒有機會體驗克服障礙的過程，心靈發展可能不夠完整。不過，由於我們得為不同年齡的孩子選擇合適的童話故事，因此，我們必須仔細研究以下幾種類型的故事。

根據複雜程度分類故事，情節越溫和越適合年幼孩子

　　我們可以按照故事的複雜程度來分類。一般來說，主題或情節越

溫和，就越適合年幼的孩子；情節越複雜，主角所面臨的困難越大，就越適合大一些的孩子。為 3 ～ 4 歲的孩子選擇童話故事時，不妨對照以下四點，看看是否合適：

- 故事中是否太多動作，是否依照次序？（動詞多於形容詞，行為多於描述）
- 故事中的形象是孩子熟悉的嗎？（不是絕對，但熟悉的形象可優先考慮）
- 故事會不會太長？
- 故事中是否包含歌謠和重複性？（不是絕對，但有的話可優先考慮）像這樣的故事有：〈拔蘿蔔〉（俄羅斯，請見P254）、〈金髮姑娘和三隻小熊〉（英格蘭童話）、〈三隻山羊〉（挪威，請見P244）。

下一章節的故事，適合4歲半到6歲的孩子，其中包含了許多我們所熟知的童話故事。這些故事仍然符合上述的標準，但含有較多的挑戰和較多的細節。故事的氛圍是歡樂的，沒有太多的悲傷和抗爭，雖然也會描述一些障礙，但不會讓孩子的心靈感到太沉重。

這樣的故事有〈精靈和鞋匠〉（請見P290）、〈杜鵑的故事〉（埃及，請見P239）、〈口渴的青蛙提達力克〉（澳洲原住民故事）、〈羚羊、蝴蝶和變色龍〉（肯亞，請見P288）、〈漁夫的故事〉（東非，請見P200）。

6 ～ 7 歲的孩子喜歡篇幅更長、挑戰更多、細節更豐富的故事，故事中的角色可以受傷或者有傷心的經歷。故事中與邪惡的對抗可以

更強烈、更具挑戰性，情節也可以更為曲折。

這樣的故事有〈白雪公主〉（格林童話）、〈光的花園〉（請見P172）、〈阿金巴與魔法牛〉（非洲，請見P156）、〈隱形的獵人〉（美洲印第安童話，請見P235）。

對於8歲以及以上的孩子，除了來自各種文化、情節更複雜的故事外，我也非常推薦以故事為中心、適合學校與家庭的教學課程。這種課程在華德福教育課程中已廣為採用。從低年級到高年級的課程中，包含了北歐神話，非洲、波斯、印度和埃及的故事，還有希臘和羅馬神話。老師在教學過程中也會創作一些故事來介紹有關的內容和概念，比如透過故事來教導字母。這些故事可以把石頭變成麵包，把枯燥的事實變成生動的畫面，把原本乏味的學習過程變成富有啟發的體驗。此外，華德福教育還利用故事來解決孩子的失序行為，促進孩子的社交發展和情感發育。在華德福教育學校，師生常常都能體驗到故事的智慧和力量，這甚至已經成為日常教育中的一環[23]。

這種圍繞故事展開的教學可以發展孩子的想像力，長大以後，他們會是「多汁的鮮梅」，而不會是第1章所說的「梅子乾」。家長、療癒師和老師不妨動動腦筋，把來自遠古神話的故事寶藏帶入孩子的生活，同時發揮創造力，動手為孩子寫故事。故事之光可以滋養孩子，幫助他們成長為充滿想像力、全方位發展的人，推動世界走向美好而正向的未來。

23　見弗朗西斯・艾德蒙（L. Francis Edmunds）所著《華德福學校——關於史代納教育的介紹》（ *Introduction to Steiner Education: The Waldorf School* ）等書，詳見附錄部分。

Chapter 7

故事中的想像層面，
是精神層面的現實

無論講自己編的故事，還是講民間故事，都要注意一個重點：如何區分現實和故事。有些人擔心童話故事沒有呈現出生活的真實畫面，所以是不健康的。心理學家貝特海姆（Bruno Bettelheim）指出，童話故事是想像層面的真實，不同於一般的因果關係。童話所描述的是原型，是精神層面的現實，所以和真實世界的現實不同。

認同自己的故事，因為孩子會敏銳察覺你是否融入

我曾有幸聽過一位名叫「飄浮的鷹羽毛」（Floating Eagle Feather）的美國故事家講故事。他講故事時會從開放式的問題開始：

有些人認為世界是由原子組成的，而我相信世界是由故事組成的。你的想法呢？

為孩子寫故事或講故事之前，需要先了解自己內在的信念。當你講故事的時候，孩子會敏銳感覺到你是否融入到故事之中，或者只是編造自己都無法認同的劇情。

　　針對孩子常問的：「這是真的嗎？」我們該怎麼回答呢？很多童話在一開頭就表明了答案，如「在很久很久以前……」這一類的用語，就是表明故事發生在不同於現實的層面。資深故事家南希‧梅隆建議，如果孩子問故事是不是真的，可以簡單回答：「讓我們再聽一遍吧。」或者可以用驚訝的口吻說：「我覺得這故事比真實還要真！」

創作自然故事時，必須確定你所說的情景是正確的

　　創作大自然故事時，一定要考慮到正確性。如果你的故事中講到風吹過彩虹橋，並且提到彩虹的顏色，請注意不要弄錯顏色的順序，除非劇情需要不同的順序！如果你的故事提到小袋熊，最好先研究牠是如何從後方下面鑽進媽媽的袋子，而不是像其他有袋動物那樣從前面進入。我在澳洲的時候，我的同事在講小袋熊的故事時就犯了這個錯誤，班上有個孩子當場糾正了她。從此以後，她在寫大自然故事時，都很認真調查。

　　透過查閱資料和觀察，可以豐富故事創作的靈感。例如看到動物的棲息地、飲食和性格等資料，可以得到許多重要又有趣的發現，而這些發現可以啟發靈感，幫助構思情節。只要我想寫的故事是關於動物或植物，我都會去做調查，如果有可能，我還會親自去觀察那些特

定的動物、樹木或花，再進行創作。像我在〈南瓜小精靈〉（請見P225）這個故事裡寫了夢見星星的情節，就是因為我觀察到南瓜藤和南瓜相接的地方呈星星狀；而我對鯨魚歌聲所做的調查，也讓我在針對抱怨行為寫故事時，選擇了鯨魚作主角（請見P139〈愛抱怨的鯨魚〉）。

虛構、說謊和吹牛在道德與故事間的角色

大多辭典定義「故事家」時，都列出了兩層含義，一是講述或創作故事的人，二是虛構或說謊者。這很有趣，表示講故事和說謊有相通之處。在說謊或吹牛比賽中，故事高手往往可以脫穎而出，而對於從來沒有講過故事的人來說，「說大話」常常是最簡單的起步。虛構是指「不完全是真的」，但若少了虛構，很難想像我們的文化將會多麼貧瘠。在想像的世界中有許多情景，從現實面來說並不真實，卻表達了精神層面的真實。通常來說，它的確「比真實還要真」。

每個人或多或少都會說謊。有些人為了要辯解自己的行為，就說那是「善意的謊言」。有些人怕真實的情況不夠精采，為了吸引聽眾的注意力，故意誇大其詞，就好像漁夫常常會吹噓那條沒釣到的魚。

大家都認同，就情緒及社交的健康發展層面來說，孩子必須了解說謊的後果，無論是善意的謊言，或是真正的說謊。孩子還必須學習如何聽從自己的良心，但這不是一夜之間就能做到的。**對自己的行為做出道德判斷，並選擇做好事而不是做壞事，這是教育的重要目標之一。**而故事中的虛構有助於孩子從小學習這個過程。

在政府機關充斥著貪腐的當下，說實話在現代是重要的課題。孩子可能很小就學會說謊，這也許是自我保護的傾向，也可能因為說謊是個興奮的遊戲或經歷。加上家長和老師常常鼓勵孩子要有想像力，所以有時很難辨別小孩究竟是不是在說謊。

我從多年的教學經驗中學到：**當孩子還很小的時候，不要隨便指責他說謊。**對於學齡前的孩子來說，大人是榜樣，所以要以委婉的方式將謊言導回誠實的軌道，而不是驟下定論，使其成為既定的事實。例如，有個孩子跟大家說他週末去旅行的事，但老師知道其實他週末都在家裡。這時老師可以說：「謝謝你的故事，迪倫。」而不應該說：「迪倫，你說謊，其實你整個週末都待在家裡。」也許是因為其他孩子的週末故事太精采了，這個孩子不得不編出這樣的故事，老師便可以用這種方式加以認同。當然，如果迪倫常常吹牛，老師就必須和他父母溝通，找出真正的原因——也許他是為了引起忙碌的父母注意，或是讓哥哥姊姊刮目相看。

在幼兒園裡，下面這種情況也常常發生：孩子對老師說：「我的口袋裡沒有東西。」事實上，老師知道他剛從教室裡拿了喜愛的小玩具放進口袋。老師不必將這種行為稱為說謊，而是採取委婉但有效的方法，把手伸進孩子的口袋說：「天哪，小玩具跳進了你的口袋裡。你能幫我把它送回家嗎？」這樣一來，老師就能將孩子的行為導入正軌，孩子會從中吸取教訓，也會感激老師沒有指責他。

對學齡期的孩子也要注意，最好不要當眾指責他說謊或偷竊的行為，可以把孩子帶到一旁單獨談話。南希・梅隆曾提及，處理說謊或偷東西的孩子，就像在處理刺。她相信，不誠實就像孩子心靈裡的

刺，直接揭露，只會讓刺縮得更裡面。

所以我們才使用故事，因為故事可以讓刺自己鑽出來。**講故事時，聽者可以自發得出自己的結論，因此，故事以滋養而有益健康的方式，讓孩子的良知越來越茁壯。**

每個文化都有關於不誠實的後果的故事。格林童話中的〈大野狼和七隻小羊〉告訴我們，說謊不會讓你得到想要的東西。本書收錄的南非科薩人〈鴿子和鬣狗〉（請見P149）的故事，也是表達同樣的主題。這兩個故事中，大灰狼和鬣狗都假扮成媽媽，為了進入小羊或鴿子的家而一再說謊。

在深受大眾喜愛的義大利故事〈木偶奇遇記〉中，小木偶每說一次謊，鼻子就會變長一些。這個故事向那些愛說謊的孩子傳遞了非常強烈的訊息。另一個經典故事〈狼來了〉也具有同樣的效果。

吹牛比賽，讓孩子理解幽默的運用方式

老師或家人可以用輕鬆的方式舉辦吹牛比賽，向大一些的孩子呈現說謊這個主題。把孩子分成小組，每組三個人，一個孩子扮演裁判，另外兩個孩子比賽編故事或說大話。主題可以簡單到像是「我上週末做了什麼」，或是「昨天我在放學回家的路上遇到了什麼事」。如果參賽者夠多，就可以增加場次，直到比出冠軍。

吹牛比賽很有趣，也可以幫助孩子區別實話和謊言，並明白使用的時機。

幾百年以來，在許多文化中，都存在著以娛樂為目的的吹牛文

化。非洲某些地方以及美國最南部的黑人有個悠久的民俗,那就是舉辦吹牛比賽。根據記載,從盎格魯撒克遜時代起就有個「為了磨刀石說謊」的傳統。這是聖靈降臨節的古老風俗,開始於十四世紀的英格蘭,最會吹牛的那個人將得到一塊磨刀石做獎品,用來「磨礪他的心智」。

性格豪邁的拓荒者聚集在一起的時候,常常會高談闊論,一比高下,這就是吹牛故事的起源。這是美洲或澳洲所特有的故事形式:主角往往異於常人,身負著特別的使命,最後用幽默或奇異的方式解決了問題。吹牛比賽最適合小學階段的孩子,無論是現成或創新的故事都可以使用。

有教育意義的故事,必須透過充滿想像力的情節傳達

幾千年來,全世界的文化都在用故事的形式傳授道德和價值觀。

很多經典的民間傳說都含有教育意義,聽者以不同的方式接受這些訊息,這就是故事的本質以及力量所在。在創作故事或是選擇故事時,要分清哪些故事具有教育意義,哪些卻是在說教,這一點很重要。**有教育意義的故事應該透過充滿想像力的情節,讓聽者自行得出結論。**

可愛的非洲故事〈阿金巴與魔法牛〉(請見P156)就是具有教育意義的故事。不誠實會遭到報應,因此故事中的小偷前三次偷的母牛會吐金幣,綿羊能吐銀幣,雞能生蛋,但是他第四次偷了棍子,結果被棍子打得團團轉。故事情節一再重複,到棍子出現時,聽者期待著

變化，等待著變化，熱切的希望發生變化！讓人欣慰的是，結局非常幽默，也讓人體會到不誠實的嚴肅主題可以利用這種幽默的形式來表達。

在〈魔法魚〉（請見P182）中，聽者也會有類似的體會。有個貪心的太太不斷希望得到更多的東西——房子、別墅、皇宮、月亮和太陽！讓聽者欣慰的是，在故事的最後，她失去了一切，只剩下以前住的那間小木屋。我的兒子聽完故事後嘆了一口氣說：「她要得太多了！」

然而，說教的故事更像是把說道或演講偽裝成故事。曾經有個老師為了激發良善的行為，創作了這樣的故事。故事描述一個孩子，大家都不願意和他玩，因為他不會說「請」和「謝謝」。後來他學會說請和謝謝，其他的孩子便願意和他一起玩了。但這樣的內容像是說教或批評，缺乏故事所需要的隱喻和情節。

故事應該讓孩子得出自己的結論，為此，有想像力的情節往往是必需的。也就是說，**故事的敘述方式一定要委婉。如果意圖過於明顯，就變成了說教。**通常我判斷故事是不是說教，就是看結局會不會讓我感覺不舒服；相反的，好的道德故事會讓我心滿意足，就像吃了一頓大餐。但我對故事的感受和反應也許和你大不相同。我把我的想法寫出來給你參考，希望在你想要創作療癒故事的時候有所啟發。

無論是寫故事還是講故事，最重要的是，不要用自己的道德觀為孩子作總結。讓聽故事的人得出自己的結論吧——要相信故事的力量！

Chapter 8

從簡單的故事引導，
開啟故事創作

以下的練習來自於研習營中的討論。每個練習中都提出了簡單的
情節，你可以嘗試利用隱喻完成這些故事。

練習1：用故事減少孩子打架和攻擊性行為

創作這個故事是為了減少一群6～7歲孩子的打架和攻擊性行
為。因為袋鼠喜歡打架，所以選擇袋鼠作為主角，這樣子可以構成明
顯的隱喻。

故事：〈袋鼠兄弟〉

情節提示

1. 兩隻袋鼠分別獨自生活在大草原上。

2. 有一天他們相遇了，成了好朋友。

3. 過了不久，他們開始打架——拳打腳踢！（建議此處不斷重複，

描述幾次打架的具體情況——時間、地點、方式。）

4. 有一天，灌木叢著火了，大火席捲了整個草原（或者河流氾濫，淹沒了大地）。

5. 兩隻袋鼠用打架的雙手一起把小動物送離燃燒的草原，穿過河流，來到安全地帶（或者游出洪水，來到高處）。

6. 也可以不用著火或洪水的情節，而講述大草原上長出很多刺，兩隻袋鼠變成了「叢林醫生」，用雙手從動物的爪子裡、小鳥的雙足中，還有蜥蜴的小腳上拔出刺來（你可以自行決定此處使用哪些障礙隱喻和幫手隱喻）。

7. 從此以後，雖然兩隻袋鼠偶爾會打架鬧著玩，但大多數時間，他們都在忙著做其他的事情（根據你選擇的故事情節描述袋鼠所做的事情）。

完成你的故事

練習2：幫助害羞孩子增加自信心

這個故事是在幫助某個5歲的害羞女孩增加自信。

故事：〈兩隻鴿子〉

情節提示

1. 兩隻鴿子，一隻勇敢、愛冒險，另一隻卻害羞、膽怯。

2. 害羞的鴿子總是依賴朋友來帶領他，告訴他該做什麼（使用幾個障礙隱喻，提出具體的時間、地點和方式，增強故事的效果）。

3. 一天，害羞的鴿子從巢裡向外張望，看見有隻貓偷偷靠近附近一棵樹上的鳥寶寶。

4. 害羞的鴿子想找他的朋友幫忙，但是朋友不在身邊。

5. 害羞的鴿子想辦法嚇走了貓（此處使用幫手隱喻），救了鳥寶寶——詳加描述此情節。

6. 鳥寶寶安全了，他們的媽媽回來之後，非常感謝這隻英雄鴿子，現在他比以前更有自信了。

完成你的故事

....

....

....

....

....

_____

_____

_____

_____

_____

練習3：用故事幫助孩子建立新規則

在參觀某家幼兒遊戲班時，我突然想寫個幽默的故事。當時老師正手忙腳亂叫3、4歲的孩子去餐桌吃點心。在這位新老師到來之前，孩子可以在任何時間任何地點吃點心，從來沒有集體用餐過。所以為了能輕鬆實施新規則，需要一些有創意的點子。

故事：〈桌子太太和椅子寶寶〉

情節提示

1. 桌子太太和椅子寶寶們生活在教室裡，但他們常常覺得很孤獨，因為從來沒有人用到他們！

2. 一天，他們決定想一些辦法來吸引小朋友（此處需要用一些幫手隱喻）。也許椅子寶寶搖搖晃晃的走到花園，摘了一些鮮花，把桌子太太打扮得更漂亮，而且（或者）椅子寶寶前後搖擺著跳起舞來，讓孩子注意到他們。

3. 再想一兩件可以使桌子和（或）椅子更有吸引力的事情。又或

者對於這個年齡的孩子來說，故事已經夠長了？

4. 最後桌子太太和椅子寶寶可以唱一首歌。孩子聽到歌聲，非常高興，陸續來到了桌子旁（在故事裡多次重複這首歌，而且在每天的點心時間唱這首歌）。

「吃點心的時間到了。快來跟我一起坐，
有吃的，有喝的，坐下來歇歇腿。」

完成你的故事

Part 3

針對
失序行為的故事

接下來共收集了五十二個常見行為的故事。為了方便讀者查閱，我作了以下分類，每個類別針對各種可能的情形推薦了一些故事。分類比較隨意，只是為了方便查找，但用意絕對不是要貼上標籤。

這些故事主要適合3～8歲的孩子，不過部分故事在青少年或成人身上也獲得了成效。在每一篇故事之前都有註明適合的孩童年齡與故事用途。一般而言，簡短而重複性強的故事適合年幼的孩童；若故事的情節長而複雜，則適合幼兒園大班到小學的階段（故事適合的年齡層在第6章中有詳細說明）。這裡所推薦的故事只是充滿無限可能的冰山一角。我希望這個章節，能夠幫你找到更多靈感。

Welcome

故事共分為以下幾類：
- 無聊與抱怨
- 貪婪、不願分享
- 吵鬧、打擾他人
- 捉弄人、欺負
- 掐人、傷害別人、喜歡打鬥
- 不誠實、鬼鬼祟祟
- 急躁、缺乏耐心
- 不合作
- 粗野、躁動
- 不尊重、不愛惜
- 懶惰
- 害羞、內向

Chapter *9*

孩子感到無聊或抱怨時

〈無聊的狒狒〉

適合年齡：5歲以上
應對狀況：孩子覺得無聊

　　這個故事是寫給5歲以上的孩子，主要是要告訴我們玩耍的重要性和趣味性。我也常在家長的培訓中以這個故事作為討論相關主題的引子。我的經驗是，在處理失序行為（比如無聊）時，需要同時兼顧家長和孩子。

　　小狒狒莫托托總是覺得無聊，什麼都沒興趣。她不想跟小夥伴玩（真無聊！），她也不想去爬樹（無聊！），她更不想到河邊去玩水（無聊！）。這隻小狒狒看來只想無聊的吊在樹上，什麼也不做，她的媽媽看得很著急。

　　於是，媽媽請聰明的爺爺跟莫托托聊一聊。爺爺坐到莫托托身旁，提了一些好玩的建議。可是莫托托還是覺得爺爺的提議一點都不好玩；

她不想到懸崖邊上去扔石頭（真無聊！），她不想在長長的樹藤上盪鞦韆（太無聊了！），她也不想在又深又高的草叢裡打滾（那很無聊！）。

於是，爺爺問她到底想做什麼。這真是個好問題呀，連她也不知道自己想做什麼呢！可是她不想承認這一點，於是說：「我只想待著，無所事事。」然後就從爺爺身邊跑開，沿著小路走進深深的灌木叢，找個舒服的地方呆坐著。

跑過灌木叢的時候，小狒狒莫托托看到路邊一棵高高的樹旁，有個像箱子的東西。這東西的頂部和底部都是平的，四周是發光的金屬條，前面有剛好可讓她出入的小門，而裡面則掛著莫托托最愛的金黃熟透的香蕉。

小狒狒莫托托想：「這房子看來是可以讓我無所事事坐著的好地方！」便毫不猶豫的走進房子，坐下吃香蕉。她剛拿起香蕉放進嘴巴，小房子的門就關上了。開始的時候，莫托托一點都不擔心，她忙著享受那黃澄澄的香蕉呢！

莫托托吃完香蕉，覺得有點累了，就在平坦的地板上蜷著身子睡著了。她睡了很久，一覺醒來感覺全身僵硬痠痛。她想伸展長長的手和腿，可是這小小的房子根本沒有空間。她想推開門到外面去伸展一下，可是門緊緊關著，她才發現這根本不是房子，而是捕獸籠！

每隻狒狒從小都聽過獵人和捕獸籠的事，但是之前莫托托急著想從爺爺身邊跑開，竟然把這警告拋到九霄雲外了。

噢，小狒狒莫托托多麼後悔沒聽長輩的話呀！忽然，莫托托覺得爺爺說的爬樹、到河邊玩、盪樹藤，她都好想做！可是現在，莫托托哪兒都無法去，什麼都做不了。莫托托顫抖著，等著獵人到來的可怕聲

音響起。

　　沒有多久，「篤～篤～篤～」獵人的腳步聲沿著小路傳過來了。聲音越來越大，越來越大，然後停在籠子旁，接著獵人伸出手臂要提起籠子。

　　突然，莫托托聽到一聲怒吼，有隻大狒狒露出雪白獠牙，像道閃電，從旁邊一棵樹上跳到籠子旁邊。獵人嚇得扔掉籠子飛快的跑了。籠子掉到地上，鎖摔壞了，門開了。

　　莫托托飛快的從籠子裡跳出來，馬上跳到救了她的那雙強壯的手臂裡。她抬頭一看，這不是爺爺嘛！

　　「爺爺，你不但聰明，還又強壯勇敢。」莫托托叫著，「我長大以後要跟你一樣！」

　　「這個嘛，」爺爺笑著說，「妳最好快去找朋友玩，因為玩耍可以讓妳強壯聰明又勇敢。」

　　莫托托用力擁抱了爺爺，然後就跑去找朋友到河邊玩去了。

　　從那天開始，小狒狒莫托托就不再無聊了。

　　如果你去非洲的叢林，也許會看到莫托托和朋友在玩耍。他們爬樹，在小河裡玩水，在懸崖邊上扔石子，抓著長長的樹藤盪鞦韆，還會在又深又高的草地上打滾——從早玩到晚呢！

〈愛抱怨的鯨魚〉

適合年齡：4歲以上
應對狀況：孩子愛抱怨

應付永無止盡的，通常也是煩人的抱怨，是全世界的家長都會面臨的挑戰，對於每天二十四小時、每週七天都要帶孩子的家長來說，更是如此。

曾經有來自不同文化背景的人將〈愛抱怨的鯨魚〉故事講給4歲以上的孩子聽，其中有開普敦的老師、奈洛比貧民窟的媽媽，甚至拜倫灣的心理學家也會講給自我成長營的成人聽。每一次，這個故事都會帶來鼓勵，故事中反覆使用的詩歌強化了所要傳遞的訊息，對年幼的孩子特別有效。開普敦的老師發現，在故事的結尾用笛子吹奏一些低音，效果更佳，因為孩子想聽聽鯨魚的歌聲有多美麗。

從前有一條小鯨魚，他整天什麼事都不做，只是不斷向媽媽抱怨。不管媽媽做什麼，也不管媽媽多麼努力想讓她的寶貝開心，他總是覺得什麼都不對。他一下嫌媽媽游得太快，一下又嫌太慢；剛剛還抱怨水太熱了，可馬上又說太冷了；今天說晚飯太多，明天又嫌不夠。

這愛抱怨的小鯨魚整天圍著媽媽，在他們大海的家裡游來游去，翻來覆去唱著他的抱怨歌：

「我不喜歡這，也不喜歡那。
我不想要這，也不想要那，
這個不行做，那個不想做，

生活裡只有煩煩煩。」

　　鯨魚媽媽想教她的寶貝唱美麗的鯨魚之歌。年輕的鯨魚如果想長大，想有自己的家的話，都得學會那些歌。但是這愛抱怨的小鯨魚啊，只顧著唱著自己的抱怨歌，根本就沒心思去學那些愚蠢的老歌。

　　「我不喜歡這，也不喜歡那。
　　我不想要這，也不想要那，
　　這個不行做，那個不想做，
　　生活裡只有煩煩煩。」

　　鯨魚媽媽想讓她的寶貝跟其他小鯨魚玩，可是愛抱怨的鯨魚不想被打擾。而其他成群玩耍的小鯨魚厭倦了這隻小鯨魚的抱怨，也不想跟他玩。他的抱怨，擾亂了大海之家的寧靜！

　　有一天，鯨魚們沿著海岸線游啊游，慢慢的，他們向深海游去了。可是小鯨魚忙著抱怨，根本就沒有留意到其他鯨魚，包括自己的媽媽，都已經改變了方向。他繼續向前游，等發現的時候，已經晚了，他已經越過了岸邊的暗礁，游進了環礁湖裡。

　　而這時候，潮水正在退去，環礁湖裡的水逐漸減少。愛抱怨的小鯨魚在淺淺的水裡進退兩難，現在海水只能蓋住他的鯨魚背了，時間一分鐘一分鐘的過去，海水變得更淺、更少，更淺、更少了。

　　他該怎麼辦？媽媽不在身邊，唱抱怨的歌也沒有用。這時，在他記憶的深處，他聽到了那最美麗的聲音。他聽著，試著把這美麗的聲音

唱出來。開始只是輕聲唱，後來越唱就越響亮。很快他就唱出了一首美麗的歌，一曲最美的鯨魚之歌。

歌聲越過水面，越過暗礁，傳到遠處的深海，傳到了媽媽和其他鯨魚所在的地方。鯨魚群聽到了年輕鯨魚的呼喚，都調過頭來，向暗礁游去。他們一邊游，一邊從水面高高跳起，落下，然後又跳起，又落下。他們不停的跳起落下，巨大的波浪一直向前湧啊湧。

到達暗礁附近時，他們停下來靜靜等待。巨大的海浪湧過石頭，環礁湖裡的水越來越多，越來越多，直到最後，水滿起來了，小鯨魚就越過暗礁安全游出來，回到在暗礁旁等候他的鯨魚群之中。然後在大家的護送下，他回到了深海中的家。

媽媽對自己的寶貝充滿了自豪，她輕輕的說：「你終於知道我們美麗的鯨魚之歌的力量了吧。」媽媽繞著他游啊游，用她的鯨魚長鼻子嗅著他、頂著他——鯨魚媽媽就是這樣親吻和擁抱她的孩子的。

當然了，年輕的小鯨魚非常高興自己安全回到鯨魚群裡。現在他懂得怎樣運用自己的聲音去唱美麗的歌了，他不再抱怨了。而且，他還自己編了一首新歌去教大夥。如果你到大海去游泳，仔細聽，也許會聽到這美麗的歌：

「我喜歡唱這首歌，也喜歡唱那首歌。
我喜歡做這個，也喜歡做那個，
我的生活真是棒棒棒！」

〈吱嘎吱嘎響的床〉

適合年齡：各年齡層
應對狀況：孩子愛抱怨

這是個適合各個年齡的故事，而且可以幫我們重新評估生活中的好與壞。如果孩子不停抱怨一些瑣碎的事情，這個故事特別有用。

我通常是在面對一大群有大有小的孩子時，才會講這個故事；也曾在會議上講過，不過那時是為了博君一笑，使大人投入會議。在忙碌了一整天或一週後，這個故事可以讓他們放鬆。講故事的人可以將聽眾先分組，每一組扮演一種動物。每當新的動物進入房子，房子裡就變得更加嘈雜和混亂。最後所有動物發出巨大的聲音跟小小的吱嘎吱嘎聲（由預先安排的聽眾發出）相比，實在是小巫見大巫。

從前有個老奶奶，她住在農場裡。她對自己的生活非常滿意，除了一件事情——她不喜歡她那吱嘎吱嘎響的床。這張床啊，整個晚上都吱嘎吱嘎響，害她根本睡不著。

有一天晚上，床吱嘎吱嘎響得更厲害了，她實在是忍無可忍。第二天，老奶奶就去找村裡最聰明的人，請他解決自己的問題。這個聰明人請她回家，然後帶一頭牛住進房子裡去。

老奶奶想：「這個辦法真奇怪。但他是個聰明人，我還是按照他說的做吧。」

老奶奶一到家就牽了一頭牛進房子。那天晚上，床吱嘎吱嘎的響，牛也整晚哞哞哞的叫。

老奶奶又去找那位聰明人，這一次，聰明人請她回家，帶一對山羊

進房子。

（故事就這樣繼續著，直到她的房子裡塞滿了農場裡所有的動物──牛、羊、驢子、豬、公雞等等──夜裡，這些動物各自發出聲音。而動物的名單可以隨聽眾注意力程度而加長或縮短。）

最後，老奶奶實在是忍無可忍了。她已經整整一星期沒睡覺了，頭痛得厲害。她回去找聰明人說：「我要告訴村裡所有的人，你根本就不是聰明人，你教我的辦法一點都沒用，都是蠢方法。」

聰明人請老奶奶再聽他最後一次：「回家吧，老奶奶，把你屋裡所有的動物都帶回原來的地方。」

老奶奶回家，她把牛、羊、驢子、豬、公雞等等動物，統統都從屋子裡帶出去。那個晚上，還有之後的每個晚上，老奶奶都睡得又香又甜，還打呼呢！

〈星星蘋果〉

適合年齡：各年齡層
應對狀況：孩子覺得無聊

下面這個故事不知道原創者是誰，但是經過改寫後，適合所有的年齡。這是個很好的例子，只要父母發揮創意，就會把孩子的無聊變成充滿好奇的探險。我講這個故事的時候通常會切個蘋果（橫切，而不是從柄到底的那種切法）。我把事先切好的蘋果藏在衣服底下，在適當的時間拿出來，把蘋果裡的星星給聽故事的人看。

從前有個小男孩，他厭倦了他所有的圖書、拼圖和玩具。

「我該做什麼呢？」他問媽媽。

小男孩的媽媽總能提出一些很棒的建議，於是她說：「你應該出去走走，看能不能找到一間小小的紅房子，它沒有門也沒有窗，但有顆星星悄悄藏。」

小男孩的眼睛睜得大大的，很興奮。「媽媽，我該去哪裡找這樣的房子？」他問。

「沿著小路走，經過農夫的房子，然後爬上小山。不過，找到了可別忘了帶回來給我看哦！」

於是，小男孩出發了。這真是美麗的一天，陽光明媚，天空藍藍，因此可以出去探險，小男孩特別開心。他蹦蹦跳跳的沿著小路走著，一邊走一邊哼著歌。沒走多遠，他就看到農夫站在大大的棕色牲口棚外面，看著田地裡的穀物和玉米。

「您好，農夫先生！」小男孩說，「您可以告訴我哪裡有這樣一間小房子嗎？小小的紅房子，沒有門也沒有窗，有顆星星悄悄藏。」

「嗯，」農夫說，「我在這裡住了很多年了，可是我不知道有這樣的房子呢。你得去問老奶奶，她會織紅色的手套，還會做焦糖的爆米花，她一定知道。」

小男孩沿著小路繼續去找老奶奶的房子。沒走多遠他就找到了，老奶奶正坐在花園中間的搖椅上，周圍種滿了香草和金盞花。

「您好，老奶奶！」小男孩說，「您可以告訴我哪裡有這樣一間小房子嗎？小小的紅房子，沒有門也沒有窗，有顆星星悄悄藏。」

「噢，」老奶奶嘆息著，「如果我知道就好了。那間房子在夜裡的時候一定暖暖的，裡面的星星可以讓夜晚很美很美。你應該去問風。風

吹過小山，吹過村莊，吹過整個世界，風知道所有的祕密。」

於是小男孩又沿著小路走著，去找風。他開始向山上爬，然後越過山頂往下走沒多遠，他就遇到了風。風一次又一次在他的頭上吹過。

「您好，風！」小男孩說，「您可以告訴我哪裡有這樣一間小房子嗎？小小的紅房子，沒有門也沒有窗，有顆星星悄悄藏。」

風笑著，好像在說：「跟我來。」它一直吹到山的最高處，那上面有一棵蘋果樹。風繞著蘋果樹吹啊吹，一棵蘋果從樹枝上掉下來，落到了綠草地上。

小男孩走到山頂，彎腰撿起蘋果。他把蘋果捧在手裡仔細看著，圓圓的蘋果紅得亮眼，就像太陽替它塗上了紅紅的顏色。它沒有門也沒有窗，上面有個小小的柄，就像小煙囪。

「是它嗎？」小男孩想著，從口袋裡掏出小刀，把蘋果攔腰切開。

打開蘋果，小男孩看到，悄悄藏在裡面的……是一顆星星！

「謝謝您，風。」小男孩喊著。

「不客氣。」風低語著。

於是，小男孩回家去了。他要讓媽媽看看他那又甜又美的小房子──沒有門也沒有窗，有顆星星悄悄藏。

〈復活節的祕密〉

適合年齡：5歲以上
應對狀況：孩子覺得無聊

以下這個故事是個很好的例子，幫孩子把無聊的一天變成充滿好奇的探險日。故事裡的媽媽是怎樣做到的呢？她留下小小的謎語給孩

子！故事篇幅比較長，適合5歲以上的孩子。

　　從前，有個小男孩，他很想知道復活節的祕密。每一年，當寒冷的冬日開始變得暖和[24]，天空蓋上大大的雲被子，小男孩就知道復活節要來了，因為當地的復活節總是伴隨著雲和雨。他聽到爸爸媽媽聊天時會講到復活節，也聽到哥哥姊姊談論復活節，他知道復活節就要來了，他覺得復活節已經在路上……可是，他還是不明白復活節到底是什麼。

　　「媽媽，」他經常問，「什麼是復活節呀？」

　　「噢，我的孩子，」媽媽說，「復活節是個非常特別的祕密。」

　　「媽媽，誰可以告訴我這個祕密呀？」

　　「只有太陽爸爸可以告訴你這個特別的祕密，等他準備好，就會告訴你的。」然後，媽媽就繼續做家事。

　　小男孩跑到外面，抬頭看見太陽爸爸正笑迷迷的透過白色的雲毯子看到地上，於是他就聽呀、等呀，聽呀、等呀。今年，他比往年更盼望太陽爸爸能告訴他復活節的祕密。

　　有一天早晨，他起得特別早。今天好像有點不一樣哦——小鳥彷彿在向他唱歌，陽光在窗外起舞，好像在呼喚他到外面去。他起來穿好衣服，早餐都沒吃就跑到花園裡去了。天上都是雲，可是東邊開了個大大的雲窗戶，太陽爸爸就在那裡照耀著。太陽爸爸舒展著陽光的手臂，伸到小男孩這裡，小男孩舉起手來迎接著陽光。他聽著、等著，聽著、等

24　編注：作者是在南半球寫這個故事的，原文是「當火熱的夏日變得涼爽」，為了配合我們的氣候，此處作了修改。

著，終於，他聽到了太陽爸爸的話……

「尋尋覓覓的祕密，藏在金黃球裡面，日夜照耀放光芒！」

他又仔細聽……

「尋尋覓覓的祕密，藏在金黃球裡面，日夜照耀放光芒！」

小男孩真高興，他終於知道在哪兒可以找到這個祕密了。他跑來跑去，在花園裡到處找。可是，小男孩很快就發現，要找到這一顆日夜放光芒的金黃球可不容易。

「我知道了，我要問風，它吹過所有的地方，一定知道在哪兒可以找到。」於是他奔跑到花園的一角，風正在灌木間吹拂著呢。

「風啊，風，我親愛的風朋友，請告訴我，在哪兒能找到日夜放光芒的金黃球呢？」

可是風正忙著吹啊吹，它說：「請你去問樹吧。」

於是，小男孩跑到花園中間一棵無花果樹下。

「樹啊，樹，我親愛的樹朋友，請告訴我，在哪兒能找到日夜放光芒的金黃球呢？」

可是樹正忙著長啊長，它說：「請你去問螞蟻吧。」

於是，小男孩跑到一塊岩石邊，那裡藏著個螞蟻洞。

「螞蟻，螞蟻，我親愛的螞蟻朋友，請告訴我，在哪兒能找到日夜放光芒的金黃球呢？」

可是螞蟻正忙著走啊走，他說：「請你去問蜜蜂吧。」

於是，小男孩跑到開滿花朵的房子後牆。

「蜜蜂，蜜蜂，我親愛的蜜蜂朋友，請告訴我，在哪兒能找到日夜放光芒的金黃球呢？」

可是蜜蜂正忙著嗡嗡的飛呢。

小男孩想，也許他永遠都找不到日夜放光芒的金黃球了。就在這時候，媽媽喊他回家吃早飯。

他跑進屋，洗好了手，在餐桌坐下。「我得問問媽媽。」他想。

於是他跟媽媽講了太陽爸爸告訴他的話。「我到處找啊找，還問了風和樹，螞蟻和蜜蜂，可還是沒有找到。您知道在哪兒能找到日夜放光芒的金黃球嗎？」

媽媽慈愛的微笑著：「哦，它不就在你面前嗎？」

小男孩低頭一看，就在他面前，在木製的雞蛋杯裡，有顆滑滑的、圓圓的、閃亮的蛋。媽媽把雞蛋切開，裡面是潔白柔軟的床，金黃色的球躺在中間，日夜散放光芒。

小男孩真高興啊，復活節的祕密終於找到了！他忙了整個早上，肚子已經很餓了，他吃光了所有的早餐，還吃了熱熱的可頌，才跑到花園裡去玩耍。小男孩一邊玩一邊自己唱著歌：

「白色雲毯子輕輕裹，大地的祕密真是多。

祕密藏在稻草窩，最愛的復活節祕密在其中！」

Chapter 10

不誠實或鬼鬼祟祟時

〈鴿子和鬣狗〉

適合年齡：6歲以上
應對狀況：謊言與欺騙

這個由瑪利亞・美斯本茲找到的科薩族傳統故事，經過改寫後，成為類似格林童話的〈狼和七隻小羊〉，是以謊言和欺騙為主題，適合6歲以上的孩子。

很久很久以前，森林住著一隻鴿子媽媽，她把巢建在一棵枝葉繁密茂盛的大樹頂上，三隻鴿子寶寶就住在裡面。

鴿子媽媽每天都離開巢去找食物。飛走之前，她會提醒孩子，除了媽媽之外，誰來也不要開門，更不要把繩子拋下去。而媽媽回來時，會唱歌通知他們。

每天，鴿子寶寶都關好大門，乖乖在巢裡等媽媽回來。媽媽回來的時候，會站在樹底下唱歌。孩子把門打開，把繩子拋下去，媽媽就帶著

食物爬到樹上來。

有一天，鴿子媽媽在樹底下唱歌，請寶寶開門的時候，被一隻飢餓的鬣狗偷聽到了。他看到鴿子寶寶把門打開，拋下繩子，讓鴿子媽媽沿著繩子爬上去。

鬣狗想，那些鴿子寶寶可真是美味的晚餐！於是他動了狡猾的念頭。第二天早上，他一直等啊等，等鴿子媽媽離開了巢，就站在樹底下學著唱起歌來。他尖著嗓子想要發出輕柔的聲音，可是他的聲音太粗了，鴿子寶寶知道那不是媽媽的聲音，所以沒有開門，也沒有把繩子放下來。

鬣狗決定吃顆蘋果讓聲音變輕柔。他飛快的跑到附近農場的果園裡，摘了一顆綠蘋果。蘋果還沒成熟，吃起來澀澀的，可他還是咬呀咬呀，硬把蘋果吞下去。然後又回到樹下唱起歌來。

他尖著嗓子想要發出輕柔的聲音，可是他的聲音太粗了，鴿子寶寶知道那不是媽媽的聲音，他們沒有開門，也沒有把繩子放下來。

鬣狗氣壞了！他跑到農場去威脅農場主人，要他把屋旁蘋果樹上最紅最大的蘋果給他。鬣狗狼吞虎嚥的把蘋果吃了，甜甜的蘋果汁液讓他的聲音變得柔美。他跑回森林，又站到那棵樹下唱起歌來。這一次，小鴿子寶寶以為是媽媽回來了。他們打開門，把繩子放了下來。

鬣狗飛快的沿著繩子向上爬。他爬呀爬，眼看就要搆到鴿子的巢。這時候，鴿子媽媽回來了，看到了鬣狗正往上爬，趕快對著鴿子寶寶唱歌：「我的寶貝，快關緊門！」

聽到媽媽的聲音，小鴿子趕快把繩子丟掉，跑回到巢裡，並把身後的門關上。鬣狗在空中翻了個觔斗往下掉，砰一聲背部朝地摔下來。

從此，背部受傷的鬣狗跑起來總是歪歪斜斜的。而鴿子媽媽再也不把鴿子寶寶們單獨留在家裡了。等到鴿子寶寶夠大的時候，她教會他們飛，自己找食物。

〈不正直的野狗〉

適合年齡：5～9歲
應對狀況：偷竊

這個故事是寫給7～9歲的孩子，但不必過分拘泥年齡。這個故事有很強的主題和隱喻，因為要解決偷竊這樣嚴重行為，這些隱喻是必需的。故事中，主角從偷竊變為誠實的原因，是聽從自己的良心。這故事也可以用於5～6歲的孩子，但不適合4歲以下的孩子。小孩子覺得這是「借」或者「帶回家給媽媽看」，但不是偷[25]。

從前，有一隻野狗叫「阿弟」，他住在荒野裡紅土瀰漫的平原上。阿弟有許多野狗哥哥，在這群野狗裡，他是最小的。可是，哥哥們都穿著黃色的外套，他的卻是白得發亮！

阿弟不僅是最小的，也長得跟大家不一樣，所以他想要什麼都得打一架。就算是嬰兒時期的阿弟，也得拚命鑽才能擠到位置喝到媽媽的奶；等長大些，又得經過一番爭奪才能吃到爸爸拖回來的獵物；就連搶吃剩的骨頭，他也得打上一架，才能搶到一點點埋起來留到第二天吃。

---

25 年幼孩子的這種行為並不是「偷」，而是也想像成人「擁有」一些東西。然而，大孩子的這種行為往往是一種徵兆，說明他們因缺乏關注而感到困擾，不能因此認定他們壞。我們知道，要讓故事具有療癒作用，必須深入了解孩子的家庭情況，而這種情況也是一樣。

很多時候，最小又最白的阿弟，總是打不過哥哥，總是吃不飽。後來，這隻小野狗想到用偷的方式來搶食物，因為他發現把食物偷回來比打架容易多了。

　　他的轉變是這樣開始的。

　　有一天，阿弟在平原的紅土地裡打著滾的時候，哥哥叼了一塊大骨頭走過。奇怪的是，哥哥竟然沒有發現他。原來，阿弟渾身沾滿土，毛色變得跟周圍泥土一樣了。

　　阿弟停止打滾，改跟著哥哥。哥哥叼著骨頭走進灌木叢，挖了個深深的洞，把骨頭埋了起來。完全沒發現阿弟就在身後。

　　等哥哥回到平原去，阿弟就把骨頭挖走吃掉了。

　　第二天，阿弟又在紅土裡打滾，等著其他哥哥叼著骨頭去埋。然後，他又跟著哥哥——這一次走到了灌木叢旁一座小石頭山上。哥哥在石堆裡挖了個洞，把骨頭埋了起來。等哥哥回到平原去，阿弟又把骨頭挖出來吃了。

　　就這樣，阿弟找到的骨頭越來越多，多得一整天也吃不完。於是，他就去找地方埋。他找呀找呀，找了很久，終於在一片乾涸的河床邊上找到了個洞，這洞很大，可以藏很多骨頭。

　　接下來的幾個月，阿弟藏了很多骨頭到洞裡。靠著紅土的遮掩，他不只偷哥哥們的骨頭，還偷爸爸媽媽的骨頭。全家人都被他偷過了！

　　這段時間，天上一點雲都沒有，很久沒有下雨的平原越來越乾旱，塵土漫天。阿弟毫不費力就可以用紅土偽裝，繼續偷竊。

　　他藏骨頭的洞裡很快就裝滿了偷來的骨頭，一直堆到了洞頂。阿弟太開心了，以後不用擔心挨餓了！不過，家裡其他狗卻變得很虛弱了。

他們藏起來的骨頭都被偷了，而且連續幾個月沒有雨，使他們很難找到獵物，也就沒有辦法把新鮮的食物帶回家分享。

　　終於有一天，天氣變了。天氣讓大地發生了變化，也讓阿弟不誠實的行為發生了變化。雨水開始落到平原上。開始的時候只是一點小雨，但在幾道閃電和沉悶的雷聲後，天空彷彿破了個大洞，雨水傾盆而下，平原很快就變成了銀色的海洋，乾涸的河床裡也積滿了水，甚至開始溢了出來。

　　雨點才剛灑下，阿弟就立刻跑到高地上。可是石頭小山上沒有擋雨的地方，雨水把他身上的紅色塵土都沖掉了！於是，他又變得雪白。沒有了偽裝，他就不能再去偷哥哥們的食物，只好放棄用這種不老實的方式。

　　雨一直下，河水越漲越高，漫過了岸邊，阿弟藏骨頭的洞裡灌進很多水。第二個星期，河水沒有那麼高了，可是留在洞裡的骨頭，卻被水沖洗得乾乾淨淨。雨過天晴，那些骨頭在黑漆漆的洞裡閃著光。

　　阿弟回到洞裡，看到了那些骨頭。眼前的骨頭白閃閃、乾乾淨淨的。他又看看自己的外衣，也是白閃閃、乾乾淨淨的。他心裡清楚，該把這些骨頭還給爸爸媽媽和哥哥們了。那天晚上，他把骨頭一根根叼到平原上，東一根西一根的放在地上。

　　第二天早上，爸爸媽媽和哥哥們發現了這些散落的骨頭，他們把骨頭叼成一堆，大家一起分享。他們都不知道之前是誰把骨頭拿走了，拿到哪兒去，可是那些都不重要。重要的是，爸爸媽媽和哥哥們如獲至寶的撿起這些骨頭的時候，阿弟都在旁邊看著。他發現，分享真的很快樂。他突然覺得，爸爸媽媽和哥哥們的快樂勝過世上所有的事。之前，

是那些紅色塵土的掩蓋，使得他沒發現這點嗎？

　　阿弟還發現，現在他已經長得夠強壯，可以自己去打獵了。他已經不再是小弟，而是英俊的大野狗了！時間過得很快，沒有多久，他也可以把獵物拖回家讓自己的孩子分享了。他小心的照顧孩子，讓最小的孩子都有足夠的食物可以吃。

〈阿蘭西和雕像〉

適合年齡：6～10歲
應對狀況：貪婪、不誠實

　　阿蘭西系列故事起源於西非，隨著從非洲運送奴隸到美洲的過程，傳到了加勒比海群島。這些故事也稱為蜘蛛的故事，因為「阿蘭西」是蜘蛛人！今天迦納阿善提族（Ashanti）的人們還在講述克庫‧阿蘭西的故事。世界各地也流傳著主題類似而主角不同的故事：法屬西印度群島、美國南部和東非地區的故事主角是兔子；在奈及利亞，烏龜是專愛搬弄是非的角色。阿蘭西／蜘蛛的故事是適合6～10歲孩子的精采故事題材，這與電影裡流行的蜘蛛人的角色是非常有趣的對比。在不同的社群裡，並非每個人都做著別人認為他該做的事，這就是阿蘭西這個人物形成的原因。阿蘭西這個蜘蛛人很懶惰，不誠實而且很貪婪。他有很多頑皮的花招，既可笑又可愛。他的貪婪和不誠實通常都會受到懲罰，而幽默則貫穿著整個主題。下面這則故事就是阿蘭西得到應有懲罰的例子。

　　從前從前，克庫‧阿蘭西住在一個非常團結的小村子裡。有一天，

村長召集了村裡所有人，他提議建個農場，這樣發生饑荒的時候大家就不用挨餓了。每個人都贊成這個主意，除了阿蘭西，他說自己生病了。無論什麼時候，不管誰叫他到農場去工作，他都會裝病。

每個星期五是到農場工作的時間。沒有阿蘭西參加，農場裡的工作也照樣進展，而阿蘭西每次都撒謊說自己病得太重，無法工作。接近收穫的時候，村長和村民發現有人在偷農場裡的東西。因為每次去農場，他們都會發現，有人摘走了一些蔬果。失竊的消息很快在整個村子裡傳開了，於是村長召集村民一起想辦法抓賊。而阿蘭西還是說自己生病了，沒有參加這個會議。

大家想了好幾個辦法去抓賊，最簡單的辦法是用快乾膠做個雕像，放在農場中間。無論誰碰到這個雕像，就會被黏住。

第二天晚上，阿蘭西繼續他那偷偷摸摸的夜間活動，而他一點都不知道村民捉賊的計畫。他來到農場，看見田地中間有個東西，好像是人的樣子。

阿蘭西立刻喊：「誰在那？誰在那呀？這麼晚了你還在農場裡幹麼？」可是，沒有回答。阿蘭西以為那雕像是人，所以靠近繼續問：「嘿，如果你再不回答，我就要用左手給你一巴掌了。」話還沒有說完呢，他的左手打到假人身上，膠水雕像馬上把他的左手黏住了。阿蘭西以為那個人捉住了他，於是他就很生氣的喊道：「看啊，我的朋友！我只問了你這麼簡單的問題，你就無緣無故捉住我的左手。請放開，不然我就要用右手給你一巴掌了。」話沒說完，他的右手就打到雕像身上，當然，他的右手也被黏住了。

阿蘭西氣壞了，而且眼看天就要亮了，他的心裡很著急。他太想脫

身了，就用腳去踢雕像。於是兩條腿也都被黏住了。阿蘭西現在掛在雕像上面，誰也救不了他。

　　第二天早上，鎮裡的老人來到農場碰運氣，看看是不是有捉到神祕的賊。一看，啊？阿蘭西掛在雕像上！很快，村裡的人都知道了這件事情，大家都跑到農場來看。這對阿蘭西和他家人來說實在是太丟臉了。村裡的人把他從雕像上放下來，紛紛取笑他。這實在是糗大了，阿蘭西只好趕快溜走，跑回家在最高的角落躲了起來。所以我們現在看到的阿蘭西蜘蛛總是藏在房間最高的角落裡，而且因為羞愧，一看到有人來就會趕緊躲開。

〈阿金巴與魔法牛〉

適合年齡：6～10歲
應對狀況：貪婪、不誠實

　　從前有個很窮很窮的人，叫做阿金巴。他沒有錢，也沒有東西可以吃。有一天，他走入森林，看能不能找到一點吃的時，看見一個老人正在砍柴，就停下來幫忙。老人非常感謝阿金巴，送了一頭牛給他。老人要阿金巴把牛牽回家，並跟牛說「哞哞哞」。

　　阿金巴回到家就跟牛說「哞哞哞」，牛給了他一個金幣。於是他不停的說著「哞哞哞」，也拿到很多金幣，變成了有錢人。

　　後來，有一次阿金巴要出門，請鄰居奔巴幫忙看牛，還叮囑奔巴千萬不能跟牛說「哞哞哞」。可是阿金巴前腳剛走，奔巴就跟牛說「哞哞哞」，當然，牛也給了他一個金幣。奔巴高興極了，決定把牛留下來，

不還給阿金巴。阿金巴回家以後，奔巴給了他另一頭牛。阿金巴跟牛說「哞哞哞」的時候，那頭牛只會「哞哞」的回應著。

　　阿金巴回到森林裡，告訴老人這件事。老人給了阿金巴一隻綿羊，請他回到家裡就跟綿羊說「咩咩咩」。阿金巴說了以後，羊給了他一個銀幣，所以阿金巴又變得有錢了。後來，有一次他又要出門，又委託鄰居幫他照看綿羊，他跟奔巴說：「千萬不要跟羊說『咩咩咩』。」奔巴馬上就發現這羊會送他銀幣，所以等阿金巴回來的時候，他又把魔法羊換成了普通的羊。阿金巴說「咩咩咩」的時候，這隻普通的羊只會「咩咩」的回應著。

　　於是阿金巴又回到森林，這次老人給了阿金巴一隻雞，老人讓他跟雞說「咯咯咯」。阿金巴回到家裡跟雞說「咯咯咯」，雞就生了一個蛋。阿金巴說：「好歹也是蛋。」剛好他也餓了，就把蛋吃了。之後他賣了很多蛋，又變成了有錢人。沒過多久，他又要出門了。他請鄰居奔巴幫他照顧雞，並提醒奔巴不要跟雞說「咯咯咯」。就跟之前一樣，奔巴又把雞給換了，所以後來阿金巴說「咯咯咯」的時候，這調換的雞根本就不會生蛋。

　　這一次，阿金巴把雞帶到了森林。老人給了他一根棍子帶回家，讓他說「棍子，跳舞吧！」然後說「門巴」，就可以讓棍子停下來。阿金巴一回到家就跟棍子說：「棍子，跳舞吧。」棍子跳起來就打阿金巴，直到阿金巴想起來說「門巴」才停下。阿金巴已經懷疑問題出在鄰居奔巴身上，於是他假裝又要出門，請奔巴幫忙保管棍子，還叮囑他不要對棍子說「棍子，跳舞吧」。然而，阿金巴才剛走到路口轉角呢，奔巴就急忙對著棍子說：「棍子，跳舞吧。」棍子跳起來就打，而奔巴的號叫

聲連阿金巴都聽得到。看到阿金巴回來，奔巴答應只要阿金巴讓棍子停下來，他就把牛、綿羊和雞都還給阿金巴。阿金巴說：「門巴！」棍子就停了下來。他把動物都帶回家，從此以後不再飢餓和貧窮了。

〈櫻桃紅〉

適合年齡：5歲
應對狀況：偷偷摸摸的行為

　　這個故事是為一個5歲女孩而寫，這個女孩去我朋友家做客時有些偷偷摸摸的行為。朋友家的花園裡有個小矮人雕像。小女孩知道雕像很古老，不應該去動它，但等沒有人看見的時候，她會悄悄溜到花園裡，試著把小矮人身上的紅色油漆摳下來。故事並不會譴責這種負面的行為，而是往正面導引，告訴小女孩這個矮人是多麼喜歡紅色。故事的效果很明顯，小女孩聽了後不再摳油漆了。

　　從前從前有個小矮人，他與哥哥姊姊住在巨大的無花果樹下，而這棵樹長在古老的雨林之中，靠近海邊長長的沙灘。

　　這個小矮人喜歡到處漫遊，收集美麗的東西帶回去給家人看。他最喜歡紅色了，媽媽給他織了一頂紅色的帽子，他每天都戴著，所以森林裡的夥伴都叫他櫻桃紅。

　　只要有一點點時間，櫻桃紅就會在森林裡走來走去，到處收集帶紅邊的樹葉、紅色的野莓，以及其他所有紅色的東西。

　　時間一天天過去，他在森裡越走越遠，最後來到了森林的邊緣。他在那裡發現了一個小小的花園，就位在一間紅色磚牆房子的後面。

櫻桃紅走進花園。他幾乎不敢相信自己的眼睛——他從來沒有見過這麼多美麗的花和果實！他相信這裡的紅色東西比整個森林都要多！

這兒有紅色的天竺葵、紅玫瑰和紅色的紅千層樹。一棵巨大的番茄就長在籬笆邊，上面結滿櫻桃紅色的番茄。菜園裡，那閃閃發亮的紅色草莓正從綠綠的葉子中間探出頭來。

櫻桃紅好開心！他摘了兩個小小的番茄和一個草莓——他只摘了一點點，留下大部分給花園的主人。然後他沿著小路跑回森林，讓家人看這些可愛的東西。

回家的路上，他那麼開心，忍不住編了一首歌，邊走邊唱：

「櫻桃紅是個快樂的小傢伙，
穿黃衣戴紅帽，
花園尋寶呵呵笑！」

你知道嗎，從那天起，櫻桃紅每天都會到那個特別的花園。他整天坐在那裡，觀賞那些紅色的寶貝——番茄、草莓和所有的花兒，然後每天晚上帶一些小小的紅色禮物給家人。

Chapter *11*

不尊重和不愛惜工具時

〈德貝的靴子〉

適合年齡：3歲以上
應對狀況：亂丟鞋子

　　這個簡單的故事是寫給開普敦一個幼兒園，用來幫助孩子們學會把鞋子放整齊。更多詳細訊息和效果請見第3章。這個故事具有普世價值，適用於3歲或以上的孩子。

　　德貝是個小男孩，就像你一樣，每天都上幼兒園。每天早上醒來，他都會穿好衣服，穿上心愛的小紅靴去幼兒園。

　　德貝最喜歡他的小紅靴了。就算是坐在椅子上吃早餐，他也會隔一陣子就悄悄看一眼桌子底下——沒錯，他的紅靴子正等著呢——就在他的腳上，在桌子底下的地板上，兩只靴子肩並肩、高高興興的待在一起！

　　德貝很仔細聽的時候，他會聽見紅靴子輕輕的唱著歌：「一對好朋

友，在一起真歡喜，兩兩相伴不分離！」

上學的路上，德貝走，他的靴子也走；德貝跳，他的靴子也跳。德貝時時微笑著低頭看一看自己的靴子——一對好朋友，在一起真歡喜。

德貝坐在幼兒園院子的鞦韆上的時候，也會低頭看看自己的靴子，讓它們輕輕的互相踢一下——它們在德貝的腳上好開心啊，一對好朋友，在一起真歡喜！

聽！你有聽到它們在唱：「一對好朋友，在一起真歡喜，兩兩相伴不分離！」

每天一到午睡的時間，老師會請所有的孩子來到走廊上。這時候，德貝就得脫下他的紅靴子，放在門外了——當然啦，午睡的時候鞋子要放外面！德貝小心的把兩隻紅靴子都靠牆放好——兩兩相伴不分離。午睡的時候它們就一起等著，等時間一到，德貝就把它們穿回腳上，走長長的路回家了。

每當德貝躺在午休室的床上，聽著老師輕輕的哼著睡覺的歌。等老師哼完歌，他快要睡著的時候，會聽到他的一對紅靴子在露台上很輕很輕的唱著：「一對好朋友，在一起真歡喜，兩兩相伴不分離！」

〈折疊小刀和城堡〉

適合年齡：8歲
應對狀況：不愛惜工具

這個故事是寫給一個不愛惜工具的8歲男孩。我也會在學校和夏令營裡用這個故事來鼓勵大孩子用自己的雙手，利用木頭、黏土還有

皂石等材料創作物品。講故事時我會先把一段木頭裁切成不對稱的數小塊，當故事講到男孩的家人醒來，發現他做的事的時候，將小木塊隨意堆疊就成了簡單的城堡。也可以臨場刻出或用黏土捏出城堡。

　　從前有個小男孩，生日時收到一把折疊小刀的生日禮物——是一把閃閃發光、鋒利無比的折疊小刀！一把渴望著大顯身手的小刀！

　　小男孩把小刀放在口袋裡。於是小刀就待在那兒，等著被用到。

　　「我是小小刀，切割都要用到我，
　　打開我，快用我，用完把我收回去！
　　相信主人會聽到我的歌。」

　　有時候，小男孩覺得他真的聽到了小刀的歌。可是折疊小刀能用來做什麼呢？

　　「我是小小刀，切割都要用到我，
　　打開我，快用我，用完把我收回去！
　　相信主人會聽到我的歌。」

　　小男孩一個人在廚房裡時，小刀又唱起歌來了。他把小刀掏出來，用力的削起桌腳。派上用場了，小刀真快樂。可是媽媽走進廚房的時候，一點都不快樂！媽媽把刀子收走了，整整一個月又一整天。
　　後來，小刀又回到了小男孩的口袋，等著被用到。

「我是小小刀，切割都要用到我，

打開我，快用我，用完把我收回去！

相信主人會聽到我的歌。」

　　小男孩一個人在客廳裡時，小刀又唱起歌來了。他把小刀掏出來，用力割開奶奶的椅墊。派上用場了，小刀真快樂。可是奶奶走進客廳的時候，一點都不快樂！她把小刀收走了，整整一個月又一整天。

　　後來，小刀又回到了小男孩的口袋，等著被用到。

「我是小小刀，切割都要用到我，

打開我，快用我，用完把我收回去！

相信主人會聽到我的歌。」

　　小男孩一個人坐在工作棚裡時，小刀又唱起歌來了。他把小刀掏出來，在工作凳上刻呀刻不停。派上用場了，小刀真快樂。可是爺爺走進棚子的時候，一點都不快樂！他把小刀收走了，整整一個月又一整天。

　　後來，小刀又回到了小男孩的口袋，等著被用到。

　　那天晚上，小男孩睡著了，銀色的月光透過窗戶照到他的床上。

　　他睡得好沉，做了個夢。在夢裡，有一座山，山上有一座城堡，城堡有許多窗戶，窗戶後面有許多房間，房間裡有……

　　就在這時候，小男孩醒了，他在床上坐起來，而且想到了一個好主意：「我知道該怎樣用我的折疊小刀了。」他從床上爬起來，穿好衣

服，把折疊小刀放進口袋，走進了花園。在月光下，他看到堆肥附近有一段小圓木頭。（向聽眾展示木頭）

他把木頭帶到陽台上，打開他的折疊小刀，在銀色的月光下忙著切割，折疊小刀一邊輕輕的唱：

「我是小小刀，切割都要用到我，

打開我，快用我，用完把我收回去！

相信主人會聽到我的歌。」

他忙呀忙，爸爸媽媽還都在睡覺呢。（請聽眾閉上眼睛一分鐘）

等他們睡醒，在廚房的桌子上，有個美麗的驚喜等著他們。（給觀眾看刻好的木頭城堡）

小男孩在沙發上睡著了。而他的口袋裡，有一把非常快樂，也非常累的折疊小刀！

從那天起，只要小男孩看看木頭城堡的窗戶，就會想到新的好點子來用折疊小刀。他的折疊小刀總是快快樂樂的，家裡人也總是快快樂樂的。這個男孩後來成了很有名氣的木雕藝術家，他能用一塊普普通通的木頭雕出美麗的城堡來。

〈毛線球〉作者：珍・朵拉

適合年齡：4歲
應對狀況：亂用剪刀

有時候一首詩也能像故事般激發想像力。一位參加創意工作坊的

媽媽，就是用下面這首詩來幫助4歲的女兒，而這個小女孩喜歡亂剪東西。4歲正是愛剪東西的階段，但媽媽沒辦法讓孩子分辨什麼才是可以剪的東西。她訂了一百澳幣的毛線，打算在手工工作坊中用，就在毛線送到時，她把寫好的這首詩，塞進裝毛線的袋子裡。她當著女兒的面把詩拿出來，裝出驚訝的樣子，然後念給女兒聽。小女孩顯然迷上了這首詩。她立刻把娃娃從搖籃裡抱出來，轉而放了些毛線球進去。接下來的日子裡，她就像呵護小寶寶般愛惜這些毛線球。亂剪的事情從此再也沒有發生了。

毛線球真好玩，歡樂度過好時光，

拿起這個魔法球，我來教你怎麼玩。

我們來編織，編出一個小娃娃，還有更多種玩法。

但是千萬不要把我剪成一段段。

我最怕的是剪刀，請你好好保護我，

我最喜歡待在忙碌的你身旁。

還有，別讓我在地上亂滾，我的線會散落一地，

還會被踢過來踩過去，糾結成一坨。

要用多少，就剪多少，用完後記得把我捲好，

讓我整齊乾淨的在小床睡個好覺。

（提示：請為你的新家人——毛線球——找張特別的床。）

〈愛花的小女孩〉

適合年齡：4歲
應對狀況：隨意攀折花朵

　　這故事是寫給一個4歲的女孩，她剛從奈洛比的貧民窟搬到鄉間的寄宿學校，以前從來沒有見過花園。她歡天喜地在學校裡不停摘花。女舍監和園丁對此頭痛不已！這個故事想把女孩的行為成功引導到另一個方向。女舍監還用彩色毛線做出了跳舞用的彩虹棒，加強故事的效果。

　　從前有個愛花的小女孩叫娜娜，她和媽媽還有許多兄弟姊妹住在一起。小娜娜好喜歡花，她愛花美麗的樣子，喜歡那香甜的味道；她最喜歡的就是花朵繽紛的色彩：紅、粉紅、紫、黃、橙、藍……好多漂亮的顏色。

　　娜娜一有空就在花園裡走啊走，到處找花看花。她把花兒都摘下來，扔在草地上，然後坐在一地的花兒上，把花瓣撕下來，再捧起一堆花瓣撒向空中，讓它像下雨一樣落下來。

　　有一天，娜娜坐在草地上，玩著金蓮花的花瓣。微風裡突然傳來一陣小小的聲音，好像是從旁邊綠綠的菊花叢裡傳來的。娜娜靠近一看，菊花叢裡有個小小的花苞，一開一合的，好像在和她說話！

　　「請不要摘下我的兄弟姊妹吧！我們一離開綠色的花枝就會凋謝，接著就死了。如果讓我們繼續成長，我們就可以繼續在花園裡跳舞。花朵最喜歡跳舞了。」

　　娜娜呆住了。她也喜歡跳舞，心裡非常明白這朵小花說的話。

她想到一個辦法！娜娜向媽媽要了一些漂亮的彩色毛線，就跟花朵的顏色一樣漂亮！她把這些彩色的毛線條綁到一根長棍子上，跑到了外面。高高舉著自己做的彩虹棒，娜娜在花園的草地上跳起舞來。

微風也加入了，毛線隨風輕輕擺，和小娜娜一起玩。風還輕輕吹著花兒，讓花兒前前後後的搖啊搖啊，所有的花兒都跟娜娜在花園裡跳舞。

那小小的菊花花苞高興的看著，笑得非常開心。她所有的白色花瓣都跳出來舒展著。於是她也跟娜娜一起跳起舞來。

〈老奶奶和驢子〉

適合年齡：各年齡層
應對狀況：不愛護環境

這是我在1997年為非洲小朋友寫的表演故事，而且這齣偶戲在開普敦的幼兒園巡迴演出時，效果非常好。每次表演結束，演員們收拾道具的時候，孩子們都會跑上前來，手上握滿撿來的垃圾。我相信這個故事具有普遍性，適用於不同的年齡階段。故事裡的歌是表演演員瑪利亞‧美斯本茲寫的。

從前，在南非大地上，住著一個老奶奶。她的孩子都搬到鎮上去了，只剩她一人住在鄉下農場裡。可是，老奶奶從來不覺得孤獨，因為她最喜歡的孩子就是「自然」，要照顧自然總是有很多事情可以做。

老奶奶最喜歡自然孩子穿著美麗的花衣裳，所以她整天忙著照顧花園，種美麗的花。老奶奶最好的朋友和幫手是一隻小棕驢，小棕驢整天

拉著裝著水的車去澆花。每到星期六，老奶奶就騎到小棕驢強壯的背上，身後拉著滿車的花兒，出發到鎮上的市場。這一天，老奶奶會特別為小棕驢打扮，為牠戴上花朵編的帽子，還在背上披上一塊鮮豔的布。

一天下來，所有的花都賣完了，老奶奶用賣花的錢買食物，也買燕麥給小棕驢，所以他們總是有豐盛的食物。長久以來，他們就這樣一起工作、生活，開心極了。小棕驢愛老奶奶，老奶奶愛小棕驢。他們一起在花園裡忙的時候，老奶奶經常唱歌給小棕驢聽：「有隻奇妙的小驢子真棒，最棒的就是有隻小驢子。得兒啷噹得兒啷噹真正棒。」

★ ★ ★

時間一年又一年過去，老奶奶越來越老了，老得不能繼續在花園裡工作，也不能獨自住在鄉下。有一天，她收拾了所有的東西，放到驢車上，給驢子戴上花朵編的帽子、披上鮮豔的布，一起到鎮上找新房子。

老奶奶很久沒有到鎮上了，她穿過一條又一條街道，去找新房子。可是，鎮上已經完全不一樣了，到處都是髒亂的垃圾，她難過極了。原來的花園，怎麼都成了垃圾場！

「人們對自然孩子都做了什麼啊！」老奶奶叫了起來，「他們怎麼能給他穿上這麼難看的衣服？」她跌坐在新房子前面那堆罐頭、瓶子和塑膠袋子中間，傷心的哭了起來。小棕驢來到她面前，低頭在她耳邊悄悄說了個祕密。漸漸的，老奶奶的眼淚止住了，一絲微笑浮現在她滿是皺紋的臉上。「當然了，小棕驢，這主意真棒！」

她說著又唱了起來：「有隻奇妙的小驢子真棒，最棒的就是有隻小驢子。得兒啷噹得兒啷噹真正棒。」

她一邊唱，一邊把行李搬到她的新房子裡。等她喝完茶，驢子也喝

過水，吃完燕麥了，她就跟驢子到街上去，身後拉著空空的驢車。她邊走邊把路上的垃圾撿起放進車裡。她邊走邊唱：

「大自然孩子又髒又醜，需要換穿新衣服！
大家一起撿垃圾，來把自然改頭換面。
大家一起播種子，幫自然長出漂亮花花衣。」

沒多久，街上的孩子們都聽到了老奶奶快樂的歌聲。他們走出家門，一起來幫忙。孩子們做得很認真，第一天傍晚，已經撿光了第一條街上的垃圾，裝進驢車，送到垃圾場去。老奶奶還把她從鄉下花園裡帶來的種子發給每個孩子，請他們帶回家種。

第二天，來幫忙的孩子更多了，第二條街很快收拾好了。接下來，第三條街變整潔了。就這樣，孩子們跟老奶奶、小棕驢一起忙著，鎮上所有的街道很快就不再髒亂了。他們還在每一家門前都種上了花，自然孩子很快就穿上了一件新的城市之衣，一件美麗的花衣。

老奶奶現在可以享受鎮上花朵的美麗了。而驢子呢，每天穿過一條又一條街道，把水送到每個花園，也把新的垃圾送走。

從那時起，鎮上的人學會把垃圾放進垃圾桶，好讓小棕驢拉走。每一天，孩子都會從花園裡摘來鮮花，編成花環裝飾到小棕驢頭上。

如果你來到這個小鎮，就會聽到人們在唱小棕驢的歌，讚美和老奶奶在一起，為小鎮穿上了美麗花衣裳的小棕驢：

「有隻奇妙的小驢子真棒，最棒的就是有隻小驢子。得兒嘟噹得兒嘟噹真正棒。」

〈老奶奶和螞蟻〉

適合年齡：3歲
應對狀況：提醒留意生活小細節

　　我第一次聽到這個快樂的故事是在開普敦的幼兒園。故事的起源已無從考證，而為了收錄進這本書，我把它改寫了一下。這故事原本是講給3歲孩子聽的故事。故事含義很簡單，也適合所有年齡的孩子：要留意生活的小細節！

　　從前有個老奶奶，總是不把糖罐的蓋子蓋緊。每天喝茶的時候，她把糖舀到杯子後，就把沒蓋好的糖罐放進櫥櫃中。

　　老奶奶養了一隻烏龜。烏龜經常說：「小心啊，螞蟻終有一天會來偷糖！」

　　可是老奶奶只是哈哈一笑，就繼續喝她的茶。

　　時間一天又一天，一星期又一星期的過去了。有一天，烏龜的預言應驗了。

　　那些平常很有禮貌的待在花園裡的螞蟻，來到了廚房，爬上櫥櫃，爬進了糖罐，把砂糖一顆接一顆的搬走了。

　　第二天泡茶的時候，老奶奶把勺子放進糖罐一舀，咦？罐子裡一顆砂糖都沒有啦！

　　烏龜很想說：「看吧，我早就說過了！」可他是一隻聰明的烏龜，所以只是跟老奶奶說，他看見螞蟻把糖搬走了，還知道螞蟻把糖藏到哪裡去了。老奶奶跟著烏龜，找到藏在樓梯下的小洞。老奶奶往裡看，就看到裡面那座砂糖山。

老奶奶的勺子勉強攢得著洞裡的一點糖，舀出來的糖剛好夠她泡一杯茶。

　　那天，她從抽屜裡拿了一些銅板，到商店重新買了一包糖。一到家，她就直接走進廚房，把糖倒進了糖罐。

　　然後呀，你知道老奶奶做什麼了嗎？她把糖罐的蓋子轉緊了，螞蟻再也不能從這裡拿糖了。從此，螞蟻待在花園裡，糖待在罐子裡。

Chapter 12

貪心或不願分享時

〈光的花園〉

適合年齡：6歲以上
應對狀況：提醒關注環境保護

　　〈光的花園〉是我為1992年世界環保日創作的，之後由拜倫灣的「環保家園公司」改編成一小時的音樂劇。有關故事的使用和效果請參考第3章。故事適合6歲或以上的孩子。

　　從前，有個美麗而寬廣的花園，從河谷延伸到平原，又從山峰連綿至大海。

　　美麗的花園裡有各種各樣的花花草草，還有許許多多的樹。花園裡住著各種各樣的鳥、蝴蝶和許許多多的蜜蜂。

　　在這美麗的花園裡，孩子們享受著遊戲的時光，他們每天在花園健康又快樂的玩耍。

　　花園中間的山上，有顆閃閃發光的巨大金球。金球散發出燦爛的光

芒，讓花園裡充滿春日的光彩。

山腳下住著一隻紡織娘，負責照顧金球。她是大自然的紡織娘，房子裡有個圓圓的編織籃和一台織布機。紡織娘總是把球擦得亮亮的，讓球保持光亮。

每一天，她都背著圓圓的編織籃走進花園，採收新鮮的花草和葉子，用織布機織出一塊柔軟的自然之布。

然後，她就爬到山頂上，用這塊柔軟的自然之布把金球擦得亮晶晶，直到金球壯麗的光彩照耀整個花園，一切充滿春的氣息。

金球離不開花園，花園也離不開金球。而和平快樂的日子就這樣過了很久很久，孩子們總能找到美麗的地方玩耍。

可是有一天，來了個新國王接管這座花園。大家都叫他「不在乎國王」。不在乎國王只在乎自己，其他都不在乎。他不在乎那些花，也不在乎那些草和樹。他不在乎鳥兒、蝴蝶和蜜蜂，更不在乎孩子有沒有美麗的地方玩。

不在乎國王只在乎自己喜歡的東西，而他唯一喜歡的就是收集財寶。所以，不在乎國王一接管這片土地，就叫工人開挖寶石礦，還建造城堡來存放寶石。

慢慢的，花園裡的花草樹木一點一點被砍光了，空蕩蕩的花園裡只有寶石礦和藏寶石的城堡。

花園變得越來越小，紡織娘發現，她越來越難找到新鮮的花草和葉子了，要在織布機上織出柔軟的自然之布變得越來越不容易，她越來越沒辦法把金球擦亮了！慢慢的，金球不再散發出壯麗的春日光彩。它失去了光澤，變得灰濛濛的，就像雷雨天的烏雲那麼灰、那麼暗。

很快的，美麗的花園失去了她的美麗。再也沒有花兒、草兒和樹木，更沒有鳥兒、蝴蝶和蜜蜂。孩子們再也找不到美麗的地方遊戲。

現在，高高的山頂上就只有灰濛濛的球了。山腳下，紡織娘坐在空蕩蕩的編織籃和空空的織布機旁邊。房子周圍的土地既沒花也沒草，一片棕黑，上面滿是挖寶石留下來的坑洞，還有一座座藏寶石的城堡。

✦　✦　✦

許多年過去了，花園被遺忘了，孩子習慣在不美的地方玩。美麗的花園消失了，可是不在乎國王還是一點都不在乎，他在城堡興高采烈的數著寶石。有一天，他不經意的從宮殿窗戶往外望，看到山上那灰濛濛的球。

「真是難看！」他跟自己說，「我得想辦法把這顆灰濛濛的球給擋住，看了真不舒服。」

不在乎國王命令工人沿著山邊建了一堵高過灰球的石牆。高高的石牆上沒門也沒窗，所以沒人能越過牆的那一邊去看那顆灰球。紡織娘也沒有辦法出來，只能整天坐在房子裡，陪伴她的，只有空蕩蕩的編織籃和空空的織布機。

圍牆建好的第二天，不在乎國王一早起來就覺得很不舒服。照鏡子的時候，他發現自己的臉色也是灰濛濛的，就像雷雨天的烏雲那麼灰暗。全國的醫生都來了，可是他們從來沒有見過這樣的病。他們試了各種各樣的藥，但一點用處都沒有。不在乎國王的臉色變得一天比一天灰暗，他病得非常重，還不到春天就死了。

不在乎國王死去的那天，高高的石牆上出現了一些裂縫。裂縫很

小，但剛好在牆邊遊玩的小孩，發現自己可以穿過去。她鑽過裂縫，抬頭一看，看到了山上的大灰球，也看到了山腳下的房子，她走到房子旁邊，悄悄往屋裡張望。屋裡坐著紡織娘，旁邊是她那空蕩蕩的編織籃和空空的織布機。

紡織娘露出疲憊但和善的笑容說：「我希望妳沒有來晚。」她邊說邊招呼孩子進來屋裡。她講了那個曾經廣闊無邊的花園故事，講了那些花草和樹木的故事，還有那些鳥兒、蝴蝶和蜜蜂的故事。她說，那時候她的編織籃裡總是裝滿花兒、草兒和葉子。她說，她可以用織布機織出柔柔的自然之布，讓金球不斷散發出壯麗的光輝，讓花園裡充滿了春天明豔的光彩。

小孩子眼睛睜得大大的聽著，最後叫了起來：「我們一定得找回花園的光彩，讓那灰濛濛的球重新散發出金色的光芒。」

「好，」紡織娘嘆著氣，「是有辦法，但是我已經太老了，做不了了。我需要妳和這片大地上所有孩子的幫助。你們得做好努力工作的心理準備。妳從牆上的縫隙鑽回去，能找多少孩子就找多少孩子，把他們帶到我這兒來，我會告訴你們怎麼做。我希望妳沒有來晚！我真希望沒有太晚！」

那小孩從縫隙鑽回去了，她找到了很多孩子。這群孩子跟著她回到紡織娘的房間，坐了下來。紡織娘拿出個小盒子，給孩子們看。「這些是我的寶貝。」她說，「是花園被砍掉之前我收集的。」她打開盒蓋，孩子們看到裡面有好多的種子。「你們努力的把這些種子種下，這樣就可以恢復從前的花園，接著我要織一塊新的自然之布，用這塊自然之布能讓蒙塵的金球重新閃亮。」

紡織娘教孩子們滿懷愛心的在地上挖洞，教他們種下種子、澆水，照顧剛剛發芽的小苗。孩子們每一天都鑽過縫隙回來，在灰球下的山腳努力建造花園。

　　等花園的花草長高了，紡織娘把編織籃交給這群孩子，讓他們在籃子裡裝上新鮮的草兒、花兒和葉子。她終於可以坐在織布機前，再次織出柔柔的自然之布了。孩子們把柔軟的自然之布帶到山頂上，一點點擦起灰球。他們擦了很久，每天都鑽過牆上的縫隙，把那蒙塵的大球擦了又擦。

　　慢慢的，慢慢的，過了很久，在孩子的努力下，那金色的光一點一點回來了。大球再次散發出光芒，讓山腳下的花園閃耀著春日的光彩。孩子繼續不斷擦拭著金球，直到有一天，金球散發出燦爛的光芒，光芒穿透了高高的石牆，高高的石牆就這樣……倒塌了！

　　金球的光芒充滿了整片土地，美麗的花園終於再次可以伸展到遠方，從河谷延伸到平原，又從高山連綿到大海。孩子們又可以像從前一樣，在美麗的地方自由自在的嬉戲玩耍了。

〈貪心小負鼠〉

適合年齡：5歲以上
應對狀況：貪心

　　我寫這個故事有幾個目的。這不是給3、4歲孩子看的故事，這麼小的孩子沒有貪心的念頭！但在現代社會，對5歲以上、不斷受到商業影響、什麼都想要的孩子來說，這個故事可能會很有幫助。同時這也是個很長的故事，展現出了大自然豐富的寶藏。

小負鼠本來一點都不貪心。她天生就喜歡可愛的東西，特別是那些閃閃發亮的東西。媽媽教她找吃的，教她怎樣找到最好的果實和種子的時候，小負鼠總是忍不住東張西望，看銀色的月光在起舞的樹葉上灑下銀輝。

　　媽媽教她在高高的樹上找樹洞做安樂窩的時候，夜空中閃爍的星星總會讓她驚嘆不已。

　　媽媽教她在叢林裡怎樣避開危險的時候，清晨亮晶晶的露珠上那變幻的色彩吸引住了小負鼠，叫她數也數不清。

　　後來，發生了一件事情，改變了小負鼠的一生！

　　一天清晨，小鳥才剛醒來，像負鼠這樣的夜行動物都要回家睡覺了。小負鼠經過草叢的時候，看見了一個巢，巢裡滿滿的都是閃閃發亮的東西。小負鼠興奮極了！她彎下腰來，伸出爪子，輕輕撫摸著這些發著藍光的玻璃珠、閃亮的大理石球和反光的瓶蓋。這些美麗的寶物從沒離她這麼近，近得可以摸得到，可以捧在手裡。

　　忽然，一隻深藍色的鳥從頭頂的樹枝飛下來。

　　「你幹麼動我的寶物？」園丁鳥[26]嘎嘎叫著，還對小負鼠又啄又戳的。

　　「我只是摸一下嘛，它們那麼漂亮。」小負鼠邊說邊跑進了灌木叢，避開了怒氣沖沖的主人。

　　她躲在一根茂密的樹枝下，園丁鳥才啄不到她。整個上午，小負鼠

26　澳洲常見的一種鳥，喜歡在灌木裡築巢，並用藍色的東西裝飾自己的巢。

一家睡得又香又甜，可是，小負鼠一直張望著園丁鳥巢裡那些特別的寶物，希望自己也能擁有。

小負鼠今天新學到，原來美麗的東西是可以真正擁有的。「這比森林裡那些只能看的寶物好多了。」小負鼠滿懷渴望的想著。

從那天開始，小負鼠一心只想著怎樣可以找到屬於自己的寶物。她到處去找閃閃發亮的東西，就像她在園丁鳥巢裡看到的那種寶物。她在森林的谷地裡找，在山坡上找，她走得很遠很遠，最後來到一片開闊的田野——那是媽媽不讓她去的地方。

媽媽早就警告過她：「那是人類生活的地方。」當然了，在那開闊的田野上，小負鼠看到了很多用兩條腿走路的人類——高的、矮的、胖的、瘦的都有。她還看到許多大大的木頭房子，周圍有美麗的花園。

小負鼠看到園丁鳥銜著一串閃亮的珠子從花園裡飛起來，拍著翅膀飛走了。

小負鼠太興奮了！既然園丁鳥是在人類的花園裡收集寶物，那些亮晶晶、光閃閃的寶物也許就是從那裡來的。

她真想馬上就去找屬於自己的寶物，不過，媽媽的話忽然從她的腦袋裡響起：「等到夜晚吧，負鼠在晚上出來要比白天安全得多」。

於是她蜷縮在田野邊的一棵樹上，等到天全都黑了，黑得可以讓她去探險，她才出發。就這樣，從這個晚上開始，小負鼠就變成了貪心小負鼠。

★　★　★

只要是敢進去的花園，小負鼠都可以找到一些亮晶晶的東西。她在草地上、灌木叢裡找到了玻璃片、發亮的大理石球和閃亮亮的硬幣，在

小路上、花園裡找到了泛著光的珠子、反光的勺子和亮晶晶的鑰匙。當所有人都在夢鄉的時候，貪心小負鼠就在房子周圍悄悄爬著，到處找寶物，能拿多少就拿多少。

也許你會問，貪心小負鼠怎麼帶走她的寶貝呢？當然是用她的育兒袋嘍！貪心小負鼠往袋子裡塞的東西越多，她就越臃腫，於是她變得越來越重，走路也就越來越慢。

貪心小負鼠找遍了所有的花園，她變得好胖、好重啊！她用盡了全身的力氣才穿過開闊的田野，回到森林的家。她走呀走，一直到第二天早晨，太陽升起的時候，才安全回到深深的森林，縮進了一根空心木頭裡。

貪心小負鼠非常開心，可是她也很累，很快就沉沉的睡著了。她睡了整整一天，可是不夠，於是又睡了一個晚上，加上第二天的白天。

她終於醒了。肚子好餓呀！可是，一隻育兒袋裡塞滿寶物的負鼠怎麼去找食物呢？

就在這時候，小負鼠聽到了親切的聲音，還聞到了熟悉的味道。她向外一看，媽媽正向她走來呢。「小負鼠，我好擔心妳。妳去哪了？」媽媽叫出來。

「我找到了很多寶物。」貪心小負鼠邊說邊把口袋打開讓媽媽看。

負鼠媽媽搖著頭：「親愛的小負鼠，我們不需要人類的寶物來讓我們快樂。妳的袋子得留著用來裝別的寶物——比那些亮晶晶的東西更特別的寶物。」

負鼠媽媽知道小負鼠一定非常餓，她想幫小負鼠把袋子裡所有東西都拿出來，然後一起去找食物。

可是貪心小負鼠不想聽媽媽的話，更不想放下她的寶物。「不！」她叫著，「這些寶物是我的，全都是我的！」她用力往空心木頭裡鑽，把身體蜷成鼓鼓的球。她就這樣待了很久，直到媽媽無法再等下去，離開她去找果實和種子吃了。

過了一會兒，貪心小負鼠聽到蹦蹦跳跳的腳步聲，還有許多負鼠的聲音。她抬頭一看，負鼠夥伴們都在空心木頭外面等她呢。原來森林裡的小動物都在談論著她去了人類花園的事。所有的朋友都跑來，想看看她找到了什麼。

貪心小負鼠打開她的袋子，讓朋友們看她找到的寶物。當然，其他負鼠看到那麼多亮晶晶的寶貝，也想要一些。可是貪心小負鼠不想跟大家分享！

「不！」貪心小負鼠叫著，「這些是我的寶物，全都是我的！」然後她又往空心木頭裡頭鑽，把身體蜷成鼓鼓的球。她這樣待了很久，直到朋友們實在等得不耐煩，去找果實和種子吃了。

貪心小負鼠睡呀睡──不然還能幹什麼呢？她的身體那麼重，怎麼走得動去找食物呀？她想把寶物從負鼠袋子裡取出來，又怕有人把這些寶物拿走。

貪心小負鼠越來越餓，也越來越孤獨了。媽媽沒有回來，朋友們也沒有回來。她坐在空心木頭裡，看著外面的世界。她發現，雖然擁有了這些新的寶物，自己卻一點也不快樂。

這一天清晨，小負鼠看見一滴晶瑩的露珠在溼潤的草葉上泛著微光。她想起自己以前是多麼喜歡森林裡那些自然的寶物啊。

「我真傻！」她對自己喊，「是時候把負鼠袋子裡的東西倒出來

了，是時候讓自己從這些沉甸甸的東西裡解脫了。」小負鼠從空心木頭裡爬出來，慢慢穿過叢林，來到園丁鳥的那片草地。

園丁鳥看到這個訪客，驚訝極了！他高興的看著小負鼠小心的把袋子裡所有的寶物都拿出來，放在地上。有泛著光的玻璃片，閃亮的大理石球，還有亮晶晶的硬幣，接著還有發光的珠子，反光的調羹和亮晶晶的鑰匙。所有的寶物都拿出來了，小負鼠的袋子空了，而草地上堆滿了亮晶晶的東西。

園丁鳥花了一整天，把最好的寶物挑出來——當然了，他最喜歡的都是藍色的——放進巢裡。那天晚上，袋熊發現了剩下的寶物，並拿回自己位於地下的家，讓黑黑的家中亮起來。

而這時候，負鼠已經不貪心，也長大了，蹦蹦跳跳的找食物去了，她還是像以前那麼開心，那麼輕盈，那麼自在。

負鼠吃了很多果實和種子，然後又忙碌起來，她要給自己找個新家，一個在高高的空心樹上安全的家。然後她去找媽媽，讓媽媽看到，她已經不是那個袋子裡裝滿人類的寶物、被壓得沉甸甸的負鼠了。她還想告訴媽媽，現在她長大了，可以獨自在森林裡生活了。

就在那之後不久，就像媽媽說過的，負鼠發現她的袋子裡有了比那些亮晶晶的東西更特別的寶貝——是一隻剛剛出生的負鼠寶寶！

負鼠寶寶慢慢長大，開始爬出袋子，到森林裡探險，新負鼠媽媽帶著她的寶寶一起享受森林的美麗。他們一起看月光下泛著微光舞動的葉子，看夜空中閃亮的星星，在晨露裡尋找變幻的色彩。

新負鼠媽媽還教她的寶寶怎樣找到最好的果實和葉子來吃，怎樣察覺到森林裡的危險，怎樣在高高的空心樹上築安全的巢。最重要的是，

新負鼠媽媽教育寶寶不要離開森林，要避開人類的花園，特別是那些亮晶晶的人類寶物。

〈魔法魚〉

適合年齡：6歲以上
應對狀況：孩子總是不滿足

這個故事是我根據廣受歡迎的格林童話〈漁夫和他的妻子〉改寫的，適合6歲或以上的孩子。當孩子似乎總是不滿足的時候，老師和家長可以給他們講這個有因有果的故事。我至今還清楚記得，那時候我的兒子6歲，聽完這個故事後，他靠在椅子上滿意的嘆了一口氣說：「是的，那很公平，沒人可以要那麼多！」我在故事裡加入了一首歌。在東非工作的時候，這首歌是某位肯亞婦女的最愛，因此我附上了這首歌的斯瓦希里語歌詞。

從前有個漁夫，他和妻子住在環礁湖邊的一間小木屋裡。他們很窮，沒有錢買吃的，不過他們也不會餓肚子。沙灘上的椰子、海裡的魚都是他們的食物。每一天，漁夫都會坐上木船，迎風歌唱：

「風兒吹動我的船帆，帶我穿過大海。」

（Upepo, una endesha mashua yangu, nibebe univukishe maji, Upepo, una endesha mashua yangu...）

於是風吹動船帆，船兒穿過環礁湖，前往廣闊的大海。划船的時候，漁夫總是祈求今天起碼可以捕到一條魚做晚飯。

有一天，漁夫的船正在海裡行駛時，忽然有條很大的魚上鉤了。漁夫用力的拉呀，拉呀……一條美麗的閃著光的大魚躍出水面，「啪」的落在船板上，濺起許多水花——漁夫這輩子從來沒釣過這麼大的魚！「這可以吃很多餐了。」漁夫說著彎下腰去，要把魚撿起來放進袋子裡。

　　忽然，他停了下來，靜靜聽著——好像有誰在說話呢！可是船上只有他一人，周圍就是茫茫的大海了，哪裡有人呢？聲音又響起了，他驚訝的低頭一看，是那條魚在說話呢！

　　「漁夫漁夫聽我說，我有個大海的祕密藏心裡。放我回到藍藍大海裡，就可實現你願望。」

　　漁夫小心的把魚捧起，放回大海，然後揚帆回家。見到妻子正在沙灘上等他，他興奮的把剛才的事情告訴妻子，妻子立刻就說：「那快許願！我們許願，要個好點的地方住吧，要一棟大點的房子。」

　　話剛說完，他們那只有一個房間的小木屋就變成了漂亮的大房子，有好幾個房間，還有廚房和裝滿了食物的櫥櫃。

　　連續很多天，漁夫都不用出海捕魚了。直到最後，櫥櫃裡的食物吃完了，是時候再次去捕魚了，於是漁夫再次揚帆出發，越過環礁湖，到廣闊的大海去了。一路上，漁夫迎風歌唱：「風兒吹動我的船帆，帶我穿過大海。」

　　船在海裡迎風破浪而行，忽然有條很大的魚上鉤了。漁夫用力拉呀，拉呀……一條美麗的閃著光的大魚躍出水面，「啪」的一聲落在船板上，濺起許多水花——還是上次那條魔法魚。

　　「漁夫漁夫聽我說，我有個大海的祕密藏心裡。放我回到藍藍大海

裡，就可實現你願望。」

　　漁夫小心的把魚捧起，放回大海，然後揚帆回家。見到妻子正在沙灘上等他，他興奮的把剛才的事情告訴妻子，她立刻就說：「那還等什麼呢！我已經住膩這房子了，我們要更好的地方住吧，我們許願要一座大大的宮殿。」

　　話剛說完，他們的房子就變成一座大大的宮殿，有好多好多房間，有的在樓上，有的在樓下，還有閃著亮光的寶塔。宮殿還有個花園，裡頭種著很多很多花兒，還有噴泉呢。這個宮殿的廚房比之前的更大，每個櫥櫃都裝滿了食物。

　　一連很多個星期，漁夫都不用出海捕魚了。直到最後，櫥櫃裡的食物吃完了，是時候再次揚帆出發，於是漁夫越過環礁湖，到廣闊的大海上去了。一路上，漁夫迎風而唱：「風兒吹動我的船帆，帶我穿過大海。」

　　船在海裡迎風破浪而行，忽然有條很大的魚咬鉤了。漁夫用力拉呀，拉呀……一條美麗的閃著光的大魚躍出水面，「啪」的一聲落在船板上，濺起許多水花——又是上次那條魔法魚。

　　「漁夫漁夫聽我說，我有個大海的祕密藏心裡。放我回到藍藍大海裡，就可實現你願望。」

　　漁夫小心的把魚捧起，放回大海裡，然後揚帆回家。見到妻子正在沙灘上等他，他興奮的把剛才的事情告訴妻子，她立刻就說：「那還等什麼呢，只有這座宮殿我覺得沒意思，我們要擁有這個世界上所有的東西，連星星和月亮都應該屬於我們。」

　　這一次，漁夫知道他的妻子太貪心了，她想要的太多，比她應得到

的多了好多好多。可是已經太遲了，話已經說出口，願望收不回來了。他們萬萬沒有想到的是，不尋常的事情發生了——宮殿消失不見，沙灘上只剩下他們以前住的那間小木屋。

從此以後，他們只能吃沙灘上的椰子和海裡的魚了。每一天，漁夫都會坐上木船，揚帆越過藍色的環礁湖，到寬廣的大海上去。一路上，漁夫迎風而唱：「風兒吹動我的船帆，帶我穿過大海。」

漁夫這輩子都沒有再見到魔法魚了。不過他和妻子沒有缺過食物，大海總是給他們很多魚，而沙灘總是給他們很多椰子。

〈阿蘭西和倒影〉

適合年齡：7歲以上
應對狀況：貪心

阿蘭西的故事起源於西非，其後傳入加勒比海群島（請見P154）。

阿蘭西蜘蛛懶惰、不誠實而且非常貪心。他滿肚子詭計，但是有趣又可愛。以下是阿蘭西因貪心而遭到報應的三個故事，適合7歲或以上的孩子。

從前，有一隻貪心的蜘蛛叫克庫·阿蘭西。他很貪心，整天只想著自己，既不關心妻子也不管孩子。他心裡永遠都只有自己，看到什麼東西都是阿蘭西的，什麼東西都想擁有。

有一天，阿蘭西看到河邊樹上長著三個熟透的芒果。他的口水滴答滴答往下掉，只想著把芒果全摘下。他爬上樹，三兩下上了樹頂，摘了第一個芒果，又摘了第二個，正想摘第三個時，一低頭，看見了水中自

己的倒影。他以為那是另一個人，心想那人竟然摘了那麼多芒果！他嫉妒極了，想把對方的芒果搶過來，讓自己獨享。

噗通一聲，阿蘭西掉進水裡。他緊緊抓著芒果，到處張望，想把摘芒果的人找出來。可奇怪的是，水裡一個人都沒有。這時候，湍急的水流捲著阿蘭西，他像葉子一樣在水裡漂啊漂。他拚命掙扎，想從水裡出來，卻身不由己。絕望的阿蘭西鬆開了手裡抓著的芒果，眼睜睜的看著芒果被水流捲走。

最後，阿蘭西終於筋疲力盡的從河裡爬上岸，渾身滴著水。他也沒有胃口吃芒果了，只好酸溜溜的說那些芒果是「酸芒果」。阿蘭西又是心酸又是氣憤的回到家裡，那天晚上，他的貪心讓他整晚都餓著肚子，什麼都不想吃。

〈貪心的阿蘭西〉

適合年齡：7歲以上
應對狀況：貪心

從前，有個國家的王后是巫婆，克庫・阿蘭西就住在那個國家裡。王后有個祕密的名字，就是「五」這個字。王后不想讓人用這個字，於是下了道咒語，只要說出「五」這個字就會倒地而死。

阿蘭西很聰明，不過他總是挨餓，因為這個國家在鬧饑荒，情況糟透了。阿蘭西在河邊建了一間小房子，誰要取水都得從這裡經過。他在房子旁邊放了五堆紅薯，打算不管誰走過來，都跟人家說：「請告訴我這裡有幾堆紅薯，我不太會數數。」他想，各種動物都會來，他們會邊

數邊說：「一、二、三、四、五！」然後就倒下死了。那樣阿蘭西就可以把他們藏在桶子裡，留著肚子餓的時候吃。這樣一來，不管是鬧饑荒還是豐收，他都有吃不完的食物。

沒過多久，珍珠雞來了。阿蘭西說：「太太，能不能告訴我這裡有幾堆紅薯？」

珍珠雞坐在一堆紅薯上說：「一、二、三、四，再加上我坐著的這一堆！」

阿蘭西咬牙切齒的說：「嘿！妳數錯了。」

於是珍珠雞又坐到另一堆紅薯上說：「一、二、三、四，再加上我坐著的這一堆！」

「唉！妳數得根本不對！」阿蘭西說。

「那你怎麼數呢？」珍珠雞問，阿蘭西奇怪的舉止把她搞糊塗了。「妳幹麼不這樣數呢：一、二、三、四、五！」阿蘭西一說出「五」，就倒在地上死了，珍珠雞就把他給吃了。

〈阿蘭西和鳥〉

適合年齡：7歲以上
應對狀況：貪心

從前，阿蘭西住的地方遇到了大饑荒，所有的動物都吃不飽。

但是這裡的鳥兒卻不愁沒有吃的。他們每天都飛到河中間的島上，那裡的櫻桃樹總是能讓他們吃飽。那些櫻桃個個又甜又大，鳥兒吃櫻桃的時候，櫻桃汁順著嘴巴流到羽毛上，把羽毛都染成了深紅色。

那是個四面環海的島，只有鳥兒才能輕鬆飛過去。阿蘭西總是聽到鳥兒們誇讚那裡的櫻桃，他越聽就越想去。但是鳥兒都不願意幫他，每次他們都說：「如果上帝想讓你去櫻桃島，就會讓你當隻鳥。你走開吧，別煩我們了！」

　　阿蘭西坐下來想了很久，終於想到了辦法。那天，鳥兒們從島上回來的時候，他向每隻鳥討了一根羽毛。因為他要的不多，所以從蜂鳥到織布鳥，每隻鳥兒都給了他一根羽毛。

　　第二天早晨，鳥兒們要回到櫻桃島的時候，阿蘭西綁上羽毛，爬上一棵高高的椰子樹，從樹上往下跳，就飛了起來。他跟在鳥兒後面，一直飛到了島上。阿蘭西落在最大的櫻桃樹上，吃個不停。

　　鳥兒們都在談論阿蘭西的貪心。他們擔心照阿蘭西這樣子吃下去，連一顆櫻桃都不會剩下。阿蘭西不管他們說什麼，只顧著繼續吃。越來越多鳥兒聚集在一起，大家越來越生氣，最後織布鳥說：「阿蘭西，你真是忘恩負義。我們每隻鳥兒都送給你一根羽毛，你才能來到島上，可是你竟把所有的櫻桃都吃光了！」

　　阿蘭西繼續吃著櫻桃，假裝沒有聽見。於是鳥兒們一隻接一隻拿回了自己的羽毛。很快的，阿蘭西就一根羽毛也不剩了。傍晚時分，鳥兒們飛回陸地。阿蘭西只能整個晚上都孤零零的 留在島上。第二天，他游了很久很久很久才回到家。

〈雞蛋花女〉

適合年齡：5～8歲
應對狀況：貪心

這個故事起源於《格林童話》中的〈星星銀元〉，適合5～8歲的孩子。跟原故事中可憐的女孩不一樣的是，這個故事講的是個小小的樹精靈——雞蛋花女。故事的主題是給予和分享，以正面的方式糾正貪婪的行為。雞蛋花樹是一種常見的熱帶樹木，花瓣光潔美麗，顏色有白也有黃，還有粉紅色和紅色的。

從前，在海邊的森林裡，有個小小的雞蛋花女，她孤零零的到處流浪。寒冷的秋風吹著她，讓她遠遠的離開了樹媽媽。現在她沒有家，也沒有家人的陪伴。她身穿單薄的白中帶粉的花瓣裙，披著綠葉披肩，頭上戴著樹葉帽子。她邊走邊在沙地上尋找樹莓，那是她唯一的食物。

可是雞蛋花女既不擔心也不害怕。她知道，只要對自己擁有的心存感激，就會得到眷顧，也總會有足夠的食物。

她一路走著，想找個地方坐下來吃野樹梅。一隻小鳥向她叫道：「我沒有東西吃，給我點吃的吧。」小小的雞蛋花女想也沒想，就把樹莓給了小鳥，然後繼續向前走。

這時候又有一隻老鼠在喊她：「我沒有帽子，風好冷啊。」小小的雞蛋花女就把自己頭上保暖的綠葉帽摘下來，給了老鼠。

沒走多遠，一隻蜘蛛在喊她：「我沒有外套，風好冷啊。」小小的雞蛋花女就把她的綠葉披肩脫下來，給了蜘蛛。蜘蛛用它做成了一間樹葉屋子。

後來，她又遇到在路上縮成一團的小螞蟻。螞蟻說：「我沒有衣服，風好冷啊。」小雞蛋花女就把她那白中帶粉的花瓣裙脫下來，做成一間小小的花瓣房子，讓螞蟻爬進去。

　　現在小雞蛋花女什麼都不剩了，她把食物和衣服都送給了其他小動物。可是她既不擔心也不害怕，小雞蛋花女知道她是受眷顧的，就繼續走著。天黑了，她在沙路邊的樹葉和草叢裡找了個地方睡覺。

　　她睡著以後，天上的星星跳著舞旋轉起來。它們旋轉著，跳動著，為她織了一件閃亮的絲綢長袍。

　　小雞蛋花女醒來的時候，發現自己裹在銀色的絲綢裡，一陣金雨在她周圍落下。起初，她以為是天上閃爍著金光的星星掉落下來。可是等金雨落到地上以後，她發現那是真正的金子。她把金子撿起來，繼續上路。從此以後，小雞蛋花女一生過著富足的生活，什麼都不缺。

Chapter *13*

面對急躁或缺乏耐心的孩子時

〈胡鬧小鵜鶘〉

適合年齡：各年齡層
應對狀況：無理取鬧

　　父母都經歷過孩子無理取鬧的時刻。也許是在孩子餓了、父母累了的晚餐時間，也許是在孩子無聊、父母緊繃的長途開車旅行中。在這種時刻，幽默的詩歌可以緩和氣氛。

　　要家長背下這麼長的詩很困難。我常常會挑選幾首詩抄下來，貼在冰箱門上，以備不時之需。有時候，唸完這些詩後，問題就解決了，或至少改變了話題，這總比直接衝突要好。

　　小鵜鶘住在海島沙灘上，是隻愛搞亂的鳥。
　　總是貪心要很多，海裡的魚兒全給她，
　　她卻還要下午茶。

小鵜鶘整天吃不停，搞得大家不安寧，
只要有洞就亂啄，有巢就亂戳。
雞鴨犬鳥無處可躲，誰都不放過！
爸爸媽媽嚴重警告她，妳四處亂啄人緣差！
「記住我們說的話，將來不要後悔啦，
遨遊海上勤捕魚，才是鵜鶘該做的事。」

搗亂小鵜鶘不在乎，振翅飛翔上高空。
鼓動翅膀震天響，飛到別處耳根淨。
螃蟹媽媽心驚驚，不敢獨留蟹寶寶，
聽聞搗亂小鵜鶘靠近來，她們呼喊：
「記住我們說的話，將來不要後悔啦，
遨遊海上勤捕魚，才是鵜鶘該做的事。」

搗亂小鵜鶘不在乎，振翅飛翔上高空。
鼓動翅膀震天響，飛到別處耳根淨。
鳥媽媽心驚驚，不敢獨留鳥寶寶，
聽聞搗亂小鵜鶘靠近來，她們呼喊：
「記住我們說的話，將來不要後悔啦，
遨遊海上勤捕魚，才是鵜鶘該做的事。」

搗亂小鵜鶘不在乎，振翅飛翔上高空。
鼓動翅膀震天響，飛到別處耳根淨。

漁夫也是心驚驚，不敢把袋子留在沙灘上，
聽聞搗亂小鸕鶿靠近來，他們呼喊：
「記住我們說的話，將來不要後悔啦，
遨遊海上勤捕魚，才是鸕鶿該做的事。」

終於有一天，搗亂小鸕鶿出了事。
因為沒把提醒放心上，依然瘋狂不在乎，
搗亂搗到海邊去。
看見漁夫袋子不放過，亂啄亂啄找食物。
看見魚兒高高掛，滿心歡喜大口吞。
美味魚兒不可口，魚鉤魚線一起吞，
魚竿握在漁夫手，漁夫站在海岸邊。
搗亂小鸕鶿這下可在乎！還想振翅上高空？
只能頭腦空空，乖乖立正站好！

老漁夫心腸好，快到沙灘幫解套。
手中魚線輕輕拉，魚兒滑出鳥兒喉嚨，
魚兒劃過空中，落在漁夫的盤中！
搗亂小鸕鶿用力拍翅膀，振翅飛翔上高空，
越過藍色的海洋，不再飛回陸地搗亂，
也不再發出討厭的聲響。
小鸕鶿翱翔在海上，也不再胡鬧。
遨遊海上勤捕魚，才是鸕鶿該做的事！

〈著急的小棕斑馬〉

適合年齡：各年齡層
應對狀況：沒有耐心

　　這本來是寫給肯亞孩子的大自然故事，講述一隻沒有耐心的斑馬如何學會等待，等他的黑色條紋長出來。故事來自於對斑馬的觀察。1歲以前的小斑馬呈現金黃的棕色條紋，長大一些才會長出黑色條紋。〈著急的小棕斑馬〉對孩子和成人都有用。對於成人而言，故事傳達的訊息是：不要著急，要讓孩子享受童年。

　　小棕斑馬很不開心。所有小斑馬的條紋都是棕色的，可他還是不喜歡自己的棕色條紋！小棕斑馬想像爸爸媽媽和大哥哥大姊姊那樣，有一身黑色的條紋。全世界都知道斑馬的條紋是黑白相間的呀！為什麼我的條紋是棕白相間的呢？他覺得自己一定是哪裡出錯了。

　　小棕斑馬整天只想著這件事，該學的事情也不用心，媽媽都要生氣了。他需要學會的，都是最重要的事情，比如怎樣找到最鮮嫩的草，怎樣嗅一嗅就知道附近是否有獅子。但他不想學這些，只是一天到晚閒逛，唱歌表達他等不及長大的不耐煩：

　　「我是一隻小斑馬，我感覺好沮喪；

　　我本該長著黑條紋，為什麼卻是棕色的？」

　　小棕斑馬成天只想著自己的困境，後來他決定找個辦法，把棕色條紋變成黑色。他想啊，找啊，終於在水壩邊上看到一些又黏又稠的黑

194

泥。有辦法了！小棕斑馬在黑泥裡滾啊滾，想讓棕色條紋沾上黑泥。
但有可能只是條紋變黑色嗎？——小棕斑馬全身都變黑了，看起來不像
是斑馬，倒像是一隻水牛寶寶。媽媽一看，二話不說就讓他到河裡把泥
巴洗掉。洗過以後，他的棕色條紋閃著光，反倒更顯眼了。

　　一整天，小棕斑馬繼續漫無目的到處走，悶悶不樂的唱著：

「我是一隻小斑馬，我感覺好沮喪；
我本該長著黑條紋，為什麼卻是棕色的？」

　　第二天小棕斑馬又有了新主意。他找到一根燒焦的樹樁，就在那燒
黑的木頭上磨著自己的條紋。他一條接一條的磨。開始的時候，這個辦
法像是奏效了。小棕斑馬興奮的摩擦得更用力，不知不覺，他整個背都
擦傷了，皮全給擦破了。

　　小棕斑馬的皮過了很久才重新長好。在這漫長的時間裡，他只是一
天到晚閒逛，唱歌表達等不及長大的不耐煩：

「我是一隻小斑馬，我感覺好沮喪；
我本該長著黑條紋，為什麼卻是棕色的？」

　　小棕斑馬又想到一個辦法：只要站在洋槐樹的樹蔭下，棕色條紋看
上去比較黑，不像在陽光下那麼淺。可是樹蔭下的草不甜也長不高，小
棕斑馬很快就餓了。

　　小棕斑馬在樹蔭下站了好幾小時，最後實在餓得受不了，而老是煩

惱這棕色條紋也讓他覺得膩了。他突然發現，把肚子填飽比條紋重要多了。於是他離開樹蔭，跟爸爸媽媽一起，在陽光燦爛的草地上吃起甜甜的草來。

幾個月後的某一天，小棕斑馬和媽媽一起到河邊，想喝些清涼的水。他站在岸邊，低頭看著水面時，驚訝的發現，自己的條紋顏色幾乎跟媽媽的一樣了！他轉過頭去看著背上的條紋，當然已經變成黑色了！他不再是一隻小棕斑馬了。

「發生了什麼事？」他問媽媽。媽媽微笑著，用鼻子蹭蹭他的脖子，在他耳邊輕輕的說：「你長大了，不再是小斑馬了。」

小斑馬長舒一口氣，現在他知道了，要讓棕色條紋變成黑色的方法就是「長大」！

他輕快的轉著圈跑，嘴裡唱著一首新歌：

「我是每天都在長大的小斑馬，

今天終於長出黑條紋！」

面對孩子的懶惰行為時

〈織布鳥三兄弟〉

適合年齡：5歲
應對狀況：鼓勵專注和負責任

　　在非洲叢林生活的時候，我很喜歡觀察織布鳥花許多時間織出精美的巢。織布鳥工作的方式，使我想起永恆的經典童話〈三隻小豬〉，於是我改寫了這個故事，將主角換成非洲的「奇蘇里鳥」。這種鳥的名字，在斯瓦希里語是「小旋風」的意思。

　　這個故事並不是針對特定的負面行為，卻可以用來鼓勵專注和負責任的正面行為。故事完成的那年，就成為奈洛比幼兒園最受歡迎的故事，而且在一個5歲男孩身上，展現出了正面效果。

　　這個男孩平常很懶散，無法完成任何事，但在聽完故事之後的自由活動時間，我們發現他竟然要朋友幫忙他建個堅固的房子——就像故事裡織布鳥兄弟的老三！

　　這是我第一次看到他在遊戲中表現出負責任的態度，而且從那天

起他也越來越專注了。

　　從前從前，有三隻織布鳥兄弟，他們長大了，可以離開爸爸媽媽的巢，去建立自己的新家了。

　　「再見，」媽媽說，「記得把你們的新家建在夠高的地方。」

　　「再見，」爸爸說，「記得把你們的新家織得結實又牢固。」

　　第一隻織布鳥馬上飛到一棵合歡樹的矮枝上。他說：「這正合我意。」就不想再找了。他找來一些樹枝和草，織起新家來。

　　巢快要織好的時候，來了一隻脖子長長的長頸鹿，用長舌頭輕輕一舔，連樹枝帶鳥巢一起吞了下去。幸好，織布鳥及時飛走了。

　　第二隻織布鳥飛了一會兒，停在另一棵合歡樹較高的樹枝上。他說：「這正合我意。」就去找樹枝和稻草織新家。沒多久，他就不耐煩了，只想趕快把樹枝和草堆在一起，不想為了織結實的巢而浪費力氣。

　　巢快要織好的時候，來了一陣小旋風，繞著合歡樹吹。

　　小旋風說：「我要吹啊吹，一直吹，吹走你的房子！」

　　第二隻織布鳥大笑說：「小旋風你吹吧，你嚇唬不了我的！」

　　於是小旋風吹啊吹，吹得鳥巢開始旋轉，轉呀轉的從樹枝上掉到地上去。幸好，織布鳥及時飛走了。

　　第三隻織布鳥飛到另一棵合歡樹上，在織巢之前，他記起媽媽的叮嚀，決定去找一根最高的樹枝。最後他在樹頂的正中央，找到了最高的樹枝，長頸鹿的舌頭根本搆不著。他說：「這正合我意。」就去找樹枝和草，編織他的家。

　　這隻織布鳥也記著爸爸的話，所以他花了很多時間尋找合適的樹枝

和草，又用了很多時間把它們織到一起。他織進織出，織上織下，邊織還邊唱歌：「我是隻忙碌的小小織布鳥，小小織布鳥，小小織布鳥，天天忙織巢。」

他這樣賣力的忙了很多天，新家終於織好了，在高高的樹枝上，牢固又結實。這時來了一陣小旋風，繞著合歡樹吹起來。

小旋風說：「我要吹啊吹，一直吹，吹走你的房子！」

第三隻織布鳥大笑著說：「小旋風你吹吧，你嚇唬不了我的！」

於是小旋風吹啊吹，一直吹。不管吹得多用力，都沒辦法把這堅固的巢吹下來。最後，小旋風旋轉著走了，去找別的目標。

第三隻織布鳥在堅固的巢裡放了一些羽毛，做成柔軟的床，鑽進去舒舒服服的睡了一覺。當他睡醒時，發現兩個哥哥在巢外等著。原來他們看到弟弟建了這麼棒的巢，想要進來一起擠。

第三隻織布鳥告訴他們，他得留空間給未來的妻子和寶寶們住。他叫兩個哥哥再去織自己的巢，並提醒他們：「記得把你們的新家建在夠高的地方，記得要把你們的新家織得結實又牢固。」

這一次，兩個哥哥聽取這個建議。很快的，森林裡就迴盪著他們編織的歌聲了，他們正忙著在高高的樹枝上織著又結實又牢固的巢呢：「我是隻忙碌的小小織布鳥，小小織布鳥，小小織布鳥，天天忙織巢。」

〈漁夫的故事〉 作者：伊麗莎白・奧柯

適合年齡：6 ～ 8歲
應對狀況：懶惰

　　這是個來自肯亞西部維多利亞湖畔的故事，適合6 ～ 8歲的孩子，內容關於懶惰的後果。經作者伊麗莎白・奧柯同意後收入此書。

　　從前有個老漁夫，自己一人住在湖邊的小木屋裡。每天清晨，太陽還沒升起來，老人就走到湖邊，把獨木舟推到湖裡，自己再爬進去，之後用長長的竹竿一撐，船就離開湖岸，慢慢向深水處划去。他把漁網撒進水裡後，就將船划回岸上，坐在樹蔭底下等待，唱歌打發時間：「奧馬巴的兒子尼姆戈，窮苦的他遇到了仙女！」

　　等過了一會兒，老人又回到船上，慢慢向深水划去，把網拉上來。

　　有一天收網的時候，網子重得出奇，老漁夫很驚訝。「一定有很多魚！」他邊想邊用力拉。好不容易把網子拉到船邊，他驚訝的發現，網裡裝的竟然不是魚，而是一個年輕貌美的女人！

　　「請不要趕我走，」她懇求漁夫，「把我帶回家吧！」老漁夫高興的答應了。美麗的女子爬到船上，和老漁夫一起回到岸邊。上岸後，老人生起一堆火，煮了一些番薯，還沏了茶。

　　一起吃過飯後，年輕女子請老漁夫建個有籬笆的院子，可以用來養牛、羊和雞。老漁夫辛勤工作了三天，鋸啊釘啊，鋸啊釘啊，鋸啊釘啊，終於蓋好了結實的圈舍。

　　圈舍建好之後，年輕女人走到湖邊，向著水面呼喚：「我所有的動物，都跟我來吧！」

突然，很多很多的牛從波浪裡走出來，直直走到岸邊，跟著女人進了院子裡。

第二天，年輕女子走到湖邊，又呼喚起來：「我所有的動物，都跟我來吧！」

這一次，很多很多山羊從波浪裡走出來，直直走到岸邊，跟著她進了院子裡。

第三天，年輕女子走到湖邊，又呼喚起來：「我所有的動物，都跟我來吧！」

這一次，很多很多綿羊從波浪裡走出來，直直走到岸邊，跟著她進了院子裡。

第四天，年輕女子走到湖邊，又呼喚起來：「我所有的動物，都跟我來吧！」

這一次，很多很多雞從波浪裡走出來，直直走到岸邊，跟著她進了院子裡。

老漁夫好開心。現在，他家裡有個美麗的女人，院子裡還有很多牲畜在。可是，時間一天天過去，老漁夫變得懶惰，什麼也不想做。他再也不像以前那樣用心整理房子、照顧牲畜。剛開始，他只是忘記了餵牛，可後來又忘了餵山羊，接下來忘了綿羊，之後是雞。後來，院子的籬笆該修了，他也懶得弄。

看到老漁夫越來越懶，不再細心照料牲畜，女人很不開心。有一天，她坐在芒果樹下，想著該怎麼做。最後，她決定回到從前住的地方——湖底。

第二天清晨，太陽剛剛升起，她站在院門前，又一次向著牲畜唱起

201

了歌:「我所有的動物都跟我來吧,我所有的動物都跟我來吧,我所有的動物都跟我來吧,我所有的動物都跟我來吧!」

所有的牛呀、山羊呀,還有綿羊和雞一隻接一隻出了門,走進了水裡。老漁夫想追過去把牲畜攔住,可是他那懶惰已久的腿根本就跑不動。他跌跌撞撞的追著牠們來到湖邊,剛好看見年輕的女人消失在湖水裡,所有的牛、山羊、綿羊和雞都跟在她身後消失了。他站在水邊,眼睜睜看著這一切,耳邊只聽見女人漸漸遠去的歌聲:「我所有的動物都跟我來吧,我所有的動物都跟我來吧!」(非常慢的唱)

老漁夫悲傷的走回家,發現他為牲畜建的圈舍竟然也消失了。剩下的只有他的小木屋,一切又跟從前一樣。

從那以後,老漁夫又繼續回到湖裡捕魚。每天清晨,太陽還沒升起來,老人就走到湖邊,把獨木舟推到湖裡,自己再爬進去,之後用長長的竹竿一撐,船就離開湖岸,慢慢向深水處划去。他把漁網撒進水裡,然後划船回到岸上等待。

他坐在樹蔭底下,唱歌打發時間:「奧馬巴的兒子尼姆戈,窮苦的他遇到了仙女!」

過一陣子,老人又回到船上,慢慢向深水處划去,把網拉起,把網裡的魚取上來。他再也沒有見過那個年輕的女人,不過,在寧靜無風的日子裡,他總覺得水底隱約有歌聲傳來:「我所有的動物都跟我來吧,我所有的動物都跟我來吧!」

Chapter 15

孩子吵鬧或打擾他人時

〈吵鬧的小矮人〉

適合年齡：各年齡層
應對狀況：吵鬧

　　這個故事用在各種不同年齡層的團體都很有效。我寫這個故事，是因為那一年幼兒園中的5歲孩子，玩起來非常吵。我觀察到那些文靜的孩子無法忍受這樣的噪音，而我和助理老師也無法忍受天天這麼吵。我還聽到一個很安靜、平時在團體裡幾乎不發言的小男孩，氣沖沖的向那群吵吵嚷嚷的男孩子大叫：「我的媽啊！我都聽不見了啦！哇嗚哇嗚我的耳朵痛死啦！」後來，我們從這個輕鬆幽默的故事中找到應對之道。

　　在故事中暗示要安靜遊戲之後的幾星期，老師們都用故事裡那句押韻的話替代「玩遊戲要小聲一點」，效果絕佳。因為故事對「吵鬧」的描述，讓人感覺「安靜」的房間是多麼令人愉悅。

　　我從河裡找來很多石頭，拿到教室裡來清洗和擦亮。當孩子們可

以聽到石頭歌唱時，他們變得更享受那些安靜的時刻。

從前有四個小矮人兄弟，一起住在石洞裡。其中三個小矮人，就像豆莢裡的豆子，長得一個樣，穿得也差不多，而且都喜歡發出很吵的噪音。他們整天扛著鐵鎬和鋤頭，吵吵鬧鬧的唱著歌去挖水晶。

「一個叫鏗鏗，他老是鏗鏗，鏗鏗。

一個叫叮叮咚咚，他總是叮叮咚咚，叮叮咚咚。

還有一個叫拼拼砰砰，他一天到晚拼拼砰砰，拼拼砰砰。」

他們在一起的時候，聽起來就是這樣：「鏗鏗，叮叮咚咚，拼拼砰砰；鏗鏗，叮叮咚咚，拼拼砰砰；鏗鏗，叮叮咚咚，拼拼砰砰。」

第四個小矮人跟他的三個兄弟不一樣。他長得很不一樣，穿得不一樣，做的事也不一樣。他叫魯拉拉，負責把兄弟們從石洞裡挖出來的水晶擦亮。

魯拉拉不喜歡吵鬧！他總是遠遠的坐在山洞的一角，拿著布靜靜的工作。魯拉拉捧著水晶石頭擦呀擦呀，直到石頭反射出銀光來。有時候，他的兄弟們暫時離開，山洞裡突然安靜下來，魯拉拉彷彿能聽到石頭唱歌呢！

四個矮人兄弟一起住在石洞裡，也一起在那裡工作。可是，那樣的日子對魯拉拉來說很不好過。他總是大聲抗議：「拜託了，別再吵啦，魯拉拉的耳朵痛死了！」

可是鏗鏗、叮叮咚咚和拼拼砰砰喜歡吵。他們只管挖呀、錘呀，弄出鏗鏗、叮叮咚咚、拼拼砰砰的聲音來，整天都這樣！

有一天，鏗鏗、叮叮咚咚和拼拼砰砰吵得非常厲害，魯拉拉實在受不了了，只好停下手裡的工作，坐下來用力捂住兩隻耳朵。接下來的時間，他都無法擦石頭。

第二天，鏗鏗、叮叮咚咚和拼拼砰砰還像昨天那麼吵，魯拉拉實在是忍無可忍了。

「哇嗚嗚！哇嗚嗚！」他叫著，「我受不了啦！魯拉拉的耳朵痛死啦！」

魯拉拉把擦石頭的布，還有全部的石頭都收拾起來，放進一個大大的袋子裡，跟吵吵鬧鬧的兄弟們道別，離開了山洞。他背著袋子，出發去找安靜的新家。

從那以後，魯拉拉就自己住了。不過他的兄弟們經常到他安靜的山洞裡探望他，還帶來新的石頭給他擦，有時他也會去那吵鬧的山洞探望他的兄弟。

三個吵鬧的兄弟來看魯拉拉的時候，總是很努力很努力的讓自己安靜下來，而魯拉拉去看望他的兄弟時，也會努力讓自己喜歡那樣的吵鬧。不過他從來不會待很久。

〈吃不飽的小狗〉 作者：珊德拉・費恩

適合年齡：5歲
應對狀況：製造混亂的行為

加拿大有個被認為患有輕度自閉症的5歲男孩，他在幼稚園製造的混亂，促使老師編了這個故事。男孩的行為對其他孩子和老師造成威脅，還影響了教室氛圍。珊德拉的同事說：「我想他需要一個關於

動物的故事。」

　　他們馬上把板凳排成菱形放在教室中央——珊德拉希望和平時的布置不同，因為這段時間不該是說故事的時段。她將那個男孩抱在懷裡，然後請所有孩子坐下來，她有個驚喜要給大家。快速而默默祈禱和深呼吸之後，珊德拉開始講故事。她並不知道從哪裡開始講起，只是讓故事自己展開……孩子們安靜極了，完全沉浸在故事裡。那個男孩也柔和下來，兩位老師都感覺到這種轉變。

　　從那以後，珊德拉多次使用這個故事。有一次是在有個男孩咬其他孩子的時候，還有幾次是在她覺得某個男孩或者整個班級需要「回到中心」時。

　　從前，有隻小狗和哥哥姊姊還有媽媽住在狗窩裡，牠的名字叫「吃不飽」。吃不飽是這窩狗裡最晚出生，也是最瘦小的。

　　毛茸茸、胖嘟嘟的哥哥姊姊們總是不停的滾來滾去，咬著脖子，你壓著我，我壓著你。而吃不飽老是被擠著壓著，只能嗚嗚的哀叫。

　　每次只要媽媽在牠們中間躺下，哥哥姊姊們馬上響亮的吠著，撲過去吃奶。吃不飽只能等到其中一個哥哥或姊姊吃飽睡著了，才能擠進去喝到一點點奶。牠雖然用力吸那又暖又香的奶，卻總在還沒有喝夠時，媽媽就站了起來，牠只得又冷又餓的離開媽媽的暖和肚子。

　　有一天，有位女士來看這窩狗。她說：「我要找一隻可愛的小狗。」吃不飽抬頭看著這位女士從狗窩的牆邊望進來。哥哥姊姊正忙著打滾，吵吵鬧鬧的狂吠。

　　這位滿頭白髮的女士正好看見吃不飽的眼睛，接著就把牠抱起來摟

在懷裡。

「我喜歡這隻小狗。」她說著，把吃不飽放進胸前舒服的紅口袋裡。她溫暖柔軟的手輕輕摸著吃不飽的頭。

「我喜歡這小狗的味道。」她把臉埋在吃不飽身上聞著。她把手指放進牠的嘴巴裡。吃不飽閉上眼睛，用牠那小小的尖牙齒和溼溼的舌頭繞著她的手指打轉。

「我會好好照顧牠的。」她對狗媽媽說。吃不飽舒服的鑽進口袋裡，跟著白髮女士回家了。途中，在舒適溫暖的袋子裡搖搖晃晃，牠很快就進入了夢鄉。

〈小鳥的花園〉

適合年齡：5歲以上
應對狀況：幫助學會傾聽

這個故事是寫給加入我線上說故事課程的一位大學生。在小組聊天室裡，他太常發言，讓其他人沒有機會表達意見，另一個學生對此發出抗議。所以這位愛說話的學生私底下給我發了一封郵件，希望我幫助他學會傾聽。

這個故事很適合5歲以上、愛說話的孩子。

從前從前，有隻鳥兒的歌聲很美妙，花園裡從早到晚都迴盪著她美麗的歌聲。

花園裡還住了許多其他鳥兒，他們的歌聲都不如這美麗的歌手嘹亮。就算他們想要高歌一曲，聲音就彷彿消失在空氣中，根本傳不出

去；花園的空氣裡總是充滿歌手那永不停止的歌聲，其他鳥兒根本就沒有插嘴的餘地。如果他們想練習唱歌，就得飛出花園，飛到沒有鳥兒和他們比賽的高山上。

有一天，美麗的歌手生病了，病得無法再唱歌。她待在巢裡休息，花園變得很安靜。其他鳥兒從山裡回來時，都覺得奇怪，不知道發生什麼事。

漸漸的，其他鳥兒開始留在花園裡，一隻接一隻輪流唱起歌來。很快的，花園裡充滿了各種不同的歌聲。

生病的歌手聽到百鳥的歌聲，驚訝極了——每隻鳥兒的歌聲都不一樣，而且各種歌聲都那麼美妙，她以前從來沒有聽過。她待在鳥巢裡，聽著各種不同的歌聲加入，身體慢慢康復。這些歌聲還能治病呢！

很快，歌手的身體康復了，又可以唱歌了。不過她決定，每次只唱一會兒就好，她不再唱個不停，那樣她就可以欣賞其他鳥兒的歌聲。欣賞的同時，她也學到了許多新的曲調，漸漸的，她唱的歌也越來越豐富，越來越動聽。

日子一天天過去，這座花園因為充滿了各種鳥兒婉轉的歌聲而聞名。人們從很遠的地方到這兒來散步，或只是坐著傾聽。有些人還因為這地方如此美好，連病都治好了。

Chapter 16

面對喜歡掐人、傷害別人或打鬥的孩子

〈張牙舞爪的小螃蟹〉

適合年齡：4歲
應對狀況：攻擊行為

　　有位兒童治療師曾用這個故事幫助一名4歲的女孩。故事中的手套是女孩最喜歡的顏色，加強了故事的效果。聽過故事後，女孩想戴上手套，讓自己喜歡掐人的手在手套裡獲得溫暖和舒適。這個故事以有趣而充滿想像力的方式，將正面的訊息傳遞給孩子，使問題逐漸獲得解決。

　　家長、治療師和老師可以使用該故事的主題來幫助有攻擊行為的孩子，也可以用其他動物（比如抓人的貓）來代替螃蟹。

　　小螃蟹在海灘團體裡，不是很討人喜歡。

　　他總是躁動不安，動不動就伸出鉗子亂掐人，大家都覺得很討厭。

　　有一天，烏龜召開會議，請大家一起來想辦法，制止小螃蟹這種行

為。八爪魚、海星和海鷗都出了主意。

八爪魚說：「我們應該把他的鉗子剪掉！」八爪魚的一隻觸手上星期才被夾了，到現在都還沒好。

海星說：「也許我們應該拿膠水把他的鉗子黏起來。」他有兩條星星腿特別短，就是小螃蟹弄的。

海鷗說：「或者用牢固的繩子，把他的鉗子綁在背上！」她的腳早上才剛被小螃蟹夾了。

烏龜說：「我們不妨幫幫小螃蟹，讓他學會不要傷害朋友。」海灘的夥伴裡，小烏龜總是最能理解和體諒朋友的。

「烏龜，你這個主意很好。可是在他學會之前，我們怎麼辦？」朋友們齊聲叫起來。他們實在受夠了螃蟹的壞脾氣，也不相信螃蟹能學會不傷害別人。

烏龜在沙灘上慢慢來回爬啊爬，用他的智慧思考著。突然，他在一堆海草旁邊停了下來。「我有辦法了！」他向大家宣布，「我要用海草織一副厚厚的手套，讓小螃蟹戴在鉗子上。這可以幫助他學會小心使用鉗子。」

烏龜很高興自己能想到這辦法。他趕快跑回岩洞裡去取漂流木做成的棒針，其他朋友則不甘不願的去收集長長的水草。等烏龜回來後，馬上就拿起準備好的一大堆水草，開始為螃蟹織起手套來。

第二隻手套剛織完，小螃蟹來了。「嗨，你們在幹麼？」他很好奇大家一個上午都在忙什麼。

烏龜趕快說：「小螃蟹，我們有份禮物要送給你。」他拿出手套讓小螃蟹試試。小螃蟹太驚訝了，他呆呆站在那裡，完全不知道該怎麼反

應，因為他從來沒有收過禮物。他立刻把手套戴上，大小剛好！

那天下午，沙灘上的朋友一起玩遊戲——沒有掐，沒有打，只是快快樂樂在一起。螃蟹的朋友們簡直無法相信！螃蟹也覺得不可思議。對螃蟹來說，那一天發生了一件奇怪的事情——有了手套之後，他的鉗子溫暖而又舒適的待在裡面，他再也不像以前那樣老想掐東西了。

當然，肚子餓的時候，螃蟹還是得把手套脫掉，去水裡覓食。但每次找朋友遊戲前，他都會小心戴上手套，遮住自己鋒利的鉗子。手套能幫他快樂起來，也幫他變得更加小心。

不過，水草手套總有爛掉的時候。有一天，滿是洞洞的手套從螃蟹的鉗子上掉下來，被海浪捲走了。幸好這時候，螃蟹已經懂得鉗子是用來覓食和吃東西的，和朋友遊戲的時候，鉗子就要緊緊的合在一起。

烏龜的智慧讓海灘上的朋友很佩服。自此之後，不管遇到什麼問題他們都會去請教烏龜，而烏龜通常都能想出好主意。

〈很長很長的指甲〉

適合年齡：7歲以上
應對狀況：攻擊行為

以下是瑪利亞・斯本茲收集的科薩族傳統故事，由本書作者改寫。適合7歲以上的孩子。

從前有個小男孩名叫麥沙。他的指甲很長很長，沒人可以說服他把長長的指甲剪掉。

麥沙想一直留著自己又大又長的指甲，因為他喜歡用指甲去掐人、

抓人。指甲就是他的武器！

　　爸爸媽媽對他這種行為很傷腦筋。他們叫麥沙不要再傷害其他孩子，可是麥沙根本就不聽。

　　時間一天天、一週週的過去，麥沙仍用指甲掐人、抓人。爸爸媽媽決定動用一些手段，所以他們一起想了個計畫。

　　他們在離村子很遠的田野裡，為麥沙建了一所茅草屋。建好後，他們叫麥沙待在那裡看守穀物和蔬菜。麥沙很興奮，想到自己長長的指甲正好可以用來挖菜，不愁沒有東西吃。

　　爸爸媽媽才剛走，麥沙就來到菜園，用他的指甲挖菜。他把菜拿回小屋，放進鍋裡，再放到爐子上煮。香味引來了路過的巨人。

　　麥沙聽到門外傳來粗啞的聲音：「喂，麥沙，這是誰的食物？」

　　「是我的。」麥沙渾身發抖的說。

　　「你說這是我的？」巨人推門走進來，把所有的飯菜吃光就走了。

　　那天晚上麥沙只好餓著肚皮去睡覺。

　　第二天早上，麥沙到菜園用長長的指甲挖了一些蔬菜。他把菜拿回小屋，放進鍋裡，再放到爐子上煮。香味很快又把那個巨人引來了。

　　麥沙聽到門外傳來粗啞的聲音：「喂，麥沙，這是誰的食物？」

　　「是我的。」麥沙說。

　　「你說這是我的？」巨人就推開門走了進來。

　　這次麥沙不想再讓巨人把菜吃光。他奮起反抗，想用自己又長又結實的指甲去掐巨人。可是巨人的皮膚比石頭還硬，反而讓麥沙的指甲從指頭上脫落了！巨人吃光所有的食物，手裡握著斷指甲，離開了麥沙的屋子。

那天晚上，在夜色的籠罩下，巨人把麥沙的斷指甲送到麥沙父母的家裡。第二天一早，媽媽發現兒子的指甲躺在門前台階上。她趕快穿過田野去看兒子，麥沙還在小茅屋裡發抖呢。

麥沙的媽媽擁抱了兒子，把他帶回家。從此以後，麥沙不再傷害別人，總是和朋友一起快樂的遊戲。

〈傑米和魔法棒〉

適合年齡：8歲以上
應對狀況：頑皮、愛打架

為一班頑皮、喜歡打架的8歲孩子上編織課之前，我寫了這個故事。第三章介紹了這個故事的適用狀況及效果。

傑米是個很不快樂的男孩，沒有什麼能讓他高興，也沒有人能逗他笑。他只喜歡鬧脾氣、搞破壞。媽媽和老師實在無法可想了，只能搖頭。他們都不知道該如何對付他，如何幫他學會合作。

今天傑米特別悶悶不樂。現在是假期，只有他一個人待在農場。姊姊們和朋友去海邊玩了，沒有人可以給他捉弄，也沒有什麼事情可以做。媽媽忙著在菜園裡摘菜，沒有時間去管不高興的傑米。

傑米在屋子裡繞來繞去，用力捶牆壁，敲櫃子門，又跑到外面走廊去拽狗尾巴。他在花園裡用橡實砸雞，又在車道上撿了滿手的石子，朝農場後的小溪邊跑去。

傑米坐在高高的大石頭上，用小石子去砸溪邊的每一棵樹、每一朵花。突然，他發現一叢蕨草中有間小小的草房子。「也許是我那些笨姊

姊蓋的。」他邊想邊笑。姊姊們真傻，居然想蓋房子給仙女住！他挑了塊很大的石頭，用力扔向小房子。

讓人驚訝的是，就在石頭打中屋頂的那一剎那，有個小人從裡面跳出來。小人就跟傑米的手一樣大。傑米嚇得差點從石頭上滾下來。更讓他驚訝的是，小人穿過草叢向他走了過來，看起來不太高興，其實應該說是很生氣！有那麼一會兒，傑米感到有點害怕。

小人一直走到岩石前面，雙手杈腰，氣呼呼的說：「是誰拿大石頭扔我的房子？」

傑米張嘴想爭辯說不是他扔的，但說出口的卻是：「對不起，是我扔的。」

聽到傑米的道歉，小人沒那麼生氣了，他問傑米幹麼不把時間花在有用的事上。「你是不是太無聊了？」他問這個不知所措的小男孩。

這對傑米來說倒是件新鮮事。大家都生他的氣，不會問他為什麼做那些事，他早已習慣了。事實上，傑米從沒聽過「無聊」這個詞。傑米反常的用少見的禮貌語氣回答：「對不起，小人，什麼是『無聊』？」

小人跳上石頭，坐在傑米旁邊。「無聊嘛，」他說，「就是不知道該做什麼……不知道該做什麼是一件很可怕、很可怕的事情！如果我不用雙手去做點東西或修理東西，手指就可能會變冷，然後掉下來！」

小人說著就伸出手來，在傑米眼前，抓住一束透過樹枝照射到岩石旁的金色陽光，並用靈巧的手指將它打結、繞圈，做成了一長串的金色鏈條。「看！」他說，「白天我就忙著收集夏日多餘的陽光，然後做成長長的金鏈子，儲存起來，留到寒冷的冬夜使用。」

小人的手指在金色細線裡穿梭飛舞，傑米看得入了迷。鏈條編好以

後，小人把它放進口袋，抬起頭，看著傑米說：「年輕人，這正是你需要做的。如果你的手指像我的一樣，忙著做手指該做的活兒，就沒有時間扔石頭了，對不對？讓我看看你的手指能做什麼。」

傑米做了一些好玩的手指動作，惹得小人哈哈大笑。他抓住另一束金色陽光，交給傑米。「讓我看看你是怎麼打結的。」他說。

傑米很自豪的把陽光金線打了個結。「做得很好！現在，把這金線綁在樹枝上，我教你怎麼做長長的鏈條。」

小人教了傑米很久，直到小人建議傑米回家繼續用媽媽毛線籃裡的毛線來練習。

「明天再到這塊岩石上，我會教你用魔法棒做更多的東西。」說完這句話，小人消失在高高的草叢裡，留下傑米在原地回想早晨這些令人興奮的事情。

傑米回到家，向媽媽要了一些毛線。看到兒子變了個人，媽媽驚訝極了，更讓她高興的是，傑米整個晚上都忙著用毛線編長長的鏈條。她拿出針線籃，幫傑米把成串的鏈條捲起來，縫成一塊小圓墊。傑米好驕傲，把那塊螺旋形的墊子放在床頭櫃上。那天晚上，傑米和他的媽媽都睡得很香。

第二天，傑米回到岩石上，小人要教他第二堂課。這次，在上課之前，小人要他去找兩根光滑的棍子。他找來棍子以後，小人幫他在粗糙的石頭上把棍子的一頭磨尖了，又找來兩顆橡實，插在棍子的另一頭。然後他從口袋裡掏出自己的一對魔法棒，拿來一根長長的金線，開始表演神奇的工作。

這工作叫做「編織」，小人一邊編織，一邊哼著歌：「穿進去，繞

過去，勾出來，我們一起織出神祕金面紗！」

傑米等不及要用他的魔法棒了。他要學好幾節課才能織得像小人那麼好，可是他每天都用媽媽的毛線不停練習。很快，他的鏈條就織得很長了，收針後縫成了一頂帽子。

姊姊們度假回來的時候，傑米已經為她們的娃娃織了兩頂帽子，還為媽媽織了一條圍巾。當然了，姊姊們也想學用魔法棒做東西，傑米很自豪的答應做她們的編織老師。後來他再也沒有見過那個小人，可是小人教的本領他一輩子都忘不了，那就是如何用雙手做出美麗的東西。

傑米的媽媽和老師不知道小人的事情，但他們認為，那年天使一定來過農場！

〈美麗的女王〉

適合年齡：各年齡層
應對狀況：攻擊行為

有時候，如果父母或老師處在緊張、抑鬱或焦慮的狀態中，會直接導致孩子出現攻擊性行為。這個故事寫給一位單親媽媽，她有三個脾氣暴躁、整天打架的兒子。媽媽覺得自己活得很沒價值，需要有人幫助她重新發現自己的美。

這個故事不僅幫助媽媽恢復了自信，在讀過很多遍之後，她還決定把故事講給孩子聽——三個孩子分別是13歲、9歲和5歲，他們聽了這個故事一遍又一遍。在講故事習慣形成的同時，家庭也逐漸恢復和諧。

216

從前有個女王跟她的許多孩子同住在城堡裡。女王很有智慧又非常美麗，把王國管理得井井有條。孩子們小的時候，喜歡坐在柔軟的靠墊上，圍在寶座旁，仰頭看著她美麗的臉龐，聽她唱動聽的歌。

孩子們漸漸長大，卻開始爭吵、打架，城堡裡充滿了尖叫和吵鬧聲。可是美麗女王的耳朵只喜歡聽動聽的聲音，她無法忍受吵鬧。為了捂住耳朵避開吵鬧，她開始用一層又一層的彩色面紗，從頭到肩膀把自己包裹起來。打鬥和吵鬧聲越來越大，女王只好用更多面紗來保護自己的耳朵，隔離難聽的聲音。除了這個辦法，她不知道該怎麼做才好。打架和爭吵一天天繼續著，孩子們漸漸習慣媽媽裹在彩色面紗裡，只露出那雙憂傷而美麗的眼睛。很多年過去了，孩子逐漸忘記媽媽的長相。

爭吵和打架越來越厲害，女王再也無法忍受，於是她找到了逃避的方法。有時候，她會溜出城堡，走到花園深處，那裡有一條很深的溪流。她踩著溪水裡的踏腳石，穿過小溪，在對岸的森林裡漫步。她知道孩子無法跟隨她進入森林，因為那些石頭是有靈性的，只有聽到女王歌聲才會出現，而且當女王穿過溪流後，石頭就消失了。

女王多麼喜愛這片森林！她在濃密的樹蔭下，沿著小徑，可以漫步幾小時，享受著森林裡的寧靜，順便摘野花，看看小動物和小鳥。她最喜歡森林裡流洩而下的瀑布，下面是碧綠的深潭，潭邊岩石環繞，鮮花盛開。金色的陽光透過參天的樹木，灑落在粉紅和潔白的蘭花上。她總愛坐在石頭上編花環。在炎熱的日子裡，她會揭掉所有的面紗，在清涼而碧綠的水中游泳。

有一天，女王在森林裡漫步，孩子們在花園裡玩金球。有個孩子把球踢得太高，球落在花園深處，滾進了深深的溪流。急速的溪流捲著金

球，轉個彎消失在森林裡。孩子馬上就爭吵了起來，可是他們知道，除非有人把球撿回來，否則不管怎麼吵、怎麼叫，球也不會回來。

　　金球是孩子們最愛的玩具，大一點的孩子會游泳，他們決定順流而下，把球撿回來。他們一頭鑽入水中，很快就游到大樹的樹蔭裡。兩岸都是巨石，樹枝低低垂下。金球在他們前面，一會兒沉一會兒浮的，蜿蜒穿過森林。金球最後到達瀑布，隨著水流跌進了碧綠的深潭。孩子們攀住瀑布前的岩石，小心探出頭去，朝瀑布下張望。眼前的情景讓他們屏住了呼吸。遠遠的瀑布下面，粉紅和潔白的蘭花搖曳，中間的岩石上坐著一位女士。他們從來沒有見過這麼美麗的女人。而這位美麗的女士正在玩他們的金球，把球拋到空中，然後接住。她把金球拋入小溪，隨後也跳入水中，在水中玩球。

　　孩子們在瀑布頂端的岩石坐了很久，不敢發出一點聲音，怕嚇跑美麗的女士。那位女士游完泳，從水裡出來穿戴好。奇怪的是，她也像他們的母親一樣，用一層一層的面紗把自己裹起來。「也許她是一位女王；也許所有的女王都戴面紗吧。」他們不禁這樣想。他們看著她撿起金球，沿著小路離開深潭，走進森林深處，很快就消失了。

　　孩子們覺得自己該回家了。他們很幸運，找到一條以前沒發現的路，這條小徑穿過森林直達花園。一路上沒有人說話，他們對那位美麗的女士充滿疑問——她是誰？難道她是森林裡的女王？如果是的話，她又住在哪裡呢？大家都希望再見到她，因為她是那麼美麗。

　　回到家裡，他們把看見的一切告訴了弟弟妹妹，弟弟妹妹們當然也都很想看看這位美麗的森林女王。第二天，所有的孩子沿著新發現的小路，穿過森林，來到瀑布頂端。他們趴在岩石上，靜靜守候著，不斷張

望著碧綠的深潭。不多久，美麗的女士來了，手裡拿著他們的金球。她取下所有的面紗，在岩石上坐下來，吸取周圍蘭花的香味。然後她跳進水裡游泳，玩那顆金球。孩子們圍攏在瀑布邊，盯著美麗女士看了很久，他們認為她一定是森林女王。然後他們沿著小路靜靜的回家。

一連幾個星期，孩子們每天都去瀑布邊，他們到森林深處的次數越多，回家後的爭吵和打鬧就越少。孩子們不只喜歡看到美麗的森林女王，也享受著森林裡的寧靜和美妙的聲音。

有一天，他們在瀑布邊等了很久，等著森林女王在深潭中出現，可是他們等了整整一天，都沒有人影出現。天色漸漸黑了，他們滿懷失望的沿著小路回家，抵達時剛好趕上吃晚餐。女王已經端坐在長長餐桌盡頭的寶座上，他們很擔心媽媽問起他們去了哪裡，幸好她什麼也沒有問。孩子們都坐下來吃晚飯，因為不知道該說什麼，所以沒人說話。那頓飯安靜的吃完了。

吃過晚飯，女王說想要和孩子們一起玩球，嚇了他們一跳。他們開始手忙腳亂的瞎掰各種理由。這時，女王從長袍的衣褶下面拿出美麗的金球，和他們的金球一模一樣。然後她慢慢揭開一層又一層的彩色面紗，直到露出整張臉來。孩子們終於發現，森林女王就是他們的媽媽！他們圍在寶座周圍，坐在柔軟的墊子上。女王開始唱歌，歌聲動聽而溫柔，他們記起來了，這是他們還小的時候媽媽唱過的歌。她邊唱邊把金球輪流拋給每個人：

「金球高高飛上天，
輕輕落下像蝴蝶。

燦爛如太陽，輕盈如空氣。

金球，金球，快快回到我身邊。」

〈一袋釘子〉

適合年齡：各年齡層
應對狀況：愛發脾氣

這個故事是線上聊天室的成員匿名發到我的電子信箱的，是個無名的寶物。故事中傳達了強而有力的訊息，對愛發脾氣的小學生乃至成人都有所助益。在班級或家庭討論中，也可以用這個故事來起頭。

從前有個壞脾氣的小男孩。爸爸給了他一袋釘子，要他每發一次脾氣就在柵欄上釘一根釘子。第一天，男孩就在柵欄上釘了三十九根釘子。不過漸漸的，男孩每天釘的釘子越來越少。他發現，控制自己的脾氣比釘釘子容易。

終於有一天，男孩整天都沒有發脾氣。他很自豪的告訴了爸爸。爸爸建議他：如果整天都沒有發脾氣，他就可以從柵欄上拔出一根釘子。

時間一天天過去，男孩終於告訴爸爸，所有的釘子都已經拔出來了。爸爸牽著男孩的手來到柵欄前面。

「你做得很好，我的兒子。不過看看柵欄上的這些洞，有洞的柵欄永遠不會和以前一樣。當你說氣話時，會在別人心裡留下疤痕，就像柵欄上無法恢復的傷痕。如果你戳了別人一刀，再把刀拔出來，不管你道歉多少次都沒有用。結痂的傷口依舊會留下痕跡。」

Chapter *17*

面對害羞或內向的孩子時

〈小男孩去航海〉

適合年齡：3～5歲
應對狀況：害羞或黏人

　　這個故事適合3～5歲的孩子，用意是在鼓勵害羞或黏人的孩子，去盡情探索家裡或幼兒園的花園。大家可以根據花園實際的情況加以改編。

　　從前有個小男孩，高矮胖瘦跟你差不多！他一心一意想要探險，於是他登上船，在閃耀著光芒的碧海上航行。沒多久，他就開到布滿巨石的小島。他把船留在海灘上，開始攀爬巨岩，他爬上又爬下，爬上又爬下，爬個不停！過了一會兒，他玩夠了。

　　「爬大石頭很好玩，但我還想在豔陽下繼續探險。」他又上了船，繼續航向閃耀著光芒的碧海。

　　沒多久，他來到滿是金色沙子的小島。還好他帶著紅鏟子呢！他

把船留在沙灘上，開開心心玩沙子——挖洞、造河、做山洞，還修路、建城堡——過了一會兒，他玩夠了。

「挖沙子很好玩，爬大石頭也不錯，但我還想在豔陽下繼續探險。」他又上了船，繼續航向閃耀著光芒的碧海。

沒多久，他就到了種滿高高香蕉樹的小島。有棵樹上掛著一串黃澄澄的香蕉呢！小男孩剛好肚子餓了，這正是他所需要的！他把船留在沙灘上，走到樹下摘了兩根香蕉，坐在樹蔭底下享受美味的香蕉。然後他說：「香蕉很好吃，挖沙子很好玩，爬大石頭也不錯，但我還想在豔陽下繼續探險。」於是他又上了船，繼續航向閃耀著光芒的碧海。

沒多久，他開到有一潭碧綠水池的小島。他把船留在海灘上，馬上跳進水裡。他正好覺得熱呢！過了一會兒，他玩夠了。

「在清涼的水裡玩得很有趣，香蕉很好吃，挖沙子很好玩，爬大石頭也不錯，但我還想在豔陽下繼續探險。」於是他又上了船，繼續航向閃耀著光芒的碧海。

沒多久，他來到滿是森林的小島。把船留在海灘上，他循著樹蔭下的小路走到一片空地。空地中間，是一座用木頭和樹枝搭起來的漂亮宮殿，宮殿裡有許多小房間和梯子，還有滑梯可以滑和鞦韆可以盪。小男孩一下跑進小房間，沿著梯子爬上爬下，又「咻」的一聲從滑梯上滑下來，還在鞦韆上盪來盪去。過了一會兒他說：「在叢林宮殿裡玩是很棒，在清涼的水裡玩很有趣，香蕉很好吃，挖沙子很好玩，爬大石頭也不錯，可是現在我好累啊（打個大哈欠）。我不想在太陽底下探險。我累了，要休息了，我的小船是最好的休息場地！」

於是他上了船，航向回家的路。媽媽正等著他呢！媽媽把他輕輕

抱上小床，蓋上柔軟的藍被子，唱起了搖籃曲：

「小男孩駕船出海去，

很多歡樂，讓他笑開懷。

太陽下山，開心航向回家路，

船裡舒適的小床，帶他航向夢鄉。」

媽媽的歌才剛唱完，小男孩就已經睡著啦！

〈害羞小草莓和野生小樹莓〉

適合年齡：8歲
應對狀況：缺乏自信

　　這個故事是為了增加一名8歲女孩的自信，希望她到海邊玩時，不要躲在衣服底下，而是穿上游泳衣，在太陽下嬉戲與游泳。這故事雖然沒有對女孩產生明顯的效果，除了她非常喜歡這個故事。她的父母卻從故事中學習到，不該批評女兒稍微超重的體重。

　　小草莓不是天生就羞答答，是後來才變成那樣的。那時，她剛剛從一顆小小的青草莓轉變成不大不小的白草莓。她發現到，其他草莓都漸漸披上美麗的粉色或紅色的外衣，只有她依然全是白色。

　　她想：「一定是我有問題。」她決定從此躲進綠綠的草莓葉下，害羞的不讓別人看見。

　　其他草莓越長越紅，躲在葉子底下的她，卻顯得更白了。終於，春

天來了，是採收草莓的季節！農夫在草莓園裡來回走啊走，摘下紅紅的熟草莓放進籃子裡。籃子很快就滿了，園裡連一顆草莓都看不到。

但是，還有害羞的小草莓啊！她太害羞了，躲在綠綠的草莓葉裡，連頭都不敢探出來。她看著農夫把籃子拎回農場小屋，草莓田裡只剩下她孤零零的。

過不了多久，有叢小樹莓穿過籬笆，把頭探進了草莓田裡。這叢樹莓的頂端掛著一顆最紅的小樹莓。她沐浴在春日的陽光下，盡情享受著光和熱。

樹莓的枝條每天都在生長，野生小樹莓越來越靠近害羞小草莓。有一天，她低頭看見一片大大的綠葉底下，躲著害羞的小草莓！「我的天哪！」野生小樹莓說，「妳為何躲在草莓葉子下？」

「我不好意思探出頭來。我沒有其他姊姊那麼漂亮的紅外套，所以只好躲在這裡。」害羞小草莓低聲說。「可是，」野生小樹莓說，「難道妳不知道，妳需要金色陽光的幫助，才能變成熟透的紅草莓嗎！」話剛說完，「呼」的一陣風吹來，吹開了頭頂的葉子，這下子，小白草莓就顯露在陽光下了！

過了幾天，春天的光和熱讓害羞小草莓脫掉了白外套，變成熟透的紅草莓。她很快就跟野生小樹莓一樣漂亮了，雖然野生小樹莓總覺得自己比較紅。不過，她們可沒有時間爭吵。當農夫回來找尋掉在草莓園裡的另一隻手套，卻發現這兩顆在陽光下閃耀的紅莓子，就把她們摘了下來。

那天晚上，害羞小草莓和野生小樹莓被用來裝飾農夫的生日蛋糕。參加生日宴會的人都說，那是他們見過最紅、最漂亮的莓子。

〈南瓜小精靈〉

適合年齡：4～5歲
應對狀況：內向

　　這個故事起初不是針對內向的行為所創作的。但這是幼兒園裡4～5歲孩子最喜歡的故事，所以大家決定舉辦以南瓜為主題的義賣：有南瓜的故事、南瓜的遊戲、南瓜娃娃，還有賣南瓜湯、南瓜餅和南瓜麵包的南瓜小吃鋪。

　　一位幫忙義賣的家長提出了一個有趣的建議。她覺得〈南瓜小精靈〉這個故事很正面，適合講給全家人聽。故事的確幫助這位母親走出了沮喪，而且她感覺那金色的主題和故事中的成就感可以幫助全家人擺脫悲觀。因此，我把這個故事放在「害羞與內向」這一章，作為正面的鼓勵，期望讓人看到從不可能變為可能的力量。

　　從前，在廣闊的田野裡住著一個小精靈。田野上，一叢叢高高的竹子隨著風搖啊搖，輕輕唱著歌，路邊高高的小草向過路的人彎腰向人們問好。整個夏天，小精靈都在忙著做她的工作。她在幫忙照顧大自然媽媽的孩子，永遠忙不完：一會兒，蝴蝶的翅膀勾在荊棘叢裡了，小精靈幫她解開；一會兒壁虎弄斷了尾巴，小精靈用特別的線幫他縫回去；田野裡一叢叢的野花也需要小精靈幫忙拂去身上的露珠，清晨時才可以張開花瓣。

　　晚上，小精靈把自己裹在葉子裡，在夏日星空下入睡。她好喜歡廣闊田野上、夏日天空下的生活啊。

　　可是，夏天就要結束了，秋風已經吹起，白天越來越冷，夜晚越來

越長。風繞著小精靈輕輕吹，對她低語：

「秋天降臨，夏天離開，
寒冷的冬季需要找個家。
尋尋覓覓溫暖光明的家，
日日夜夜都散發金色光芒。」

「可是我要到哪兒去找溫暖光明的家，日日夜夜都散發金色光芒？」小精靈不明白。

「跟著太陽走，跟著太陽走。」風輕輕的說。

於是，小精靈就跟著太陽一路在田野穿行。沒走多遠，她遇到了一隻發亮的蝸牛，背上背著小房子。

「你好，發亮的蝸牛，請幫幫忙，我要找溫暖光明的家，日日夜夜都散發金色光芒。」

「哦，哦，」發亮的蝸牛說，「這是我的家，只住得下我，沒有空間再讓別人住。妳繼續跟著太陽走吧。」

於是小精靈繼續走，跟著太陽穿過田野。沒走多遠，遇到一隻棕色的蜘蛛坐在蜘蛛網上。

「你好，棕蜘蛛，請幫幫忙，我要找溫暖光明的家，日日夜夜都散發金色光芒。」

「哦，哦，」蜘蛛說，「這是我的家，只住得下我，沒有空間再讓別人住。妳繼續跟著太陽走吧。」

於是小精靈繼續走，跟著太陽穿過田野。沒走多遠，就看到一塊茂

密的蔬菜園。她爬上菜園旁的岩石，突然看見一道金色光芒，像陽光一樣亮。小精靈抬起頭，看見向日葵大王正微笑看著她。

「噢，向日葵大王，請幫幫忙，我要找溫暖光明的家，日日夜夜都散發金色光芒。」

向日葵大王微笑著，金色的頭點啊點的，好像在說：「向前看，在地上。」

小精靈向前看，就在前面，又大又綠的葉子中間，有個圓圓的、金黃色的南瓜。她覺得非常驚訝！

「難道這就是我溫暖光明的家，日日夜夜都散發金色光芒？」小精靈走到南瓜面前，想找到可以進去的小門。她敲敲這裡，敲敲那裡，敲來敲去，都找不到。她繞著南瓜走了好幾圈，這裡敲敲，那裡敲敲，可是不管她找得多麼仔細，就是找不到小門。

現在，小精靈很累了，天快要黑了，她只好裹在一片南瓜葉裡，靠著南瓜厚厚的牆，很快很快的睡著了。

小精靈做了個夢，夢裡有顆金色的星星從夜空中飛落，穿過搖曳的竹林，越過田野，經過向日葵大王，剛好落在金黃色的南瓜裡，在南瓜頂上留下一扇星星門。

第二天早上，小精靈一覺醒來，還清楚記得那個夢。她爬到南瓜頂上，就跟夢見的一樣，有扇星星門。她把門打開，往裡面看，居然看到裡面金光閃閃。小精靈開開心心的爬進去，躺在溫暖光明的新家，日日夜夜都散發金色光芒。直到現在，她還住在裡面。每天早晨，她都去廣闊的田野幫忙照顧自然媽媽的孩子。晚上，她就回到溫暖舒服的南瓜家。從那以後，大家都叫她「南瓜小精靈」。

〈最小的泡泡〉

適合年齡：各年齡層
應對狀況：害羞

這是個生日故事，寫給幼兒園中最小最害羞的孩子，希望可以給他信心和鼓勵。有一年春天舉辦「泡泡節」的時候，在森林裡一條滿是泡泡的溪邊，我也講了這個故事。講完之後，孩子們和爸媽以及爺爺奶奶在樹下各用大、中、小的吸管吹泡泡。那些細小的泡泡讓孩子印象深刻，因為它們可以輕鬆從指縫間溜走，不容易破掉。

這是一個關於泡泡的故事。很小很小的泡泡，他是世界上最小的泡泡，只有仙女才看得到。

「不公平！沒人在乎我！」小泡泡邊輕聲嘆氣著，邊和其他泡泡擠在一起，順著溪水漂啊漂。「我為什麼這麼小呢，這不公平，不公平，一點也不公平！看那些大哥哥，他們那麼大，他們身上的彩虹多美呀！我的彩虹卻小得幾乎看不到！」

大大的彩虹泡泡和那個傷心的小泡泡，以及其他大大小小的泡泡順著鄉間小溪漂了很久，遠離了冒著泡泡的瀑布媽媽。他們流過碧綠的柳樹底下、青青的草叢邊，看見棕色的大水牛穿過斜坡來岸邊喝水，路過了黑黑的鴨嘴獸洞和兔子窩，繞過了小山，穿過了低谷。

這堆泡泡在水裡漂浮著，最後來到一大片碧綠的青草地。他們聽到快樂的笑聲傳來，原來是一群快樂的孩子在涼快的樹蔭底下野餐。

「看！」有個小男孩大聲說，「好多泡泡！我們來抓泡泡吧！」

「泡泡！」所有的孩子都叫起來，他們跳起來，跑到小溪邊。

「泡泡，泡泡，最最漂亮的泡泡。泡泡，泡泡，快來抓彩虹泡泡。」

有些孩子踩進了水裡，有些孩子趴在岸邊用手去撈。他們都喜歡抓泡泡，抓泡泡上的彩虹。很快的，所有的大泡泡都消失了，他們成為孩子手中的願望，變成孩子夢裡的彩虹。

可是最小的泡泡呢？孩子們沒有發現他，沒有抓住他的彩虹。看，他就在那！最小的小泡泡自己在溪流上慢慢漂。

「天哪，」他想，「幸虧我小，才逃了出來。」

他繼續漂啊，漂啊，覺得自己勇敢又快樂。他漂啊，漂啊，直到小溪與大海匯合。海浪把這最小的泡泡捲入霧氣籠罩的大海深處，來到海仙子們跳舞遊戲的地方。

最小的小泡泡漂過時，有位海仙子正在攪拌一罐珍珠。仙女的眼睛才能看到這最小的泡泡，所以她馬上就發現了那最小的彩虹。

「這罐珍珠正需要這些顏色。」她說著，把小泡泡捧起來，放入罐子裡。她東攪攪，西攪攪，整罐珍珠都染上了美麗的彩虹顏色。

Chapter **18**

遇到捉弄或欺負他人的情景時

〈光的公主〉

適合年齡：8歲
應對狀況：自卑

　　這個故事是寫給一個8歲的自卑女孩。她的班上女生比較多，大多數都比她聰明漂亮，卻總是嘲笑她，這種情況已經影響到她每天的生活。但是兩年前，她在幼兒園裡是最快樂、最受歡迎的孩子，所有人都喜歡她那美麗的笑容。

　　她最喜歡的動物是海豚，在故事裡扮演充滿智慧的幫手。她的哥哥姊姊把〈光的公主〉故事做成了繪本，作為聖誕禮物送給小女孩。女孩很喜歡這個故事，聽了一遍又一遍。這個故事以及繪本的製作，也讓家人更了解小女孩的困境。

　　從前有一位公主，住在森林裡的一座大城堡。城堡周圍是美麗的花園，花園裡有七彩顏色的鳥和花。還有許多朋友以及小貓、小馬每天和

公主一起玩。

這位公主笑起來非常美麗，所以非常出名。家人很疼她，他們知道，她美麗的笑容來自她內心的光芒。所以大家叫她「光的公主」。光的公主在花園裡遊戲、跳舞的時候，連花兒都轉過頭來，以為是太陽公公散發出燦爛的微笑。

當光的公主長大了，就開始到這個國度的各個地方旅行。她最喜歡的朋友是住在海邊沙丘城堡裡的公主。光的公主喜歡在海邊度過夏日的時光，在沙灘上遊戲、跳舞，在清澈蔚藍的大海裡和海豚一起游泳。

很多年過去了，兩位公主一直是好朋友，非常快樂的一起遊戲。可是慢慢的，光的公主發現她有聰明公主之稱的朋友，在很多方面都比她好。聰明公主跑步比她快，畫畫比她美，游泳也比她好。

光的公主越想越難過，有時甚至生起氣來。她難過生氣的時候，就很難發出心裡的光芒，她笑不出來了。光的公主不笑的時候，就什麼都做不好。不笑、不開心的時候，她跑步跑不好，游泳游不好，畫畫也畫不好。

這一天天氣非常熱，兩位公主決定去清涼的大海裡游泳。她們順著水游出去，游得很遠，穿過暗礁，來到海豚跳舞遊戲的深海。整個上午，她們都和海豚一起遊戲，非常開心。但是現在該上岸了，聰明公主說：「我們來比賽，看誰快！」她說著就先游出去，留下光的公主孤零零的待在深海。

看到朋友又聰明動作又快，比自己強多了，光的公主又難過又生氣。她越難過，越生氣，游得就越慢，後來她的手腳幾乎動不了。於是可怕的事情發生了，當她停下來以後，她開始往下沉了！

沉呀，沉呀，光的公主一直往下沉，遠離有陽光照著的清澈水面，沉向黑黑的海底。直到腳下和周圍都是堅硬的石頭了，她才敢打量四周。可是，她往左看，往右看，往上看，什麼也看不見，她陷入深深的黑洞裡了！

　　這時她聽見一個聲音，接著看見一條尾巴銀光一閃。那是她的海豚朋友，一定是一路跟隨她到了這裡。「抓住我的尾巴，」海豚輕聲說，「我想辦法把妳帶回海面上去。但是妳要踢水幫我，不然我們可能都無法上去！」

　　於是光的公主抓住海豚的銀色尾巴，兩腿慢慢踢，向前踢，再向後踢，再向前，再向後，直到她感覺自己游出了黑黑的岩洞。她踢得越來越快，她一直往上浮，向上，再向上，前面就是清澈的海面。最後她衝出水面，重新沐浴在陽光下，她深深吸了一口氣，給了海豚一個美麗的微笑，比從前的微笑更燦爛，更美。

　　「爬到我的背上，」銀海豚說，看到光的公主又笑了，他非常高興，「爬上來，抓好了，我們要乘著海浪越過礁石。」光的公主爬上海豚背，乘風破浪，一路回到岸邊。這次的航行她一輩子也忘不了。聰明公主正在沙灘上等待，她簡直不敢相信自己看到的──她的朋友坐在海豚上越過了礁石！

　　把光的公主送回岸邊後，海豚悄悄告訴了她一個祕密：

　　「當妳難過生氣時，不要躲起來傷心，

　　妳的心裡有道光，光芒會讓你微微笑，

　　不管夜多黑雲多深，微笑會照亮妳面前路。」

接下來的暑假時光，光的公主和她的朋友在海邊玩得很開心。她再也沒有見過那隻銀海豚。但每次看到聰明公主比她跑得快、畫得美或游得好的時候，她都會想起那個祕密，於是她一直帶著美麗的微笑，盡自己最大的努力去完成。

當夏天結束的時候，光的公主回到森林的城堡裡。她把銀色海豚說的話記在心裡，每當遇到困難時，這個祕密總能幫助她順利度過難關。長大以後，她依然在花園裡遊戲、跳舞，而花兒也總會轉過頭來，以為是太陽在發出燦爛的微笑。

〈湖中的羽毛〉 作者：凱瑟琳・卡如

適合年齡：5歲以上
應對狀況：受到嘲笑、捉弄

這個故事源自東非基庫尤人，適合5歲以上的孩子，可以讓那些受到嘲笑和捉弄的孩子，再度擁有力量和智慧。經作者凱瑟琳・卡如同意後，我將這故事收入本書。

從前有個叫慕吉的酋長，他的女兒叫梅梅。梅梅美得像一彎新月，人人都愛她。

酋長家附近有個大湖，湖水清澈得像水晶一樣。湖中央有個奇特的景象——有根奇妙的羽毛從水中升起，飄在上空。

有一天，酋長宣布：「想娶我女兒的人，必須從湖裡取來這根羽毛。」很多人跑來嘗試，但是都失敗了。湖水太深，羽毛也距離岸邊太遠，根本游不過去。

酋長的村子裡有個年輕人叫佳可。他很窮，大家都瞧不起他，還取笑他。佳可聽說了酋長的承諾，馬上就想去碰碰運氣。媽媽勸他不要去：「像我們這麼窮的人，怎麼配得上梅梅呢？」

　　雖然媽媽反對，佳可卻覺得，起碼要試一試呀。他去見酋長，對他鞠了一個躬說：「敬愛的酋長，我來向您的女兒求婚。」

　　「哦，」酋長說，「先去湖裡把羽毛取來，再來談求婚的事吧！」他說完，就離開了房間。

　　佳可上路了，走到湖邊的時候，太陽快要下山了。他慢慢走進水裡，一邊向湖心的羽毛游去，一邊唱：「湖中美麗的羽毛，請你過來，到我身邊來。」

　　他向前游著，湖水慢慢淹到他的腰、他的胸口、他的肩膀和脖子。他又唱起來：「湖中美麗的羽毛，請你過來，到我身邊來。」

　　慢慢的，羽毛朝著他漂過來。他越唱，羽毛就越靠近，最後，他一伸手就撈著了羽毛。他把美麗的羽毛拿在手裡高高舉起，轉身向岸邊游去。他一邊在清澈的湖水裡游，一邊唱：「湖中美麗的羽毛，跟我來。我要帶你去見酋長。」

　　佳可上岸的時候，聽到身後有聲音。他回頭一看，發現一群牛、一群山羊、一群綿羊和一群鳥正跟著他從湖水裡走出來。「哦，」他想，「如果這些都是我的，那我就是梅梅要嫁的那個人。」

　　酋長看見佳可手裡拿著羽毛，身後跟著成群的牲畜和鳥兒，他就把村裡的長老都召集起來，開會討論這件事情。

　　第二天，他們為佳可和梅梅舉行了婚禮，從此佳可和梅梅幸福快樂的生活在一起。

〈隱形的獵人〉

適合年齡：6～8歲
應對狀況：欺負人或被欺負

　　這故事改寫自美國印第安人的民間傳說。這是眾多《灰姑娘》版本中，我最喜愛的一個。對於6～8歲的孩子來說，無論是欺負人還是被欺負，都很適合聽這個故事。

　　很多年以前，在印第安村落旁靠近寬闊海灣的地方，住著一個年老的印第安勇士。他的妻子早已去世，只剩下三個女兒和他一起住在茅屋裡。當他白天在外頭打獵時，三個女兒就在家裡做飯，打掃屋子，用獸皮做衣服。

　　兩個大女兒又驕傲又懶惰，很不屑做這些家事。爸爸前腳一出門，她們就會欺負小妹，還強迫她做所有的工作。

　　爸爸管小女兒叫小太陽，可是現在，她已失去初升太陽的喜悅和光彩。她很瘦，而且眼裡流露著悲傷，她每天從清晨忙到夜晚，累到倒頭就睡。有時候，她趴在火爐旁就睡著了，讓她的臉上沾染煤灰，一頭黑亮的長髮也被煤灰覆蓋，無法像兩個姊姊般光亮滑順。

　　爸爸打獵得來的獸皮永遠不夠給全家人做衣服，所以小太陽只能用剩下的零星獸皮做衣服給自己。

　　有一天晚上，爸爸要三個女兒圍著火堆坐下，聽他講個特別的故事——隱形人鐵安的故事。鐵安和他母親住在村子盡頭的獵人小屋裡。他是個非凡的勇士和獵人，偉大的「奇弩」賜給他神奇的法力，讓他可以不被人看見。因為他能隱形，所以村裡的女孩都沒有見過他。聽說他

長得非常英俊，而且他的小屋裡永遠都有足夠的食物和柔軟的皮毛。

父親繼續說：「隱形人鐵安的母親最近宣布，鐵安想要結婚了。他會娶第一個看到他的女孩為妻。已經有很多女孩去過他的小屋，但是沒有人能夠看到他。現在，我的女兒，輪到妳們去試試了。」

兩個姊姊興奮到整晚都沒睡，一直在討論到底要穿什麼衣服。第二天早上，大姊穿著她最漂亮的長袍，戴上一串貝殼項鍊，穿過村莊，來到隱形人鐵安的小屋。

鐵安媽媽站在門口歡迎她：「我的兒子隱形人鐵安出去打獵了。我們沿著湖邊走去迎接他吧，這樣他一下山我們就能看見他。」

於是，大姊就和鐵安媽媽一起去迎接鐵安。鐵安媽媽帶了個小鼓，沒走多遠，就開始邊擊鼓邊唱歌：

「獵人來了，翻過山坡回來了，
偉大的獵人走來了，妳看見了嗎，妳看見了嗎？」

大姊往前看，什麼也沒看見，卻假裝看見了：「是的，是的，我看見了。」

「如果妳真的看得見，」鐵安媽媽說，「那麼告訴我，他那把大弓是什麼做的呢？」

「是白樺木做的。」大姊一回答，鐵安媽媽就知道她看不到鐵安。

鐵安走過來，把狩獵袋遞給媽媽。媽媽一接過狩獵袋，大姊就看見那個袋子了，可是她卻看不到鐵安。她知道自己失敗了，傷心的轉身回村裡去。

第二天早晨，二姊穿著她最漂亮的長袍，戴上一串貝殼項鍊，穿過村莊，來到隱形人鐵安的小屋。

　　鐵安媽媽站在門口迎接她：「我的兒子隱形人鐵安出去打獵了。我們沿著湖邊走去迎接他吧，這樣他一下山我們就能看見他。」

　　於是，二姊就和鐵安媽媽一起去迎接鐵安。鐵安媽媽帶了個小鼓，沒走多遠，就開始邊擊鼓邊唱歌：

　　「獵人來了，翻過山坡回來了，

　　偉大的獵人走來了，妳看見了嗎，妳看見了嗎？」

　　二姊朝前看，她什麼也沒看見，卻假裝自己看見了：「是的，是的，我看見了。」

　　「如果妳真的看得見他，」鐵安媽媽說，「那麼告訴我，他那把大弓是什麼做的呢？」

　　「是梣木做的。」二姊這麼一說，鐵安媽媽就知道她看不到鐵安。

　　鐵安走過來，把狩獵袋遞給媽媽。鐵安媽媽一接過狩獵袋，二姊就看見那個袋子了，可是她卻看不到鐵安。她知道自己失敗了，傷心的轉身回村裡去。

　　第三天，小太陽早早就起床了，她只裹上白樺樹皮，穿上父親的舊鹿皮鞋。出門的時候，兩個姊姊都取笑她，可是她不在意，只是在心裡想著：「我當然不可能見到鐵安，但只是見見他的媽媽，看看他的獵人小屋就很開心了。」

　　就這樣，她來到隱形人鐵安的獵人小屋。

鐵安媽媽在門口招呼她說：「我的兒子隱形人鐵安打獵去了。我們一起沿著湖邊走過去迎接他吧，這樣他一下山我們就能看見他。」

　　於是，小太陽就和鐵安媽媽一起去迎接鐵安。鐵安媽媽帶了個小鼓，沒走多遠，就開始邊擊鼓邊唱歌：

　　「獵人來了，翻過山坡回來了，

　　偉大的獵人走來了，妳看見了嗎，妳看見了嗎？」

　　小太陽眼睛睜得大大的向前看，眼裡滿是驚奇。

　　「是的，是的，我看見他了。」她輕輕的說。

　　「如果妳真的看得見他，」鐵安媽媽說，「那麼告訴我，他那把大弓是什麼做的呢？」

　　「天哪，那是彩虹做的呀！」小太陽說。

　　「啊！妳真的看得見我兒子！來，我們快回家，準備好迎接他。」

　　進屋以後，鐵安媽媽端了一臉盆溫水過來，水裡添加了芳香的油。她為小太陽洗去臉上手上的爐灰，直到她的臉散發出光彩。又讓小太陽穿上柔軟白鹿皮做的精緻長袍，袍子上還有美麗的貝殼和珠子裝飾。最後，她幫小太陽把頭髮梳得柔滑光亮，又幫她把辮子編好，用絲帶和小貝殼裝飾。

　　小太陽準備好了，鐵安媽媽請她坐到火堆旁的墊子上。小太陽剛剛坐下，鐵安就進門了，他向小太陽走來，微笑著說：「我們找到了彼此，是嗎？」小太陽微微笑著。鐵安請她住到小屋來，做他的妻子。而鐵安媽媽已經開始準備婚禮了。

這時候，小太陽爸爸打獵回家，發現小女兒不在家。兩個姊姊都說不知道小太陽去哪了，於是爸爸就出去找小太陽。

小太陽爸爸走遍了整個村子，最後來到鐵安的小屋，他聽到裡面傳來歡樂笑聲，就從門口向裡面看。剛開始，他沒有認出那個美麗的女孩就是自己的女兒，但是小太陽看到爸爸，就趕快跑過來擁抱他，把這美妙的一天所發生的事情全都告訴了他。大家請小太陽爸爸留下來參加婚禮。爸爸又讓小太陽請兩個姊姊來參加。那天晚上，小太陽和鐵安結婚了，他們從此幸福快樂的生活在一起。

〈杜鵑的故事〉

適合年齡：6～8歲
應對狀況：欺負人或被欺負

這故事由本書作者改寫自埃及童話，也是版本眾多的《灰姑娘》中最古老的一個。對於6～8歲的孩子來說，無論是欺負別人或是被欺負的情況，都很適合講這個故事。如果用戲劇或手偶來詮釋會更加生動。

很久很久以前，在一條清澈綠溪與藍色大海相會的地方，住著一位叫杜鵑的女孩。她是個卑微的女傭，很小的時候就從河上游很遠的地方被帶離家鄉。她的主人年紀大了，白天都躺在樹蔭下睡覺。因為他喜歡睡懶覺，所以都不知道杜鵑總是被其他女傭欺負和捉弄。

她們欺負杜鵑，是因為杜鵑長得和她們不一樣。她們的頭髮又黑又直，杜鵑的頭髮卻是金色的捲髮；她們的眼睛是棕色的，杜鵑的眼睛卻

是美麗的綠色；她們的皮膚又粗又黑，杜鵑棕色的皮膚又柔又滑，嘴唇像玫瑰一樣紅，所以其他女孩都叫她「玫瑰杜鵑」。那些女傭總是不停使喚她，還整天對她大吼大叫：

「洗，洗，洗衣服；
補，補，補袍子；
抓鵝回來別忘洗地板；
烤麵包時可以擦擦門。」

除了鳥兒和小動物，杜鵑沒有朋友。她教會鳥兒在她手上吃東西，猴子坐在她肩膀上。每天早上洗衣服的時候，有隻老河馬會從稀泥裡爬上岸邊待在她身邊。

杜鵑的每一天都相同，其他女孩總是從早到晚對著她吼：

「洗，洗，洗衣服；
補，補，補袍子；
抓鵝回來別忘洗地板；
烤麵包時可以擦擦門。」

如果經過辛苦的一天，杜鵑還不太累的話，她會回到河邊去找她的動物朋友。如果還有多餘力氣，她還會唱歌和跳舞。有天晚上，她輕巧的跳舞，似乎比空氣還要輕，腳幾乎沒有碰到地。老人從睡夢中醒來，看到她動人的舞蹈。他讚歎她的美麗及舞姿，心想她這麼有天分，應該

要有雙舞鞋。

於是老人為杜鵑訂了一雙鞋面是玫瑰紅金色、鞋底是柔軟皮革的鞋子。女傭們非常嫉妒杜鵑得到美麗的鞋子，更加不喜歡杜鵑了。

有一天，有消息傳來，國王要邀請所有人參加盛大的宴會，想從中選出最美麗的女孩當王后。宴會上可以唱歌跳舞，還有許多美味的食物，杜鵑好想跟其他女傭一起去喔！可是，她們穿著最漂亮的衣服準備出發時，又給了杜鵑很多工作，要求她在大家回來之前做完。

那些女傭坐著木筏順流而下，去參加國王的宴會，只留下傷心的杜鵑。她在河邊一邊洗衣服一邊傷心的唱著歌。過了一會兒，河馬就不耐煩了，噗的踏進河裡，濺起一陣水花。杜鵑的鞋子被水弄溼了，她趕快脫下鞋子擦乾，放在太陽底下晒。當杜鵑繼續洗衣服的時候，頭上的天空突然一黑，有道影子掠過。她抬頭看，是一隻獵鷹正俯衝而下，抓起一隻鞋子就飛走了。杜鵑驚訝極了，因為拿走鞋子的是一隻有魔力的鳥。她把剩下的那隻鞋子放進口袋。

這時候，國王高高坐在寶座上，看著下面所有的人，覺得無聊透了。說實話，他還比較喜歡駕駛戰車。突然間，獵鷹俯衝而下，拋下鞋子就飛走了。國王非常驚訝，可他知道這是個徵兆。他宣布，全國的女孩都得試穿這隻鞋子，鞋子的主人會成為他的王后。那些女傭到達時，國王已經離開去找玫瑰金色鞋子的主人了。她們划著木筏，跟著國王的船往回走。

杜鵑聽到敲鑼打鼓和吹喇叭的聲音，又看到國王船上飄著的紫色絲綢船帆。她趕快躲在草叢裡張望。船靠岸了，一群女傭從木筏上跑下來試鞋子。她們認得那是杜鵑的鞋子，卻什麼都不說，只是拚命把自己的

腳擠進鞋裡。

　　然後，國王瞥見草叢後面的杜鵑，叫她也去試穿。杜鵑輕輕的把鞋子穿到小巧的腳上，又從口袋拿出另一隻鞋子穿上，跳起舞來。國王對她的美麗和優美的舞姿很著迷，請求她做王后。

　　其他女傭都大聲說她一點都不漂亮，也不過是個跟她們一樣的女傭，根本不配做國王的妻子。國王說：「她是王國裡最美的女孩，她的眼睛像河水般綠得清澈，她的頭髮如同紙莎草般柔軟，而她的嘴唇就像蓮花般粉紅。」

　　杜鵑和國王舉行了盛大的婚禮，婚禮的宴會從清早開到深夜，直到第二天都沒有結束。他們一起幸福快樂的生活了很久，很久。

〈金龜子為什麼是這個顏色〉

適合年齡：6歲以上
應對狀況：遭遇霸凌

　　這是作者改寫自巴西的民間故事。這個故事強調尊重他人，不能隨便批評別人，也提供遭遇霸凌時的應對方法，適合說給6歲以上的孩子聽。

　　很久很久以前，在很遙遠的地方，金龜子的背殼只有單純的棕色。金龜子慢慢的爬過雨林，安靜的做著自己的事情，從來不去打擾別人。

　　雨林裡還住著一隻老鼠，因為她跑得很快，覺得自己比其他動物優秀，總愛取笑其他小動物和小蟲子。老鼠最喜歡取笑和作弄金龜子，還找了一群跟屁蟲，跟她一起惡作劇。

雨林裡高高的樹枝頂上，住著一隻羽毛鮮豔美麗的鸚鵡，不僅有智慧還擁有神奇的魔力！

　　鸚鵡已經注意老鼠很久了，知道她對金龜子很壞又沒禮貌。鸚鵡想，現在該給她一個教訓了。

　　鸚鵡告訴老鼠，他在樹上看見她對金龜子所做的事。

　　「妳總是取笑金龜子和其他動物，好像妳比誰都優秀。我們應該舉行比賽，大家一較高下。」鸚鵡說，「我要安排妳和金龜子比賽。冠軍可以得到一件新外套，還可以選擇喜歡的顏色和圖案。」

　　老鼠太開心了！她心想，這真是天大的好機會，可以讓大家都能看到我飛快的速度。這個比賽真是太輕鬆啦！我的腿又大又強壯，跑起來飛快，金龜子那細瘦得像樹枝的短腿怎能跟我比！

　　第二天，所有的動物都到了老無花果樹下，鸚鵡指著小路盡頭的樹幹說：「誰先抵達，就可以贏得新外套。」

　　鸚鵡一聲令下，比賽開始了。老鼠向前飛奔。她邊跑邊想像自己穿上新外套的樣子，想著該選什麼顏色和圖案。她不斷回頭，都沒見到金龜子的影子，她一點都不擔心。心想：「金龜子可能還在起跑線上呢。」可是，等老鼠跑到樹幹的時候，金龜子老早就到了，正坐在小路旁邊等著呢。「妳怎麼這麼慢呀，老鼠？我一直在等妳呢。」

　　老鼠驚訝得大叫起來：「你怎麼這麼快！」

　　「噢，妳不知道我會飛嗎？」金龜子安靜的說。

　　「飛？我不知道你會飛。」老鼠實在是想不透。

　　鸚鵡飛下來停在樹幹上。「還有很多事情是妳不知道的呢，我親愛的老鼠。如果妳肯花時間去了解其他動物，妳會學到更多。妳總是只看

外表，所以永遠不知道真正的他們是什麼樣子。有句老話說『不要以貌取人』啊。」

老鼠嘀嘀咕咕的回森林去了。而金龜子呢？他贏得了比賽，選了藍綠色的外套，是天空的藍加上雨後新葉的綠，還為自己的翅膀選了閃亮的金色光芒，就像湖面上反射的陽光。

直到今天，金龜子還穿著色彩鮮豔的外套，而老鼠就只有單調的棕色或者灰色。

〈三隻山羊〉

適合年齡：3～5歲
應對狀況：遭受嘲弄、欺負

這故事改寫自經典的挪威故事，作者在重新編寫時加入了押韻和重複的元素，讓故事更適合3～5歲的年幼孩子。遭受嘲弄和欺負時，就很適合用這個故事。故事傳達了簡單明白的訊息——欺負別人會得到懲罰，年長的家人和朋友會保護年幼的孩子。

我發現，用戲劇演出這個故事可以獲得更好的效果。如果讓害羞的「受害」孩子來演大公羊，讓比較專橫的、總愛欺負別人的孩子來扮演巨人的話，效果會更好（隔天可以交換扮演角色）。

從前有三隻山羊，名字都叫嘎嘎，第一隻山羊有一撮小小的鬍子，還有一對小小的角，叫小嘎嘎；第二隻山羊有一撮中鬍子和一對中角，叫中嘎嘎；第三隻山羊有一撮大大的鬍子和一對大大的山羊角，叫大嘎嘎。

三隻嘎嘎要到山上去吃香甜的草。但是途中要經過一座橋，橋下住著一個大巨人。巨人的眼睛又圓又大像銅盤，鼻子又長又硬像掃把柄。而且巨人不喜歡有人從橋上過。

　　最先過橋的是小嘎嘎。

　　「踢踏踢踏，橋上傳來踢踢踏，

　　我聽到快步奔跑的腳步聲，

　　是誰從我的橋上過？

　　是誰走路踢踏踢踏？

　　是誰踢踏踢踏過我的橋？」

　　「是我，山羊小嘎嘎，我要到山上吃香甜的草。」

　　「我要上來抓你了！」巨人吼叫著，長長的鼻子一伸就從橋邊伸了上來。

　　「噢，請不要吃我吧，我很瘦，簡直就是皮包骨。我的二哥等下就過來，他比較好吃。」

　　「很好。」貪婪的巨人就回到橋下的家。小嘎嘎繼續向前走，踢踏、踢踏上山去吃香甜的青草了。

　　接下來過橋的是中嘎嘎。

　　「稀涮稀涮，橋上傳來稀稀涮，

　　我聽到快步奔跑的腳步聲，

　　是誰從我的橋上過？

　　是誰走路稀涮稀涮？

　　是誰稀涮稀涮過我的橋？」

「是我，山羊中嘎嘎，我要到山上吃香甜的草。」

「我要上來抓你了！」巨人吼叫著，長長的鼻子一伸就從橋邊伸了上來。

「噢，請不要吃我吧，我很瘦，簡直就是皮包骨。我的大哥等下就過來，他比較好吃。」

「很好。」貪婪的巨人就回到橋下的家。中嘎嘎繼續向前走，稀唰、稀唰上山去吃香甜的青草了。

接下來過橋的是大嘎嘎。

「砰踏砰踏，過橋的腳步砰砰踏，

我聽到快步奔跑的腳步聲，

是誰從我的橋上過？

是誰走路砰踏砰踏？

是誰砰踏砰踏過我的橋？」

「是我，山羊大嘎嘎，我要到山上吃香甜的青草。」

「我要上來抓你了！」巨人吼叫著，長長的鼻子一伸就從橋邊伸了上來。

「太好了，快上來，我等你很久了。」大嘎嘎說。

巨人爬上了橋，大嘎嘎用大角一頂，就把巨人推下了橋。巨人一直往下掉呀，掉呀，掉到了水底下，掉到巨人應該待的地方去了，從此再也沒有出現！大嘎嘎繼續向前走，砰踏、砰踏的一路上山，去吃香甜的青草了。

你知道嗎？這三隻山羊吃了很多很多草，變得很胖，胖到幾乎都沒有辦法走回家了。據我所知，他們現在還是那麼胖。

〈紅卡車的故事〉

適合年齡：8歲
應對狀況：遭受欺負

這是8歲女孩所寫的故事。她剛轉進新學校的時候，曾遭受同學的欺負，在老師的鼓勵下，她把第一個學期的經歷編成故事。到了第二個學期，老師發現故事讓女孩有很大的轉變，她對自己和其他人的態度變得很不一樣。這是個很棒的例子，說明大一點的孩子可以透過創作來解決自己的問題。

有輛卡車剛來到一個停車場的時候，總是被其他車嘲笑。有一天，在漆黑夜晚的掩護下，卡車把原本老舊破爛的車身塗成鮮豔的紅色。第二天，其他車認不出來，變得很尊重他。過了一段時間，雨水洗掉了紅色的油漆，其他車發現，原來紅車就是那輛老舊的卡車。但是沒人再欺負他了，卡車在車場裡過得很好。

Chapter *19*

當孩子不願意合作的時候

〈**毛巾的故事**〉作者：愛蜜麗‧史塔

適合年齡：3歲半
應對狀況：不愛洗澡

　　以下這個故事，是參加「創意管教」課程的家長愛蜜麗‧史塔所創作的。經作者同意後，我將這故事收入本書，並在後面附上了重要的說明。在參加課程的第一個晚上，她曾與大家分享，如何面對3歲半女兒洗澡時讓人傷腦筋的問題。她發揮創造力解決了這個問題，並欣喜的體會到自己的力量。講這個故事的時候，可以伴隨著輕唱的歌謠，以簡單的手偶遊戲來表現。

　　從前，一間人見人愛的房子裡，有個大大的毛巾櫃，就在那堆舊的、舒適的毛巾中，多了條新的藍色毛巾。那是不久之前，有雙手打開櫥櫃裝進床單、毯子和毛巾時放進來的。那是條年輕又有活力的毛巾，很想要去探險，非常希望能派上用場。

第二天，櫃子又被打開了，這個家的媽媽伸手進來，拿走了那條蓬鬆的老爺爺毛巾。這條老爺爺毛巾就放在新來的年輕毛巾旁邊。

　　第二天早上，老爺爺毛巾又回到了櫃子裡，剛好還是放在藍色新毛巾身旁。年輕的毛巾著急的問老爺爺：「您在外面都在做什麼呢？」

　　老爺爺說：「我去幫一個剛剛洗完澡的小男孩擦乾身體，從頭擦到腳趾。我擦乾他的臉、手臂、手指頭和腳趾頭，還幫他擦背，擦下巴底下……擦了好多地方，直到全身都擦得很乾爽，可以舒舒服服的套上衣服。」

　　藍色毛巾興奮的揪來揪去：「哇，這聽來好棒啊！毛巾可以做的事情真多！您從來不會忘記該做的事嗎？」

　　「噢，不會。」老爺爺說，「我編了一首歌來幫我記得該做的事。我可以唱給你聽。你想聽嗎？」

　　「噢，當然了，請唱給我聽吧。」藍色的新毛巾說。於是爺爺就唱了起來：

　　「澎澎香，洗澎澎，洗完澎澎，擦擦擦，
　　裹起他啊，擦擦擦，先擦臉再擦頭髮。
　　輕輕拍乾他全身，前胸、後背、胳肢窩，
　　還有哪裡忘了擦？
　　別忘了腳和手，還有腳趾頭！
　　最後，可別漏了小鼻頭！」

　　新毛巾好喜歡這首歌，還請老爺爺教他怎麼唱。

第二天，櫃子門又打開了，老爺爺毛巾又被拿到櫃子外面去。新毛巾看著他離開，心裡又是興奮又是失望。他多想能派上用場啊！

　　第二天早上，老爺爺毛巾回來了。新毛巾跳起來跟他打招呼：「怎麼樣？怎麼樣？」

　　「開心！」老爺爺一邊說一邊輕輕的笑。

　　「什麼時候才輪到我呀！我好想去喔。」新毛巾渴望的說，「不過，我怕自己忘了該做的事！」

　　「噢，不會的。」老爺爺毛巾說，「沒有問題的。你是一條很好的柔軟毛巾。只要唱那首歌，你就不會忘了。我們現在來練習練習吧。」老爺爺毛巾就跟藍色的新毛巾合唱：

　　「澎澎香，洗澎澎，洗完澎澎，擦擦擦，

　　裹起他啊，擦擦擦，先擦臉再擦頭髮。

　　輕輕拍乾他全身，前胸、後背、胳肢窩，

　　還有哪裡忘了擦？

　　別忘了腳和手，還有腳趾頭！

　　最後，可別漏了小鼻頭！」

　　第二天，媽媽打開毛巾櫃的時候，有個小男孩站在旁邊。「媽媽，」他說，「我以前沒有見過那條藍色的新毛巾。待會洗完澡，我可以用那條毛巾嗎？」

　　「當然可以。」媽媽說，「這條新毛巾正等著我們用它呢。」

　　拿出衣櫃的時候，藍色的新毛巾興奮得叫了起來！男孩子舒舒服

服的洗著澡，他就靜靜的在毛巾架上耐心等著。男孩子洗完澡，媽媽把毛巾遞給小男孩。毛巾就唱：

「澎澎香，洗澎澎，洗完澎澎，擦擦擦，
裹起他啊，擦擦擦，先擦臉再擦頭髮。
輕輕拍乾他全身，前胸、後背、胳肢窩，
還有哪裡忘了擦？
別忘了腳和手，還有腳趾頭！
最後，可別漏了小鼻頭！」

從那時起，藍色毛巾就不再是全新的毛巾啦，但能夠派上用場他好開心啊。他那麼蓬鬆柔軟，小男孩說明天晚上還要用他呢！藍色毛巾一次又一次練習著毛巾歌，從來沒有忘記毛巾該做的事！

愛蜜麗・史塔之後表示：
「我的孩子洗完澡後不喜歡擦乾身體，〈毛巾的故事〉就是因為這樣才寫出來的。那種討厭似乎源自很深的恐懼。只有幾週大的時候，擦她的身體她就會叫，甚至嚎啕大哭。越長越大後，她的活動能力越強，就叫得越大聲，有時還會尖叫，就好像有人要謀殺她似的，而且她總會找機會跑掉，就是不肯擦身體。不論哄騙還是講道理都沒有用，她總是非常抗拒。
「我女兒知道我在寫故事。第一次聽的時候她非常專注。整整一星期，她每晚都要聽，洗完澡還要聽毛巾歌。她非常喜歡這首歌，而

251

且喜歡邊聽邊擦歌詞所提到的部分，她對擦身的抗拒就此消失。

「現在，我女兒和丈夫都很熟悉這首歌。她喜歡這種韻律，重複而押韻的歌詞對她極為有效。我發現只要我唱歌或童謠，她就會變得很合作，幾乎做什麼事情都願意……吃早飯、梳頭等等。活潑生動的語言已經成為了她日常生活中的一部分。

「現在她4歲了，總是喜歡押韻的詞語，不管是幫她擦乾身體或是自己擦的時候，或者做其他事情的時候，她都喜歡自己編出許多的歌和遊戲。

「我想，故事對我女兒很有幫助，而丈夫和我也變得更關注事情的積極面。故事使我們有了努力的方向，而不是互相傳遞著挫敗，為孩子憂心。」

〈鴿子和獵人〉

適合年齡：6歲以上
應對狀況：不願意合作

下面這個故事結合了傳統印第安故事和人多力量大的主題，適合6歲以上的孩子，可以作為小學團體討論的引子。

有天早上，一群鴿子飛過地面，想在地上找食物。突然，帶頭的鴿子發現一棵榕樹下，散落了一地白米。他帶領整群的鴿子飛下去，同時慶幸著自己的運氣真好！

餓壞的鴿子啄食著米粒，過了幾分鐘，卻發現爪子被獵人鋪在地面的網子纏住了。接下來，透過網子就看到獵人拿著大棍子走來。鴿群心

想，這下應該沒命了。

可是帶頭的那隻鴿子聰明又勇敢。他跟鴿群說：「現在情況危急，但我們不能失去信心。我有個想法，如果我們同心協力帶著網子向上飛，還是可以毫髮無傷的離開。我們的體積小，單獨行動發揮不了作用，但如果同心協力，還是可以帶著網子遠走高飛。」

鴿群不確定這個辦法有沒有用，但也沒有其他方法了。於是每隻鴿子啣住網子一角，同時拍著翅膀，從樹下飛上了高高的天空。獵人眼睜睜看著鴿子逃走，卻沒有辦法可以阻止。

鴿群逃到安全的地方後，帶頭的鴿子又對大家說：「我們的麻煩已經解決一半，但還沒有脫離危險呢！我們的腳還被網子纏住呢！我有個朋友，他是隻小老鼠，住在下一座小山的地洞裡。也許他能用尖尖的小牙齒啃破網子，讓我們重獲自由。」

帶頭鴿子這個新主意，讓鴿群非常高興。於是他們一起出發，飛到老鼠住的地方，降落在老鼠洞前面的地上。「有什麼事嗎，我的朋友？你看起來很憂愁，有什麼我可以幫忙的嗎？」小老鼠問帶頭的鴿子。

「你看，我們被這張網子纏住了。」帶頭的鴿子說，「我們帶著這網子飛了很遠才到這裡。你能不能幫忙把我們救出來？」「沒有問題。」小老鼠說完馬上就忙碌起來。他用尖尖的牙齒把那張網咬成了碎片，鴿群一隻接著一隻重獲自由。

鴿群感謝老鼠幫了大忙，也感謝帶頭的鴿子把他們從死亡的險境中解救出來。他們都感到自豪，因為聰明的帶頭鴿子教會他們要團結面對困難。他們的心中充滿歡喜，一起展翅飛向廣闊的藍天。

〈拔蘿蔔〉

適合年齡：4歲以上
應對狀況：不願意合作

　　這個故事的構思來自伊莎貝・惠特（Isabel Wyatt）所著的《七歲孩子的好奇之書》（*The Seven-Year-old Wonder Book*）中的〈荷金與蘿蔔〉，作者將它重新編寫成簡潔的故事。故事傳遞了合作的主題，很適合4歲或以上的孩子。

　　從前有個小男孩叫班班。在這廣大的世界裡，班班最想要的，就是冬至晚上會用到的蘿蔔燈籠。所以，班班在花園種下了一顆蘿蔔種子，還跟蘿蔔說：

　　「蘿蔔，蘿蔔，快長大，長得越大我越愛。
　　裝上蠟燭做燈籠，做成冬至最大的燈籠。」

　　太陽照耀著蘿蔔種子，雨水澆灌著蘿蔔種子，蘿蔔種子發芽了。它長啊長啊，長啊長啊，長成了最大、最圓、最多汁的大蘿蔔。蘿蔔熟了，是蘿蔔拔起來的時候了。班班走進花園，抓住蘿蔔頂上的葉子就拔……他拔呀，拔呀拔……蘿蔔卻牢牢的埋在土裡，一動也不動！

　　剛好就在這時候，媽媽走進了花園。「班班啊，你在幹麼？」

　　「拔蘿蔔，拔蘿蔔！媽媽，媽媽，跟我一起來拔蘿蔔！」

　　於是媽媽拉住班班，班班拉住蘿蔔葉子……他們拔呀，拔呀拔……蘿蔔卻牢牢的埋在土裡，一動也不動！剛好就在這時候，爺爺走進了

花園。「班班啊，你在幹麼？」

「拔蘿蔔，拔蘿蔔！爺爺，爺爺，跟我一起來拔蘿蔔！」

於是爺爺拉住媽媽，媽媽拉住班班，班班拉住蘿蔔葉子……他們拔呀，拔呀拔……蘿蔔卻牢牢的埋在土裡，一動也不動！剛好就在這時候，花園裡來了一隻兔子。「班班啊，你在幹麼？」

「拔蘿蔔，拔蘿蔔！兔子，兔子，跟我一起來拔蘿蔔！」

於是兔子拉住爺爺，爺爺拉住媽媽，媽媽拉住班班，班班拉住蘿蔔葉子……他們拔呀，拔呀拔……蘿蔔卻牢牢的埋在土裡，一動也不動！剛好就在這時候，花園裡來了一隻老鼠。「班班啊，你在幹麼？」

「拔蘿蔔，拔蘿蔔！老鼠，老鼠，跟我一起來拔蘿蔔！」

於是老鼠拉住兔子，兔子拉住爺爺，爺爺拉住媽媽，媽媽拉住班班，班班拉住蘿蔔葉子……他們拔呀，拔呀拔……蘿蔔卻牢牢的埋在土裡，一動也不動！剛好就在這時候，花園來了條毛毛蟲。「班班啊，你在幹麼？」

「我想把蘿蔔拔起來。」

「可是，」毛毛蟲說，「難道你不懂怎麼拔蘿蔔？你有沒有先問問小矮人，能不能拔蘿蔔？」

哎喲，班班沒有想到要問小矮人呢！於是他彎下腰來喊：

「小矮人，小矮人，我的好矮人，
我想把你的大蘿蔔帶回家。
裝上蠟燭做燈籠，做成冬至最大的燈籠！」

突然，大蘿蔔旁邊的地裡，跳出來一個好小好小的人。

「我的天哪，班班好乖！」小矮人說，「你幹麼不早說呢。我一直在另一邊用力拉拉拉呢！在小矮人的大蘿蔔裡點上蠟燭，那是我們最喜歡的！現在你問過我了，再拔一次吧。」然後他一下子就鑽進地裡，又不見了。

於是毛毛蟲拉住老鼠，老鼠拉住兔子，兔子拉住爺爺，爺爺拉住媽媽，媽媽拉住班班，班班拉住蘿蔔葉子——他們拔呀，拔呀，他們用力拔！突然，老鼠「碰」的一下摔倒在毛毛蟲身上，兔子「碰」的一下摔倒在老鼠身上，爺爺「碰」的一下摔倒在兔子身上，媽媽「碰」的一下摔倒在爺爺身上，班班「碰」的一下摔倒在媽媽身上——班班手裡捧著的，是最大、最圓、最多汁的蘿蔔！

班班站起來跟媽媽說對不起，媽媽站起來跟爺爺說對不起，爺爺站起來跟兔子說對不起，兔子站起來跟老鼠說對不起，老鼠站起來跟已經壓得有點扁的毛毛蟲說對不起！不過說老實話，每個人都不怎麼痛，大家樂呵呵的笑了起來。然後班班把大蘿蔔帶回家裝上蠟燭，做成了大燈籠！（班班還幫媽媽一起挖出蘿蔔心，讓媽媽拿去煮湯。）

面對孩子粗野行為或躁動的時候

〈亂跑亂跳的小紅馬〉

適合年齡：4～6歲
應對狀況：無法安靜

　　這故事是寫給在幼兒園裡行為粗野的4歲男孩，他總是亂跑，對其他孩子又踢又打，無法安靜下來。老師們為了班上孩子的安全，只好單獨的看著他。

　　這個孩子最喜歡的動物就是馬，所以講這個故事的時候，他總是非常專注的聽。老師一次又一次的講著這個故事，每次講完故事，就會讓圍坐成一圈的孩子，輪流來到圈圈中間，接受其他孩子的輕輕撫摸，就像故事中的馬兒，享受有人替他刷毛的感覺。

　　4～6歲孩子喧鬧不安的時候，家長和老師可以使用這個故事。

　　「從前有一匹小紅馬：

　　得兒得，得兒得，嘿！

得兒得，得兒得，吼！
小紅馬整天只想去草原奔跑唷！
得兒得，得兒得，嘿！」

　　每天一大早，小紅馬就在馬廄裡亂跳，鼻子噴著氣，腿踢得很高，因為他就是不喜歡關在屋子裡！農夫帶來新鮮的乾草給他當早餐，吃草的時候，他也不停的又踢又跳。農夫只好把馬房門打開，讓他跑到外面去。

　　一跑到牧場上，他就四處亂跑，跑了一整天。

　　「得兒得，得兒得，嘿！得兒得，得兒得，吼！」

　　小紅馬很想整年都待在外頭。但是，夏天火紅的太陽把草烤得棕黃，牧場上飛揚的塵土撲鼻而來，弄得他又癢又不舒服。所以，在炎熱的夏天，小紅馬的外衣總是又熱又癢，夜晚總是睡不好。他扭啊，滾啊，還又踢又跳，不斷發出各種聲響。其他小馬都埋怨他鬧得大家不得安寧。「如果小紅馬能安靜下來就好了，如果小紅馬知道怎麼乖乖睡覺就好了！」他們都互相嘀咕著。

　　最後，有個特別的朋友來幫忙了，那就是住在馬廄的毛刷子。每天傍晚，農夫都用這把刷子幫馬房裡的馬兒刷毛。刷子知道農夫很想照顧小紅馬，幫他刷毛，就像照顧其他的馬兒。可是，小紅馬不是踢就是跳，農夫根本無法靠近他。

　　有一天晚上，刷子決定把這一切告訴小紅馬。他從架子探出頭來，輕輕的說：

「小紅馬，請你安靜耐心聽，我有個祕密告訴你，

傍晚靜靜待在馬廄裡，

農夫會幫你刷刷毛，讓你變舒服。」

一開始的時候，小紅馬又是踢又是扭，很吵鬧，根本聽不到那個祕密。於是，毛刷子更大聲的說：

「小紅馬，請你安靜耐心聽，我有個祕密告訴你，

傍晚靜靜待在馬廄裡，

農夫會幫你刷刷毛，讓你變舒服。」

這一次，小紅馬聽到祕密了，他很開心！他也想每天晚上好好的睡一覺啊！第二天傍晚，小紅馬早早從牧場回來，在馬廄裡努力靜靜待著。可是，要讓四條腿都靜靜不動實在太難了。他的腿愛跳、愛踢又愛跑，喜歡動個不停。好幾次，他只好跟自己的腿說：「不要動，請不要動！」

很快，他就聽到農夫往自己的馬槽過來了。農夫發現小紅馬靜靜站著，非常驚訝。他立刻就用刷子幫小紅馬刷了起來──刷馬背，刷脖子，還刷腿。這邊刷刷，那邊刷刷。噢，好舒服啊，小紅馬每分每秒都好享受、好享受。

終於刷好了，所有的癢癢、不舒服全都不見了！那天晚上，小紅馬睡得好香，他從來沒睡得那麼好過。小紅馬整個晚上都安安靜靜的，馬廄裡其他馬都高高興興的謝謝毛刷子，謝謝他把祕密告訴了小紅馬。

從此以後，每一天的傍晚，小紅馬總是早早從牧場回來。他靜靜等著，直到農夫來幫他刷外套，一直刷到他舒舒服服為止。現在，他比以前快樂多了，每天晚上他都能睡得又香又甜。而且，大部分的日子裡，他還是可以在牧場上奔馳喔！

「得兒得，得兒得，嘿！得兒得，得兒得，吼！」

當然囉，毛刷子也非常開心。能幫整個馬廄的馬刷毛，是毛刷子最開心的事情了。

〈蝸牛和南瓜〉

適合年齡：3～4歲
應對狀況：緩和情緒

表現這個故事最好的方式就是——鋪一塊近似大地顏色的布，放上小貝殼當蝸牛，再放一個南瓜來表演。這個故事緩慢而簡單，具有療癒的效果，還可以營造出平和的氛圍。我曾經給3～4歲的孩子講這個故事，故事結束之後，我總會觀察到他們在玩遊戲的時候，動作變得像蝸牛般和緩。

「（唱）慢慢的，慢慢的，噢，好慢好慢，蝸牛就是這樣慢，慢，慢……」

從前，有隻小小的小蝸牛，

她在草地上慢慢爬。

爬得，那麼，那麼慢，

因為她背著她的家。

她爬過一個南瓜，
好大好大的大南瓜。
在我的土地裡，
山都無法跟你比。
她爬上南瓜，噢，那麼那麼慢，
她從邊邊往上爬，
努力努力往上爬，
慢慢爬，不辛苦。
邊爬還邊唱著歌，
時間很快就過去。

「（唱）慢慢的，慢慢的，噢，好慢好慢，蝸牛就是這樣慢，慢，慢……」
慢慢爬上南瓜頂去休息，然後繼續向前行，又開始唱起歌。

「（唱）慢慢的，慢慢的，噢，好慢好慢，蝸牛就是這樣慢，慢，慢……」
她開始從另一邊往下爬，
就算辛苦，也不吭聲。
她邊爬邊唱歌，
直到回到大地上。

「（唱）慢慢的，慢慢的，噢，好慢好慢，蝸牛就是這樣慢，慢，

慢……」

　　她還是悠哉悠哉，慢慢爬，

　　她草地上慢慢爬，

　　因為她背著她的家，

　　邊爬還邊唱著歌。

　　（結束的時候重複唱歌數次。）

〈星星草人〉

適合年齡：3～8歲
應對狀況：動個不停

　　這是個關於「動個不停」和「改變」的故事。澳洲初夏時節，星星草[27]從沙裡被風吹出來，然後沿著沙灘一路向前滾，有時候還會出現好幾百團草聚在一起滾的景象。這個故事所具有的重複和節奏性，很容易被3～5歲的孩子接受，6～8歲的孩子也很能樂在其中。

　　從前有個老婦人，她穿過沙丘上長滿茂密又高的草叢時，突然從草叢正中央裡露出一個圓圓的、像是草做的球。她伸手想去撿那個球時，從球裡面先是冒出一個小小的草頭，再來是草的雙手和雙腳，這個小小的星星草人滾過她的手，又沿著沙灘滾向前去。

27　編注：即風滾草。在旱季來臨的時候，它會從土裡將根收起來，團成一團隨風四處滾動，好像會走路。滾動的時候，風滾草的枝條都向內彎曲，捲成一個圓球。風一吹，「圓球」就脫離根部，拔地而起，在地上打滾起來，能一直滾幾百公尺。即使在冬天，大雪覆蓋了草原，也阻擋不了風滾草的腳步，它們照樣可以在地上滾來滾去，繼續旅行，直到春暖花開，才停止漂泊、扎根。

「停下來，小小的星星草人，我想跟你玩。」老婦人大聲叫。可是星星草人說：

　　「來玩，來玩──不要，不要，我要回到天空去！
　　我沒時間玩，太陽正在叫我呢，
　　你追呀，追呀，拚命追，
　　你捉不到我，因為我是星星草！」

　　然後他又沿著沙地繼續滾，滾呀滾，老婦人在後面跟著追呀追。
　　不久，他遇到了一條狗正在追著海鷗。狗看到星星草人，叫了起來：「停下來，小小的星星草人，我想跟你玩。」可是星星草人說：

　　「來玩，來玩──不要，不要，我要回到天空去！
　　我沒時間玩，太陽正在叫我呢，
　　你追呀，追呀，拚命追，
　　你捉不到我，因為我是星星草！」

　　然後他又沿著沙地繼續滾──滾呀滾，老婦人在後面跟著追呀追，狗兒跑啊跑。
　　不久，他遇到了一隻剛剛從沙洞裡爬出來的螃蟹。螃蟹看到星星草人，叫了起來：「停下來，小小的星星草人，我想跟你玩。」可是星星草人說：

「來玩，來玩——不要，不要，我要回到天空去！

我沒時間玩，太陽正在叫我呢，

你追呀，追呀，拚命追，

你捉不到我，因為我是星星草！」

然後他又沿著沙地繼續滾——滾呀滾，老婦人在後面跟著追呀追，狗兒跑啊跑，螃蟹爬呀爬。

不久，他遇到了在海邊捕魚的一群漁夫。漁夫看到星星草人叫了起來：「停下來，小小的星星草人，我們想跟你玩。」可是星星草人說：

「來玩，來玩——不要，不要，我要回到天空去！

我沒時間玩，太陽正在叫我呢，

你追呀，追呀，拚命追，

你捉不到我，因為我是星星草！」

然後他又沿著沙地繼續滾——滾呀滾，老婦人在後面跟著追呀追，狗兒跑啊跑，螃蟹爬呀爬，漁夫跑呀跑。

就在這時候，金光四射的太陽爸爸從雲間的窗戶裡探出頭來，金色的陽光越過天空，在沙灘上跳舞。星星草人頭上，也有一束陽光在飛舞，讓他全身都沐浴在金色的陽光裡。

星星草人不再滾了，他坐下來，欣賞著自己嶄新的金外套。「怎麼會這樣呢？」他自豪的想，「我一定非常重要，看！我不用去拜訪太陽，太陽來拜訪我了！」

他坐在那裡，自豪的欣賞著自己金亮亮的外套，老婦人趕上來了。「你願意跟我來嗎？」老婦人說，「我想把你掛在我的房子裡，在聖誕夜裡當我的聖誕光。」

「噢，好啊。」星星草人說，「我願意。穿著這身嶄新的金外套，我會發出像太陽那麼明亮的光芒。」

老婦人從口袋裡拿出一根繩子來，把繩子的一頭綁在手指上，另一頭繞著星星草人的金外套纏了一圈，帶著他回家去了。她把閃亮星星草人掛在房間裡，當成她的聖誕光。

至於那隻狗呢？他又回去追海鷗了。螃蟹爬回沙子的洞裡睡著了。而漁夫呢？如果你走到沙灘上，你會看到他們靜靜的在釣魚，就在大海旁邊。

〈神仙蛋〉

適合年齡：各年齡層
應對狀況：讓孩子平和安靜

這故事是從〈敲門樹〉（請見P57）那首詩發展出來的。那是我當老師的第一年，帶著一群孩子在森林散步的時候，我想到用這個故事讓他們不再亂跑。不久之後，孩子就養成習慣，先在森林小路入口的敲門樹旁集合，再禮貌的敲門，進到森林。孩子們放輕腳步走入森林，用全身的感官專注體會林中的所見所聞。詩歌和故事全然改變了孩子們森林散步的氛圍，之前亂跑亂動的孩子變得平和安靜。

家家住在一條彎彎曲曲的小路盡頭的小鎮上，旁邊就有一個公園，

再過去有一片森林。家家最喜歡去森林裡玩，他稱這個森林為「敲門樹森林」。因為，在進到森林的小路旁，有一棵敲門樹。他想：「森林的看守仙子一定住在這裡！」他是個有禮貌的孩子，所以總會先敲敲門，然後再沿著小路走進森林。

森林裡，還有很多棵樹上都有門，家家所有的仙子朋友都住在裡面。雖然家家從來沒有親眼見過，可是家家知道，他們就住在那裡面，還經常聽到他們開心遊戲的笑聲。有時候他確定自己看到了，穿過樹蔭的光線底下有著舞動的身影！有時候，他會發現仙子們造的小路。有時候又會看到，樹蔭下的草地有一圈又一圈，像是跳舞時踩出來的小小腳印。「而且，」家家想，「要不然，那些樹為什麼都有門呢？」

眼看復活節就要到了，家家好興奮。他還記得，去年復活節早上起來，在自家後門台階上，他找到一個小小的籃子，裡面裝滿了閃閃發光的彩蛋。

「我想知道復活節早上，仙子寶寶會找到什麼？」有一天，家家問媽媽。媽媽笑著說：「想知道答案，就要比他們早起，親自出去看看啊！」

「好啊，」家家想，「我正想這樣做！」他一心就想著要復活節那天起個大早，拜訪「敲門樹森林」。他一心一意想著這件事，都忘了要找自己的復活節彩蛋了。

復活節前的那個星期五，家家忙著烤辮子麵包。他烤了一整天的麵包，然後把一整盤的麵包分送給鄰居，就這樣，烤麵包、送麵包、吃麵包，就花了他將近一整天的時間。

復活節前的那個星期六早上，家家覺得那天特別特別長。好不容易

等到晚上，家家早早上了床。「我怎樣才能知道，仙子寶寶什麼時候起床呢？」他問媽媽。「陽光會叫醒他們，」她說，「你得趕在第一道陽光灑落大地之前、笑翠鳥[28]啼叫第一聲的時候，就趕到那裡。」

第二天早上，笑翠鳥叫第一聲的時候，家家就醒了，他看了看窗外，天還黑摸摸的。他靜靜的穿好衣服出門，穿過公園的時候，天空才露出淡淡的晨光。草上的露珠晶瑩透亮，溼溼的草地使他的腳步聲不會太大聲，他可不想吵醒仙子寶寶。

來到「敲門樹」邊的時候，家家停下來四處看看。可是，除了旁邊草叢裡的幾隻小螞蟻，他什麼也沒有看到，他有點失望。「也許仙子寶寶們根本就沒有復活節禮物？又或者，是我來得太晚了？或者……是因為森林的守門仙子沒有孩子？」

想要確認仙子有沒有孩子這念頭，使他想再找找看。於是，他慢慢的沿著森林小路，來到另一棵有小門的樹前。那裡，他驚訝的發現，有個很小很小的籃子，放在門口階梯旁邊。家家彎腰看看籃子裡面，看到了他從沒見過的，最最最小的蛋，比幫媽媽種在花園裡的胡蘿蔔種子還要小。

家家繼續沿著小路走，從一扇小門走到另一扇小門。在下一扇小門外面，有三個小籃子，隔壁的小門外有兩個，再隔壁的小門外──沒有，再再隔壁的小門外有一個，他就這樣一路數，一路走到小路盡頭，走到森林的另一邊。他想，要是能拿一個籃子給媽媽看，那該多好啊！可是他知道不能這樣做！想想看，如果有個仙子寶寶睡醒，看到空空

28　編注：澳洲特有的一種鳥類，因為鳴叫聲很像人類的狂笑聲而被稱為笑翠鳥。

的門階，該有多失望啊！

　　這時，他想起來了，自己大清早就去拜訪敲門樹森林，都忘了看看自己家後門的台階了！他飛快跑過花園，跑進自己家的後門。陽光照耀著草地灑落在門階上，在那裡，他那裝滿了彩蛋的復活節籃子，正在清晨的陽光下閃耀。他把籃子拎進去，放在廚房的桌上，把蛋從草窩裡取出來。

　　他拿起最下面的蛋，草裡還藏著一個很小很小的仙子籃──跟他在敲門樹森林裡看到的一模一樣。小籃子裡放著的，是一些小小的蛋，蛋上還有一張小小的字條：

　　「送給好心又聰明的男孩，
　　神仙蛋散發復活節的光彩。
　　請在秋天的花園撒種子，
　　春天時整園鮮花朵朵開。」

Part 4

幫孩子面對
成長挑戰的故事

Welcome

這部分針對孩子在成長過程中必經的困難處境提出建議。常見的困境
如搬家或轉學，或是較為複雜的，例如面對恐懼、疾病以及親人去世
的悲傷等情況，故事都可以幫助孩子面對新的挑戰。我並不認為只靠
故事就能處理這些困難，但故事可以給孩子帶來勇氣，以及提供富有
想像力的解決方案，進而幫助他們化解焦慮和恐懼。

Chapter *21*

面臨環境變動或過渡期

〈小袋熊的新嘗試〉

適合年齡：4歲以上
應對狀況：搬家或轉學

　　這是關於搬家或轉學的故事。你可以比照孩子生活的變動來調整故事情節。這個故事適合4歲以上的孩子，也可以用其他有袋類動物（比如負鼠或袋鼠）來代替故事中的袋熊。

　　講給學齡孩子聽時，為了讓他們更融入故事，可以畫出或者演出故事，讓他們談一談搬家或轉學後的感受。之後，還可用這個主題進行創意寫作練習。

　　小袋熊是隻年幼的袋熊，他不喜歡嘗試新的事情。

　　媽媽暖洋洋、毛茸茸的袋子裡就是他的窩，那是他最喜歡的地方。媽媽的袋子又舒服又溫暖，幹麼出去啊！

　　有時候，小袋熊會爬出來，在水窪喝點水，或者吃點香甜的苔蘚，

但他從不在外面的世界停留很久。如果風吹過，哪怕只是輕輕吹動了他的毛，他也會馬上跳回媽媽的口袋。

小袋熊不喜歡新嘗試！

要是雨點落在他的頭上，他也會馬上跳回媽媽的口袋。

小袋熊不喜歡新嘗試！

看，有另一隻袋熊向他走來了，他還是馬上跳回媽媽的口袋裡。

小袋熊不喜歡新嘗試！

媽媽的口袋就是他的窩，他唯一的窩。可是，小袋熊一天天長大，媽媽的袋子卻不會變大。

有一天清晨，小袋熊喝了很多很多的水，又吃了很多很多香甜的苔蘚後，想爬回媽媽的袋子。可是這一回，只有頭能伸進袋子，身體卻卡在外面進不去了。他又試著把肚子先放進去，可身體還是卡在外面。他又試著先把腳塞進去，可是身體照樣進不去。

小袋熊該怎麼辦呢？他忽然發現，外面這個廣闊的世界，每一樣東西都是既新鮮又陌生的。可是，小袋熊不喜歡新嘗試！

小袋熊四處張望，看到一叢高大的灌木。他爬到灌木下，在沙地裡挖了個洞，把自己蜷縮在裡面。這不是媽媽的袋子，可是現在他只能用這個洞了。他很想睡覺，可是所有的東西都那麼陌生。

突然，灌木上傳來了小袋熊從來沒有聽過的很吵、很奇怪的聲音。

「呵呵，哈哈，呵呵，哈哈哈哈！」

小袋熊抬頭一看，一隻很大的鳥就停在他頭頂的樹枝上。

「你是誰？為什麼那麼吵？」小袋熊問。

「我是笑翠鳥，我就是這樣笑的。我在笑你啦，小袋熊！呵呵，

哈哈，呵呵，哈哈哈哈！」

「有什麼好笑的？」小袋熊問。

「呵呵，哈哈，呵呵，哈哈哈哈。小袋熊，你真好玩，居然不喜歡新嘗試。你不知道新嘗試很有趣嗎？」

小袋熊聽到這兒，驚訝極了：「在這冰涼涼的沙洞裡躺著，怎麼會有趣？」

「那你跟我來。」笑翠鳥說著就沿著路飛出灌木叢，一路飛一路笑：「呵呵，哈哈，呵呵，哈哈哈哈！」

小袋熊爬起來，小心翼翼的跟著笑翠鳥。月亮剛剛升起，在遠遠的山那邊散發著柔和的光亮。路邊的小野花可愛的點著頭，好像在說：「歡迎你來到這廣闊的新世界！」蜻蜓在灌木間飛來飛去，青蛙四處鳴唱。小袋熊驚訝的發現，原來外面的世界是如此美好。

前面的小路上有個水窪，是新的，媽媽還沒帶他來過呢。水窪旁，有很多跟他差不多大的小袋熊，正在洗澡和玩水。他們看到小袋熊，就喊了起來：「嘿，過來跟我們一起玩啊！」

於是，小袋熊就跟他們一起玩了整晚。第二天早上，袋熊爸爸媽媽來找他們的小寶寶了。他們一起在樹下軟軟的泥土裡挖了很多洞，然後躺在洞裡睡覺，就這樣度過了一整天。又跟爸爸媽媽在一起了，小袋熊覺得又溫暖又舒服。

一覺睡醒，小袋熊又迫不及待跟新朋友玩了起來。這可真有趣！每一天晚上，小袋熊的朋友都帶他做一些新嘗試，教他一些新東西。奇怪的是，小袋熊現在喜歡上新嘗試了。

傍晚或者清晨的時候，他還是經常聽到笑翠鳥在樹上笑：「呵呵，

哈哈，呵呵，哈哈哈哈！」

可是小袋熊知道，這不是在笑他。笑翠鳥只是在玩！

〈變色龍的故事〉

適合年齡：6歲
應對狀況：無法順利轉換情境

在非洲奈洛比的家長班上，有個媽媽請工作坊的成員為她6歲的兒子編個故事。她的兒子無法從正在做的事情順利轉換到另一件事情，不論在家裡還是在學校，不管是玩耍之後要吃點心，還是戶外活動結束後要說故事，又或者是洗完澡該上床睡覺……

他們家的花園裡經常有變色龍出沒，媽媽發現兒子對變色龍很有興趣。因此我們以變色龍的特質為故事的核心，想出了一個故事，以趣味聯結了彩色卡片與每個轉換。

變色龍是一種獨特的生物，牠們最吸引人的地方，就是會隨著環境變換不同的保護色，包括棕、綠、藍、黃、紅、黑或白。這個故事講了這七種顏色，並用七張變色龍形狀的色卡，對應七種活動——遊戲時間、整理時間、用餐時間、工作時間、洗澡時間、故事時間和上床時間。聽過故事以後，小男孩比較能接受跟著卡片轉換活動的方式了。

故事簡單敘述了小變色龍一天的生活，他的生活節奏就跟小男孩的生活節奏一樣。故事是這樣開始的（可以根據各個家庭不同的生活節奏對故事做出相應的調整）：

從前，有一隻變色龍寶寶，他跟爸爸媽媽住在花園的一根空心木頭裡。每天早上起來，他都穿上棕色的外套，吃棕色的蟲子當早餐。然後他穿上綠外套，到外面長滿綠色苔蘚的石頭上玩。收拾的時間一到他就穿上……外套（等等，等等）。晚上的時候，天空變得黑漆漆的，就該穿黑外套了（卡片畫上一些閃亮的小星星圖案）。

　　＊提醒：轉換的時間，唱一首歌或童謠，可以更強化故事的效果，例如我是會變色的變色龍，每當顏色改變，我就知道該做什麼！

〈剛剛好農夫〉

適合年齡：4～7歲
應對狀況：面對過渡期

　　家裡有4～7歲的孩子時，父母就可以講這個故事協助他們度過過渡期。在「剛剛好」農夫的農場裡，每樣東西都有自己的位置和用處，因此，一位媽媽便延伸了這個故事，非常幽默的解決了5歲的兒子老是躲在衣櫃裡大小便的問題。在「剛剛好」農夫的農場裡，那當然是要去廁所做的事。故事裡開心的泥巴遊戲，可以幫助怕髒的孩子不怕被弄髒──故事中鼓勵玩泥巴，並且讓孩子知道：玩髒了，洗乾淨就好。

　　從前，有一隻小白鴨，她不像其他小白鴨那樣愛待在池塘裡。她比較喜歡在池塘旁邊的泥坑裡玩。所以，這小白鴨身上總是沾滿泥巴，看起來一點都不白，其他鴨子都叫她「泥鴨鴨」。她整天待在泥坑裡，直

到玩累了或者餓了，才會去池塘裡把泥巴洗掉，然後游回去找媽媽。她喜歡鑽進媽媽軟軟的絨毛裡睡覺，不過睡醒以後，她又會回到泥坑裡拍打泥巴玩。

這個池塘的主人是「剛剛好」農夫，她喜歡農場裡每樣東西都很整齊。「每樣東西都有自己的家，每樣東西都在自己的家。」她喜歡邊哼著這首歌邊做家務。從窗戶看出去的時候，她喜歡看到白鴨子在池塘裡，牛在田地裡，母雞在院子裡啄啄啄，豬在豬圈的泥巴裡滾滾滾。

有一天，剛剛好農夫走到池塘旁邊，低頭看見裡面有一團圓滾滾、裹滿泥巴的東西，在泥坑裡面玩泥巴！

「天哪！」剛剛好農夫說，「肯定是有頭小豬從豬圈裡爬出來了。」她沒花太大力氣，就把那圓滾滾、裹滿泥巴的東西撿了起來，帶回豬圈去了。她一邊小心的把那東西放下，一邊哼著歌：「每樣東西都有自己的家，每樣東西都在自己的家。」嗯，帶小豬回家了，真好！她心滿意足的繼續作事。

可那圓滾滾、裹滿泥巴的東西根本就不是小豬，那是泥鴨鴨！開始的時候，泥鴨鴨還挺開心的，因為豬舍裡有好多可愛的泥巴。她跟其他豬一起滾，滾得渾身都是泥，大家都沒發現她不是豬。她就滾呀，玩呀，度過了大半天。可是現在，太陽下山了，天漸漸黑了，她開始懷疑這該是她待的地方嗎？其他小豬都窩到渾身泥巴的豬媽媽身旁睡覺了。可是泥鴨鴨想念著鴨媽媽柔軟的絨毛，怎麼睡得著！

泥鴨鴨不但睡不著，肚子還餓得咕嚕咕嚕叫。剛剛好農夫放進豬舍的豬食她都不想吃，她只愛吃媽媽捉的小蟲蟲！所以泥鴨鴨覺得，現在該想辦法找到路回家了。她搖搖擺擺的走到豬舍圍欄邊，想爬出去，

可是她渾身都是滑溜溜的泥巴，一爬上去，就滑了下去。看來得要在圍欄底下挖出一條路來，那真不容易，幸好她有一張硬硬的鴨嘴巴。

泥鴨鴨費盡力氣挖了很久，終於在籬笆底下挖出一條隧道。她用力的從隧道裡鑽出來後，身上的泥巴更多了。眼睛、耳朵、鼻子都是泥巴，身上裹了這麼多泥巴，泥鴨鴨也覺得難受起來。

如果這天晚上，剛剛好農夫從窗戶裡望出來的話，她就會看到一團滿身泥巴的東西，從豬舍搖搖擺擺的走進了池塘。不過，剛剛好農夫已經忙了一整天，忙著讓她農場裡的東西都回到原來的位置上，所以她已經累得睡著了。泥鴨鴨搖搖擺擺慢慢走回池塘，一頭鑽進清爽涼快的水裡。她好不容易才把身上的泥巴洗乾淨——豬舍的泥巴比泥坑的還要黏稠——不過最後，她還是洗得乾乾淨淨，白白亮亮，游回媽媽那裡去了。

在銀色的月光下，鴨媽媽滿心歡喜的看著走丟了的小鴨子慢慢從池塘的另一頭游回來。媽媽早就給自己的寶貝留好了小蟲蟲，泥鴨鴨不用擔心餓肚子了。吃飽了以後，泥鴨鴨一句話都沒有說，就鑽回媽媽軟軟的絨毛中間睡著了。鴨媽媽始終都不知道，泥鴨鴨這一整天去了哪裡；剛剛好農夫也一直沒有發現，原來她放回豬舍的不是小豬而是小鴨。

從這天起，剛剛好農夫就不曾在池塘邊的泥坑裡發現圓滾滾、泥乎乎的東西了。泥鴨鴨還是很喜歡玩泥巴，但會小心不被農夫看到。每次剛剛好農夫從窗戶看出去的時候，總是看到白鴨子在池塘裡，牛在田地裡，母雞在院子裡啄啄啄，豬在豬圈的泥巴裡滾滾滾。「每樣東西都有自己的家，每樣東西都在自己的家。」她開心的哼著這首歌，繼續忙她的事。

〈小貝殼〉

適合年齡：3、4歲
應對狀況：安撫新入園孩子

　　這是寫給3、4歲孩子的故事，最適合用來做簡單的表演，而且用來安撫新入園的孩子總是很有效。故事的主題溫暖，加入「家」的元素，讓孩子學會在創意遊戲時間用簡單的材料來玩，即使是一籃貝殼也可以玩出很多花樣。

　　藍藍的大海裡，一只小貝殼獨自漂啊漂。他好奇的說：「我會到哪兒去呢？我可以做些什麼呢？」忽然一道波浪湧來，嘩啦一下，就把小貝殼捲進去了。

　　滾呀滾、翻呀翻、轉啊轉……

　　小貝殼翻了個身，剛剛落下來，另一道浪又嘩啦一下，就把小貝殼捲進去了。

　　滾呀滾、翻呀翻、轉啊轉……

　　小貝殼還沒來得及猜想自己會不會肚子朝天掉下來，又一道大浪嘩啦一下，就把小貝殼捲進去了。

　　滾呀滾、翻呀翻、轉啊轉……

　　這個浪把小貝殼拋到了金色的沙灘上。

　　小貝殼躺在沙子上，粉紅粉白的美麗花紋在晨光中閃閃發亮。他好奇的問：「我會到哪裡兒去呢？我可以做些什麼呢？」

　　這時候，有位老奶奶正沿著沙灘散步。她在沙灘上走著走著，看到了小貝殼，粉紅粉白的美麗花紋在晨光中閃閃發亮。她撿起貝殼，看著

他說：「我認識一個小女孩，她一定喜歡跟你玩。」接著她就把小貝殼裝進口袋，回家去了。

　　回到家，她踮著腳尖，輕輕走進小孫女的房間，小孫女還沒醒呢。老奶奶把小貝殼放在床邊的桌子上，小貝殼那粉紅粉白的美麗花紋在晨光中閃閃發亮。老奶奶就到廚房，煮麥片做早餐了。桌子上的貝殼好奇的問：「我會到哪兒去呢？我可以做些什麼呢？」

　　小孫女一覺醒來，看到桌子上美麗的貝殼，就拿起貝殼玩了起來。娃娃們喝下午茶的時候，貝殼剛好可以當盤子。後來，小貝殼又成了小熊玩偶的電話。

　　很快，奶奶就喊小女孩吃早餐了。小女孩吃麥片的時候，小貝殼就躺在桌子上。等小女孩吃過早餐，她把貝殼拿到家門口的沙地裡玩，一下挖沙子，一下建沙堡，還在沙子上畫畫。

　　奶奶坐在陽台的椅子上，看著孫女玩耍。小女孩說：「奶奶，謝謝妳，這真是個可愛的玩具。」

　　小貝殼終於找到了一個朋友和一個家。他知道，這就是他想來的地方、想做的事。

Chapter 22

收拾時間可以運用的
引導故事

〈整理小熊〉

適合年齡：4～8歲
應對狀況：鼓勵保持整潔

　　這故事的用意是鼓勵孩子和家長保持玩具和房間的整潔，適合
4～8歲的孩子。可以請孩子配合劇情畫出混亂的房間（玩具亂塞、東
倒西歪、上下顛倒、裡外不分），然後再畫上收拾小熊、娃娃檯燈和收拾
整齊的房間（玩具整齊擺放，全都排好，方向一致）。

　　泰迪熊住在房間角落的玩具箱裡，裡面還有許多其他玩具。玩具箱
雖然又寬又大，玩具還是經常掉到地板上——玩具亂塞、東倒西歪、上
下顛倒、裡外不分。

　　這房間的主人是個小女孩，她叫安安。安安不喜歡收拾玩具，她不
是懶惰，而是平時爸爸媽媽都幫她收拾好了，她沒有機會發現收拾玩具
的樂趣！爸爸媽媽幾乎每天都到安安的房間，他們總是抱怨：「玩具

亂塞、東倒西歪、上下顛倒、裡外不分。」

　　泰迪熊很喜歡每件物品都放整齊的時候，那會讓他感覺平靜和安靜。可是只要安安在房間裡玩幾小時，一切都又變亂了──玩具亂塞、東倒西歪、上下顛倒、裡外不分。

　　有一天，房間裡加入了新的成員。從此，一切就改變了。安安收到了一盞很美麗的檯燈，那是她的生日禮物。這不是一盞普通的檯燈，這檯燈的支架是個金色的娃娃，燈罩是一把印著花朵的雨傘。檯燈就放在安安的梳妝檯高處，可以看到房間的每個角落。

　　房間裡全部的玩具，不論是地板上的，還是玩具箱裡的，都能看到娃娃檯燈。每個玩具都誇她漂亮，而泰迪熊太喜歡這個檯燈娃娃了，根本無法不看她！泰迪熊從沒見過如此美麗的景象，特別是夜晚，當娃娃檯燈亮起，散發出金色明亮光芒的時候。

　　不過，娃娃檯燈進入這個房間後，只亮了幾個晚上，就不再亮了。不管安安怎麼按開關，她就是不亮。爸爸媽媽檢查了燈泡，還請懂電路的鄰居叔叔幫忙檢查，就是沒人知道為什麼這盞燈不亮了。

　　小熊覺得很難過，可是他也幫不上忙，他只是個玩具呀！他看看四周，房間裡亂糟糟的，覺得更難過了。因為安安的爸爸媽媽一直忙著修理檯燈，忘記要整理房間了。

　　小熊覺得很煩惱也很難過，為什麼安安自己不會整理房間呢？難道她不知道，整潔的房間可以讓大家感覺好過一點，平靜一點，快樂一點嗎？他突然產生一個有趣的想法──也許就是因為這樣，娃娃檯燈才不亮了呢！一盞這樣美麗的檯燈，怎麼會希望把她的光芒照在如此凌亂的房間呢？

面對這一片凌亂，泰迪熊想，他得做些什麼。也許他只是個玩具，但他可以做個會整理的玩具。他開始動手，先撿起散落一地的拼圖，把書整齊的排好，放回玩具箱上方的書架，再把玩具和車小心的放回車庫和玩具的家，幾乎所有東西都歸回原位了。

　　最後，所有亂擺亂塞、東倒西歪、上下顛倒、不分裡外的玩具都收拾好了，所有的玩具整齊擺放，全都排好，方向一致。當泰迪熊站在那兒欣賞自己的工作成果時，娃娃檯燈自己亮了，金色的光芒灑滿了整個房間。就在亮燈的一剎那，泰迪熊聽到梳妝台上輕輕的傳來：「謝謝你，我的整理小熊！」是金色的娃娃檯燈在跟他說話呢！

　　小熊感到喜悅和自豪。他回到玩具箱，躺在裡面很久，看著美麗的娃娃檯燈直到睡著，還做了個最美的夢。

　　安安看到檯燈又亮了，非常高興。她的爸爸媽媽當然更高興，不用他們幫忙，女兒的房間也可以維持整齊！

　　從那一天開始，小熊就負責整理玩具的工作。只要美麗的娃娃檯燈每天把金色的光芒灑到房間的每個角落，他多做一些事都沒關係。他一邊工作一邊唱：

「我是愛乾淨的整理小熊，
收拾玩具，整理乾淨，我最行！」

　　沒過多久，小熊發現安安也會開始整理玩具了——也許她聽到了我唱的歌？後來，雖然他們沒有講好工作分配，卻可以合作把玩具全都收拾好了。

當然，小熊很小心，不會一直都在收拾。安安要玩玩具的時候，就要把玩具從玩具箱和架子上拿出來吧！不可能一直都在整理的！小熊得忍住不急著收拾，沒多久，他就對一天整理一次的情況感到滿意了。晚上，只要玩具們都整齊擺放，全都排好，方向一致，娃娃檯燈就會把她金色的光芒灑滿整個房間。

〈小掃帚〉

適合年齡：各年齡層
應對狀況：鼓勵打掃

　　以下這故事和詩是為了提高「小幫手」的工作熱情而編寫的。這故事沒有年齡限制，我就曾講給不同年齡的孩子和成人聽。很多時候，這個故事都會以布偶劇的方式表現：戴著藍、紅、黃色小氈帽的三個小娃娃，代表故事裡的三個人。可以用松針做一把小小的掃帚，房子可以用木頭或樹根來表示。用戲劇表演這個故事也很容易，只要每個演員戴一頂小氈帽，準備一把掃帚就好了，而且效果非常好。

　　小藍帽和小紅帽一起住在鳳凰木和山楂樹的樹根底下，但你知道嗎，他們的家非常髒亂！

「滿地都是麵包屑啊，麵包屑。
桌子底下有麵包屑，
椅子底下有麵包屑。
墊子上有麵包屑，

床底下是麵包屑，
連枕頭下也全是麵包屑。」

　　他們有一把小小的稻草掃帚，就在房間的角落裡，可是小藍帽和小
紅帽不會用掃帚。
　　這小小的稻草掃帚看著房間一直嘆氣：「只要有人會用我，一眨眼
我就可以把房間掃得乾乾淨淨。」
　　小藍帽和小紅帽也會打掃房間。可是每次輪到小藍帽，他都嫌麻
煩，所以他就慢慢拖著掃帚繞著房間轉，唱著「麻煩歌」：

「別煩我，別煩我，
別拿打掃來煩我；
打掃實在太麻煩，
我每天都只想玩。」

　　所以，小藍帽掃完以後，房間還是像原來一樣，到處都是麵包屑：

「滿地都是麵包屑啊，麵包屑。
桌子底下有麵包屑，
椅子底下有麵包屑。
墊子上有麵包屑，
床底下是麵包屑，
連枕頭下也全是麵包屑。」

而輪到小紅帽的時候，他的動作總是匆匆忙忙。他拿著小小的稻草掃帚飛快的掃，唱著他的「旋風快掃」歌：

「掃到東，掃到西，快快掃，
東掃掃，西掃掃，到處掃一掃。
掃到東，掃到西，快快掃，
東掃掃，西掃掃，到處掃一掃。」

　　等小紅帽掃完，本來沒有麵包屑的地方也都有麵包屑啦。

「滿地都是麵包屑啊，麵包屑。
桌子底下有麵包屑，
椅子底下有麵包屑。
墊子上有麵包屑，
床底下是麵包屑，
連枕頭下也全是麵包屑。」

　　有一天，小金帽到他們家來做客。他一進門，就看見到處都是麵包屑。「我的天哪！」他說，「掃帚在哪？我得好好掃掃這個房間。」
　　小金帽走到房間的角落，拿起了小掃帚，唱著他的「掃乾淨」歌，掃了起來：

「掃乾淨，掃乾淨，

小金帽把房子掃乾淨，

掃乾淨我最高興，

小金帽全都掃乾淨！」

　　小金帽打掃了所有地方。他打掃桌子下面，還有椅子下面。墊子上掃過了，又掃了床底下。他連枕頭下，都掃得乾乾淨淨。

　　等小金帽打掃完，麵包屑在屋子中央堆成一座小山。他把小掃帚放回房間角落以後，小掃帚覺得好累，一下子就睡著了。

　　小金帽、小紅帽和小藍帽圍著桌子坐下，分享葡萄乾麵包和茶。

「三個小人戴著三頂小帽帽。

三個小人排排坐，

小藍帽、小紅帽和小金帽，

一起做家事，維持乾淨的家。」

Chapter *23*

孩子害怕或做噩夢時

〈上帝的花園〉

適合年齡：4～8歲
應對狀況：睡不著、做噩夢

　　孩子4～8歲那段時間，如果他們睡不著或做噩夢時，我就會講這個故事。故事可以讓他們平靜下來，安心入睡。故事裡有經典的送子鳥，而其中的畫面可以幫助害怕的孩子回到「甜蜜的夢鄉」。

　　你想過上帝住在哪裡嗎？試著想像一下吧！祂不是像我們這樣住在房子裡，祂的家是個美麗的花園，上帝叫這個花園為「天堂」。天堂裡所有的葉子都是銀做的，就像漆黑大海上的月光；花瓣都是金子做的，就像陽光一樣金光閃閃。天堂裡有許多白雲島，島上是鮮花盛放的花園，由一道道彩虹橋連接每座白雲島。上帝花園裡美好的東西那麼多，講也講不完。

　　我想特別告訴你一件事。在長滿了金花銀草的花園裡，有一條潺潺

流動的小溪。我們這裡的小溪小河裡流的都是水，而天堂小溪裡流動的卻是千千萬萬的小小星光。他們擠在一起，奔跑跳躍著，一路收集著新的星光，蜿蜒流過遙遠夜空中的每個角落，流向上帝的花園。小溪流啊流，流進了花園中間，也就是天堂的正中央，順著一道巨大的瀑布沖刷而下，小星光也勇敢的一躍而下。就這樣，他們來到了星光閃爍的湖泊，原本滿湖閃耀的星星再加進這些溪流的星星，亮到人的眼睛都快睜不開了。

你可以想像，這些星光翻過瀑布以後是多麼自豪和喜悅！能夠成為偉大光之湖的一分子，他們都覺得很光榮。星光媽媽曾經告訴他們許多次，他們得經過長途的旅行，才能來到這個重要的地方，而且，在這裡，巨大的白色天使鳥繞著湖面飛翔，用愛心守護著光之湖。現在，小小的星光見到這些鳥了，牠們就在光之湖岸邊，展開閃亮的白翅膀，一隻連著一隻圍繞光之湖。這場面多麼壯觀啊！你能想像這美麗的一幕嗎？

終於來到光之湖了，小小星光迫不及待要展開新的旅程了。因為白色的天使鳥是上帝的信差。天使鳥在湖邊靜靜等待，等待著遙遠的地球上，有新寶寶要誕生的消息。消息一傳來，就會有一隻天使鳥飛入光之湖，選出一顆小小的美麗星光放進柔軟的搖籃裡，飛出上帝的花園，越過夜空，一路飛啊飛啊，飛到地球上。

星光，是上帝送給每一位地球孩子的禮物，是一份來自天堂的禮物。那白色的天使鳥，經過長久的飛行，從天堂花園來到地球，把這美妙的禮物送給新生的嬰兒。牠把星光深深放入寶寶的心中，星光就一直留在那裡，溫暖而明亮。

陪伴新生嬰孩的星光裡，有一份祝福：

「遠方來的小星星，為我領路伴我行。

溫暖又光明，像是夜裡的燭光。

小星星，亮晶晶，照在夜裡放光明。

你出生的時候，不知道天使鳥為你選的是哪顆星光？」

我猜，上帝想跟我們分享祂的花園，祂的家，所以祂為每個人都選了一顆星光，一顆來自上帝花園裡光之湖的星光。也許你不知道上帝的家是怎樣的，可是，祂的家並不遙遠：就在我們心裡，就在地球上，與我們一起共享。

〈羚羊、蝴蝶和變色龍〉 作者：露西・久庫那

適合年齡：5歲以上
應對狀況：面對黑暗與未知恐懼

　　這是東非基庫尤人的故事，經作者露西・久庫那同意後收錄進本書。這是個很棒的非洲傳統故事，可以幫助孩子面對黑暗和未知的恐懼。適合5歲以上的孩子。

　　從前，有一隻羚羊喜歡在森林裡遊蕩，但其他動物總是要趕走他。有一天，他決定蓋一棟大房子，比森林裡所有的樹都大的房子。房子建好以後，他隔出很多小房間，萬一有其他動物來，他就可以躲起來。

　　羚羊總在白天出門去找食物和水，還會找朋友聊聊蓋房子的事。可是有一天，他出去的時候忘了關門，不久，一隻在花叢飛舞的蝴蝶發現

門沒鎖，拍著翅膀飛了進去，飛到漆黑的角落休息。

　　羚羊回家，發現門敞開著，他嚇得不敢進去。他大聲喊：「是誰在羚羊的屋子裡？」蝴蝶說：「是能上天下地的我。」

　　羚羊一聽，嚇得趕快跑進森林求助。他在路上遇到大象。大象問：「羚羊先生，你看見什麼了？為什麼跑得那麼快？」羚羊說：「不知道是誰進了我家，嚇得我都不敢回去了。」

　　「走，」大象說，「我來幫你趕走他。」

　　他們來到羚羊的家，大象高聲喊：「是誰在羚羊的屋子裡？」蝴蝶說：「是能上天下地的我。」

　　大象一聽，嚇得掉頭就往森林跑。

　　於是，羚羊又趕快找別的動物來幫忙。一隻又一隻動物來到他家，他們都跟大象一樣，不敢進去趕走蝴蝶。

　　羚羊在門口呆坐著，一點辦法都沒有。忽然，他想起自己忘了去請變色龍呢！於是，他又跑進森林去找變色龍。

　　變色龍問他：「羚羊先生，你看見什麼了？為什麼跑得那麼快？」羚羊說：「不知道是誰進了我的家，嚇得我都不敢回去了。」

　　「走，」變色龍說，「我來幫你趕走他。」

　　他們來到羚羊的家，變色龍大聲問：「是誰在羚羊的屋子裡？」蝴蝶說：「是能上天下地的我。」

　　變色龍聽了，就往裡面走。其他動物只是圍攏在門口，害怕的看著。可是他們等啊等，看啊看，卻什麼事情都沒有發生。

　　變色龍每走進一個房間，都問同樣的問題：「是誰在羚羊的屋子裡？」蝴蝶也一次又一次的回答：「是能上天下地的我。」

終於，變色龍來到了蝴蝶躲藏的那個黑漆漆的角落。他一下子捉住了蝴蝶，帶出去給大家看。大家一看，噢，竟然只有這麼小啊！都覺得很不好意思，統統跑回森林去了。

從那天起，羚羊跟變色龍就成了好朋友。

〈精靈和鞋匠〉

適合年齡：5歲以上
應對狀況：讓孩子保有希望

這個最受歡迎的童話故事，經過作者改寫後收入本書。這是個在不可能中仍懷有希望，冥冥中會受到幫助的故事。這是很好的睡前故事，適合5歲以上的孩子。

從前有個鞋匠，和妻子住在小鎮邊的小屋子裡。鞋匠沒有做錯什麼事，卻過得很窮。到後來，他剩下的錢只夠買一張小小的皮，而這麼小的皮，只夠做一雙鞋子。

那天晚上，他在工作檯上把皮料鋪平、切好，預備第二天早上一起來就可以縫鞋子。等一切處理好，他就跟妻子上床睡覺去了。

可是，在他們睡覺的時候，不可思議的事情發生了！

「小精靈助好心人，

穿針引線把鞋縫，

緊緊拉好，仔細縫。

精靈手巧心思密，

左邊縫完右邊縫。」

　　第二天早上，鞋匠一覺醒來，走進工作室打算縫鞋子。可是，端端正正放在工作檯上的，是一雙做工精美的鞋子！他拿起鞋子裡裡外外的看——針腳細密又整齊，做工又精巧——他從來沒見過這麼漂亮的鞋子！鞋子放到櫥窗裡沒多久，就有顧客上門，用很高的價錢把鞋子買走了。

　　現在，鞋匠有錢可以買一張更大、夠做兩雙鞋子的皮料了。那天晚上，他在工作檯上把皮料鋪平、切好，預備第二天早上一起來就可以縫鞋子。等一切處理好，他就跟妻子上床睡覺去了。

　　可是，在他們睡覺的時候，不可思議的事情又發生了！

　　「小精靈助好心人，
　　穿針引線把鞋縫，
　　緊緊拉好，仔細縫。
　　精靈手巧心思密，
　　左邊縫完右邊縫。」

　　第二天早上，鞋匠一覺醒來，走進工作室打算縫鞋子。可是，端端正正放在工作檯上的，是兩雙做工精緻的鞋子！他拿起鞋子裡裡外外的看——針腳細密又整齊，做工又精巧——他從來沒見過這麼漂亮的鞋子！鞋子放到櫥窗裡沒多久，就來了兩個顧客，用很多的錢把鞋子買走了。

現在，鞋匠的錢可以買一張更大的、夠做四雙鞋子的皮料了。

然後一切就這樣進行著。每天晚上，鞋匠都會在工作檯上把皮料鋪平、切好，準備第二天早上起來縫。可是每天早上，鞋子都已經做好，就在那裡等著他。

有一天晚上，鞋匠在工作室裡準備皮料，妻子說：「是誰每天晚上過來，為我們做這些工作呢？今天晚上，我們不要睡覺了，躲在簾子後面看看到底是誰，好嗎？」

鞋匠覺得這是個好主意。於是他們讓燈繼續點著，自己悄悄躲在簾子後面，一直等啊等，看啊看⋯⋯直到半夜的時候，兩個沒穿衣服的小小人兒跳著舞進了房間。他們跳到工作檯上，用小小的錘子和精靈的針忙了起來。錘呀縫，縫呀錘，他們一邊忙，一邊唱著工作的歌：

「小精靈助好心人，
穿針引線把鞋縫，
緊緊拉好，仔細縫。
精靈手巧心思密，
左邊縫完右邊縫。」

小人兒忙了一整晚，把所有鞋子都漂亮的縫好，整齊的放在工作檯上，然後，他們跳下工作檯，跳著舞走了。

妻子跟鞋匠說：「我想，小精靈對我們這麼好，我們應該送他們一些禮物。要不然，我們做些衣服送給他們？」

鞋匠覺得這是個好主意。他把兩塊小小的皮料在工作檯上鋪開、切

好，然後就不停錘呀縫，縫呀錘，直到完成兩雙小小的鞋子。

鞋匠在忙的時候，妻子拿出針線籃，縫了兩件很小很小的衣服，和兩條很小很小的褲子，然後又用毛線織了兩頂小小的帽子。做好後，她把衣服和鞋子都整齊的放在工作檯上。他們讓燈亮著，又躲到簾子後面靜靜的等著，張望著……半夜的時候，兩個小人跳著舞進來了。他們跳到桌上打算工作。可是，桌上等著他們的不是皮料，而是這些東西？

他們一件一件的試穿，小小的衣服剛剛好！那就試試小小的褲子吧，噢，剛剛好！小小的鞋子呢？哇，也是剛剛好！最後戴上小小的帽子吧，也是剛剛好！

「小小人兒穿新衣，戴新帽，
不再做鞋很快樂！」

小人穿著新衣服、新鞋子，繞著屋子又唱又跳，然後跳著舞從門口出去了，從此沒有再出現過。鞋匠和他的妻子因為知道感恩圖報，一生都過得很好。

〈天空藍的斗篷〉 作者：蘇珊‧哈里斯

適合年齡：6歲
應對狀況：克服黑暗

這個故事，是蘇珊‧哈里斯送給我兒子6歲的生日禮物。她將故事手寫在一張美麗藍天圖畫的背面，用來幫助他克服對黑暗的恐懼。經過作者的同意收入書中。雖然故事的主題是聖誕，但故事所傳達的

美麗訊息，已經超越了宗教。

　　很久很久以前，在一個寒冷的冬夜裡，聖嬰耶穌降生在遙遠的伯利恆大地。聖母瑪利亞穿著一件美麗的紅色長袍，披著一件天藍色的斗篷。她用斗篷裹著嬰兒，讓他窩在溫暖安全的懷抱裡。

　　那是個沒有雲的晚上，滿天都是閃爍的星星。聖嬰出生的那片天空，有一顆亮晶晶的星星。以後，孩子害怕或是不開心的時候，聖母瑪利亞都會把他抱起來，裹在天藍色的斗篷裡，讓他仰望夜空中閃亮的星星。

　　一個星期又一個星期，一個月又一個月的過去了。有一天，聖嬰在花園裡跟朋友玩耍的時候，突然嘩啦啦的下起了暴雨，又是閃電又是打雷的，兩個孩子都嚇壞了。他們渾身顫抖的跑回家找聖母瑪利亞，聖母瑪利亞溫柔的把他們裹進天藍色的斗篷裡。孩子不再顫抖了，又感覺到安全、溫暖、舒服。

　　時間一年一年過去了，有一天，聖嬰跟許多男孩、女孩一起到離家很遠的森林裡玩。他們開心的歡唱歌舞，忽然，聽到了一陣可怕的吼叫。那聲音越來越近，越來越大聲。那是什麼？該不會是狼吧？或者是獅子？他們不知道，卻嚇得渾身冰涼。有個孩子撿起一根棍子，另一個孩子趕快爬到旁邊的樹上去，還有一個孩子渾身發抖的躲進了灌木叢。可是聖嬰說：「來呀，大家來！我們趕快跑到我媽媽那裡。她會把我們裹進她天藍色的斗篷裡，這樣，世界上就沒有東西可以嚇到我們了。」

　　「可是，你媽媽的斗篷怎麼可能把我們都裹起來？有那麼多人

呀！」有個女孩問。

「別擔心。」聖嬰說，「我媽媽天藍色的斗篷可以一直鋪開，再鋪開，再鋪開，鋪住整個世界，把每個孩子都溫暖舒適的裹進去。」

於是，孩子們都跑出了森林，去找聖母瑪利亞。就像聖嬰剛剛出生的時候，聖母瑪利亞把她的斗篷鋪開，把所有的男孩和女孩都裹了起來，讓他們感覺溫暖舒適又安全。

〈兔子媽媽和大火〉

適合年齡：4歲
應對狀況：經歷重大災難

這個故事是寫給經歷火災的4歲孩子。若要比較理性解釋與想像力，哪一種對孩子比較有效，這是個很好的例子。故事的背景請參考第3章。

從前，在一片綠油油的草地中間有個兔子窩，兔子媽媽和許多兔寶寶住在那裡。兔寶寶每天都在附近高高的草叢裡追趕跑跳的玩樂，日子過得非常快樂。

有一天，兔子媽媽要暫時離開家，她把寶寶留在兔子窩裡安穩舒適的睡覺，就出發了。她穿過草地，沿著塵土飛揚的小路走遠了。兔子媽媽才剛走，草地附近有一道溝渠著火了，夏天的風讓火越燒越旺，火沿著綠油油的草地燒了過來。

等兔子媽媽回到家時，可怕的火災已經結束。原本綠油油的草地現在只剩下燒焦的草根，地上還是燙的，兔子媽媽走不過去。

「我的寶寶怎麼樣了？他們還在家裡睡覺嗎？」她著急的想。

兔子媽媽等到天黑，氣溫下降了，草地變得不再那麼燙，她才在星星閃爍的光芒下，輕手輕腳的來到兔子洞邊，向裡面看。她看到兔子寶寶還是睡得很香甜，舒服又安全的睡在窩裡。兔子媽媽好開心啊，她進到兔子窩裡跟兔寶寶一起睡覺，一覺睡到第二天天亮。

時間一天天的過去，小兔子看著草地慢慢恢復。先是從焦黑的地裡鑽出了小小的綠芽，然後這些綠芽一點一點長高，直到地上長滿了茂密的綠草。於是，小兔子又可以像以前那樣，在自家附近的高高草叢裡，開心的追趕跑跳玩樂了。

〈天生的國王〉

適合年齡：6歲
應對狀況：經歷重大災難

下面是寫給一位6歲非洲男童的故事。他3歲時曾遭受性虐待，因而對上廁所產生恐懼，這故事幫他克服了恐懼。第1章對整件事有更詳細的敘述。

從前有個小男孩，他出生就注定要成為國王。從小，大家就叫他小王子，還給他一頂金色的皇冠，讓他戴在頭上。

小王子像其他男孩一樣喜歡爬高爬低到處探險，喜歡跑跑跳跳尋找新鮮事。他整天跟朋友在皇宮的花園和森林裡玩。他的皇冠在陽光下閃閃發光，朋友都喜歡追著這金光閃閃的光芒玩。

有一天，王子跟朋友在皇宮圍牆旁的空地玩，有個大孩子越玩越粗

野，突然推了王子一把，王子掉出圍牆外，摔到滿是石子的地上，雙手雙腳都摔斷了。

　　僕人們救起王子，送回他的房間，那是皇宮最裡面的地方。醫生用強力繃帶幫他把手和腿包紮起來。很長一段時間，他根本就無法動彈，只能躺在床上等骨頭癒合。因為躺得太久，等他的骨頭長好以後，他竟然忘記怎麼走路了。他只想繼續躺在床上，不管爸爸媽媽用任何方法，他卻連試都不想試。

　　有一天，奶奶想到一個辦法。她拿了一面鏡子到小王子的房間，坐在小王子床上。她把鏡子對著他照。她說：「你出生就注定要成為國王，所以你的頭上有個像陽光般閃著金光的皇冠。可是現在，你看！」

　　小王子看看鏡子，驚訝的發現，在缺乏光線的臥房裡，金色皇冠已經失去光澤，如此暗淡。他哭著說：「請抬我到外面去，我的皇冠在陽光下就會閃閃發光了。」

　　「不，你不需要別人抬你出去。」奶奶說，「你得要自己走……不過如果你伸出手來，我可以扶著你走。」

　　小王子伸出手來，奶奶幫他慢慢把腿從床上移到地上。他們慢慢走出黑暗的房間，沿著皇宮的走廊，走進了陽光燦爛的花園。

　　過了好幾個星期，小王子才恢復成以前那樣，可以爬高爬低到處探險，喜歡跑跑跳跳尋找新鮮事。不過等待的這段時間，朋友都會輪流牽著他的手幫他走動。他走動得越多，皇冠就越閃亮，越能反射出太陽金色的光芒。很快的，他就像以前一樣每天都出去玩了。奶奶就坐在皇宮花園的角落裡，看著他跟朋友一起玩。她為這個孫子感到驕傲！因為，小王子知道，他是天生的國王！

男孩母親後續發來的電子郵件這麼說：「我兒子很喜歡這個故事，尤其是故事中的王子！（我建議媽媽幫兒子做個皇冠，媽媽就用金色的線編了一頂——建議使用道具的理由，請見第5章「有關故事道具的解說」）他都在睡覺前聽這個故事，因為那是我夜校課程結束後的空檔。現在，他上廁所已經不用我幫忙了，我只是偶爾聽見沖馬桶的聲音，而他恐懼上廁所的情況再也沒有發生過。看到他逐漸克服恐懼，我感到很興奮。我衷心祈禱，他能順利從托兒所升上小學。這個故事對我幫助很大，特別是實際體驗到想像力可以幫助孩子的情感發展這一部分。」

Chapter 24

幫孩子面對疾病、悲痛或死亡

〈蠶的故事〉 作者：蘇珊‧哈里斯

適合年齡：各年齡層
應對狀況：面對絕症與死亡

　　這個故事可以幫助孩子以充滿想像力的方式來看待絕症或親友的死亡。在徵得作者蘇珊‧哈里斯的同意後收入本書。

　　從前，山腳下有個小村莊，小村莊裡有間白房子，白房子裡住著一個小女孩。小女孩喜歡養蠶，她的蠶寶寶住在一個沒有蓋子的大盒子裡。她把那個盒子稱為蠶寶寶宮殿。

　　每天大清早，太陽才剛剛爬上山，小女孩就跑到小溪旁邊的桑樹下，說：「親愛的桑樹，我能摘一些嫩嫩的桑葉給我的蠶寶寶嗎？」

　　老桑樹說：「當然可以，我很樂意幫助妳的蠶寶寶，讓牠們長得大又胖。」

　　每一天，小女孩都先向桑樹道謝，才摘下桑葉帶回家，放進蠶寶寶

的宮殿。蠶寶寶總是狼吞虎嚥，啃掉一片又一片的大桑葉。牠們快樂的在宮殿裡擠來擠去，爬來爬去，長得越來越大，越來越胖。小女孩只要看到牠們一天天的長大，就很開心。

小女孩最心愛的蠶寶寶叫「小妞妞」。每一天，她都把小妞妞從宮殿裡拿出來，放牠在自己的手心、手臂上爬，還開心跟牠說說笑笑。

可是有一天，小女孩看到宮殿裡的小妞妞一動也不動了！「為什麼會這樣？」小女孩問自己，「牠是不是死了？」

其實小妞妞沒有死！牠是在吐絲，用吐出來的美麗長絲把自己裹起來，最後織成一個很漂亮的繭。不只是小妞妞，所有的蠶寶寶都吐絲了。牠們整天繞啊繞不停吐絲，慢慢的，所有蠶寶寶都變成安靜而美麗的蠶繭，一動不動的躺在盒子裡。

小女孩很傷心，她想念小妞妞和其他的蠶寶寶。能夠看著蠶寶寶爬行、長大是多麼好玩啊！而現在，一切都靜悄悄的。

有一天，小女孩對著盒子喊：「親愛的小妞妞，我想念妳和妳的朋友。我多麼喜歡看你們到處爬，慢慢長大！可現在你們一動也不動，我好難過。」

小女孩的話剛說完，小妞妞的蠶繭忽然動了，裡面鑽出一隻飛蛾來，飛到盒子邊停下了。小女孩簡直不敢相信自己的眼睛！看！飛蛾的翅膀是如此精緻，隱隱透出色彩和花紋來。

飛蛾繞著小女孩飛了三圈，停在她的手上，用很清楚的聲音說：「妳知道嗎？剛才我在繭裡覺得不舒服，因為這個繭太緊了，我好像被關在裡面似的。現在我衝出來了，可以離開它了。我開心又自由，可以飛到高高的天上，飛到金色的太陽那裡去，那比我以前做蠶寶寶時的

蠕動和爬行有趣多了。再見了，小女孩，謝謝妳餵給我那些美味桑葉。現在我自由了！」

美麗的飛蛾飛出窗外，一直飛上高高的天空，向著金色太陽而去。

〈翱翔吧，老鷹〉

適合年齡：8歲
應對狀況：面對死亡

1990年代後期，我在南非工作的時候，曾聽過當地電台訪問開普敦市特北灣教區的主教。主教提到一個故事，是他講給癌症晚期的8歲女兒聽的。故事來自迦納的民間傳說，主題是「復活」。主教覺得這個故事幫助了女兒和家人，讓他們可以面對即將到來的死亡。

從前，有一隻雛鷹出生在雞窩裡。因為牠還是顆蛋的時候，農夫在上山的途中撿到牠，並把牠帶回家，交由母雞孵化。

雛鷹跟其他小雞一起長大，卻總覺得自己可以飛得很高，可是沒有人教牠該怎麼飛……

農夫的兒子願意幫助牠，先是把牠帶到梯子上，然後是屋頂上。可

故事創作小竅門

講述這種關於死亡的故事時，如果說故事的人認定死亡不是最後的終結，而是一種重生，那麼故事就會影響孩子。否則孩子會直接感覺到說故事者的疑惑，並接收這樣的疑惑。

是，這兩個地方都不夠高，不能讓鷹真正感覺到自己的雙翅。

於是，孩子和農夫一起把鷹帶回發現牠的那座山，並把牠放在高高的懸崖邊。這一次，雛鷹從懸崖邊上起飛，牠感覺到空氣在翅膀下流動，陽光灑在翎毛之上，牠越飛越高，越飛越高。

很快的，鷹飛上了高高的天空，回到了屬於牠的廣闊天地，一直向著太陽飛去。

〈小溪・沙漠・風〉

適合年齡：8歲以上
應對狀況：面對死亡

這是關於改變和重生的美麗故事。它像一顆無名的寶石，出處已無從考證，經作者修改後收入本書。故事適合8歲以上到成人。說故事的時候，也可以畫出小溪沿路所見到的景物。就像〈翱翔吧，老鷹〉以及〈蠶的故事〉，這也是關於死亡和重生的故事，內容敘述一些事物死亡了，然後以不同的方式重生。

從前，有一條小溪，它從高高的山上奔流而下，繞過石頭，躍下瀑布，越過田野，穿過森林和山谷，最後來到一片巨大的沙漠。它努力想讓水在沙子上繼續向前流，可是，水消失了。在這一刻之前，小溪對生活還是充滿信心的，然而現在的它實在不敢相信眼前發生的事情。「我的水正在消失，那我該怎麼越過這一片沙漠？」

小溪聽到了一陣低語，似乎是從沙裡傳來的：「問問風吧！它知

道越過沙漠的路在哪裡。」

「風可以飛。」小溪想，「我只能繼續在沙子裡消失，我沒有辦法越過沙漠。」

「可以叫風載你。」那聲音繼續低語。

「可是那樣我就得變。我不想變，我想做我自己。」

「如果你繼續流進沙漠，你就是在改變；你要不是消失，就是變成一片沼澤。」

「可是我想做我自己。」小溪說，「我怎樣才能繼續做我自己，又可以到沙漠的另一邊？」

「如果你記得真正的自己，你就會知道，真正的你是永遠都不會改變的。」那個聲音低語道。

小溪記起了遺忘久已的夢，在夢裡，風的臂彎將它攬在懷裡。於是，它放開了腳下的大地，讓自己變成了蒸氣，升了起來。風帶著它，飛越了廣闊的沙漠，一直飛到山的另一邊。最後，風把它放了下來，讓它變成了山頂上的毛毛雨。

就這樣，小溪再一次重生了。它繞過石頭，躍下瀑布，越過田野，穿過森林和山谷。經過這些歷程，小溪越來越認識自己了，它擁有了真正屬於自己的流動記憶。

〈青蛙和一桶奶油〉

適合年齡：各年齡層
應對狀況：增加力量與信心

作者將俄羅斯童話改寫成可以增加力量和信心的故事，大人和孩

303

子都適用。

從前，有隻青蛙跳進了一桶奶油中。他在奶油裡繞著打轉，用力的又踢又拍，想要找到出路。他不時的停下來休息，暗暗擔心：「不知道是不是真的能找到出路，擺脫困境。」

後來，他一邊游一邊唱起了歌。他發現，唱歌可以給他帶來力量。

「我是一隻小青蛙，只要我保持堅強，很快就能找到好辦法！」青蛙拒絕放棄。他一邊用力游，一邊大聲唱，就這樣努力堅持著。不知不覺中，他小小的腿已經把奶油攪成了黃油。

最後，他踩著凝固的黃油，跳出去了。就在擠奶女工過來拿桶子的前一刻！

〈泥娃娃〉

適合年齡：6歲以上
應對狀況：面對死亡與轉變

這是作者改寫自坦尚尼亞童話，是關於死亡和轉變的故事。適合6歲以上的孩子。

從前，有個男人和妻子住在森林邊的小房子裡，房子旁邊有一條小溪。他每天都從河床上挖來泥巴做出各式各樣的東西，如罐子、碟子，還有杯子和碗。他的妻子每天都在院子裡種植、照顧各種蔬菜，如玉米、捲心菜、南瓜，還有豆子。每到星期六，他們在籃子裡裝滿各種泥做的物品和蔬菜，帶到市場上去賣。

他們對自己的生活非常滿意，除了一件事——他們很想要一個孩子，因為家裡缺少孩子的笑聲。

　　有一天，男人正在用泥巴做東西，他邊做邊唱：「一邊遊戲一邊工作，一邊工作一邊遊戲，我喜歡做泥塑！」

　　他在工作的時候，陽光燦爛，小鳥在歌唱，他的心裡滿是喜悅和快樂。忽然，他產生了一個特別的想法：「我要用泥巴做個小孩！」

　　他靈巧的雙手忙了起來，不久之後，他就做出了一個美麗的泥巴女孩，她有著棕色的鬈髮，棕色的臉蛋還透著光彩。做好以後，他用一塊布當成衣服把小女孩裹起來，抱著她到院子裡給妻子看。走進院子的時候，小女孩忽然從他的手裡跳到地上，開始跳舞。

　　妻子聽到聲音趕快跑出來，當她看到了小泥娃娃，立刻彎下腰很寶貝的把她抱起來：「我們家終於有孩子來歡笑和跳舞了。」

　　從那天起，這小小的泥巴女孩就跟這對夫妻一起生活，跟他們一起工作——有時候跟男人一起做泥罐、碟子、杯子還有碗，有時候跟妻子在花園裡種玉米、捲心菜、南瓜和豆子。男人和妻子都很高興，家裡終於有孩子了！

　　每到星期六，男人和妻子到市場賣東西的時候，就把小女孩留下來看家。因為他們擔心，要是走到半路下起雨來，雨水會把他們剛得來的孩子變成一團泥巴。

　　「別離開家太遠，泥娃娃。」他們去市場的時候會叮嚀她，「要是下起雨，妳一定要留在家裡等我們回來。」

　　泥巴女孩總是聽他們的話。每個星期六，當男人和妻子從市場回來時，她都乖乖待在屋子裡。

不過，有個星期六，泥娃娃一人在家的時候，聽到屋外有一群孩子又笑又跳的走過。孩子們正要到森林裡摘新鮮的野莓呢！泥巴女孩不由自主的跟著他們的笑聲和歌聲走，一直走進森林裡。她跟孩子們一起跳舞、摘野莓。當籃子裝滿了新鮮的野莓，他們打算回家了，泥娃娃就在他們身邊跳著舞伴隨他們。可是走到半路的時候，天空飄來一片烏雲，大雨傾盆而下，就像是上帝拿著桶子，站在雲上往下潑水。

　　男人和妻子從市場回來以後，發現屋裡空盪盪的，找遍了家裡也看不到泥娃娃。雨已經停了，路上到處都是水窪。他們往森林的方向看去，看到樹下的草地上有一團泥巴，他們馬上就明白發生了什麼事！

　　男人小心的把泥巴撿起來帶回家，放進他最喜歡的泥罐裡。妻子把罐子放在門前，每一天，他們都會在罐子裡灑幾滴水，紀念他們的小女孩。

　　有一天，他們發現一片小小的綠芽從泥巴裡冒出來了，他們看著這綠芽一天又一天的長大。它長啊長，長出小葉子，長出美麗的小花苞。有一天，這美麗的花苞開出了一朵最最美麗的紅玫瑰。

　　從此以後，玫瑰樹每天都開出一朵新的玫瑰來，男人繼續做著罐子、盤子、杯子還有碗，一邊做一邊唱：「一邊遊戲一邊工作，一邊工作一邊遊戲，我喜歡做泥塑！」

　　他的妻子繼續種玉米、捲心菜、南瓜還有豆子，她一邊在花園裡挖土一邊唱：「一邊遊戲一邊工作，一邊工作一邊遊戲，我喜歡接近大地！」

　　以後的每個星期六，他們都在籃子裡裝上各種泥做的東西和蔬菜，再加上一把玫瑰，一起帶到市場上去賣。

〈給秀雅的娃娃〉

適合年齡：5歲
應對狀況：面對死亡與災難

秀雅是個孤兒，在她5歲的時候，村莊被搶劫一空，全家人都被殺死了。現在她被奈洛比的SOS兒童村收養，她會在那裡生活到18歲。她的老師給她講了這個故事，第二天早上，秀雅在她床上發現一個特別的娃娃，穿著金線銀線繡的衣服。她新家的「媽媽」發現到，聽過故事之後，秀雅在玩遊戲的時候有了很大的改變，並且也願意跟其他人配合了。關於這個故事的背景請參考第5章。

秀雅的爸爸媽媽在天堂裡很安全，跟他們所有的孩子在一起，只有秀雅留在地球上。

每天晚上，藉著閃爍的星光，他們看著親愛的小女兒在床上睡覺。他們高興的看到，她有了安全的新家，還有新媽媽照顧她。不過，他們也看到秀雅有時候很難過，也很孤獨，爸爸媽媽想從天堂送一件禮物給她——是個布娃娃！白天的時候陪秀雅玩，晚上的時候陪秀雅睡覺。

天堂的天使，幫他們從太陽那裡採來了金線，又從月亮採來了銀線，他們用天堂的織布機織了一塊特別的布，做了個布娃娃。

娃娃做好以後，天堂的天使抱著娃娃從星光閃爍的天空來到地球。她從窗戶飛進秀雅的新家，把娃娃放在秀雅的床上，就放在秀雅的枕頭旁邊！

第二天早上，秀雅一覺醒來，發現這份禮物正等著她，要跟她打招呼呢。娃娃的衣服在晨光下閃著金色和銀色的光，秀雅好開心。她知

道，這是一份天堂的禮物。她給娃娃取名叫○○（娃娃的名字），於是，娃娃成了她的好朋友。

〈銀翼〉 作者：珊德拉‧費恩

適合年齡：各年齡層
應對狀況：面對死亡

　　莎樂在差幾個月滿4歲時，因為被蛇咬傷而去世了。作者為了紀念她而寫了這個故事，在她的葬禮上朗讀。

　　珊德拉聽取了女孩父母的想法，考慮了雨林以及女孩喜愛的事物，結合當天的自然現象（孩子過世那天有彗星劃過天空），再加上自己對女孩的了解，設計了非常感人的儀式，還寫了故事在葬禮上分享。

　　女孩名叫莎樂，許多認識她的人都說她是「最有靈氣的小女孩，像蝴蝶般飛來飛去，想像力豐富，而且精力旺盛。」莎樂和外公很親密，覺得外公像隻大大的無尾熊。莎樂喜歡躲貓貓，喜歡大自然，喜歡藍色，喜歡蝴蝶、昆蟲和園丁鳥。莎樂死後的第二天早上，一隻園丁鳥把一對藍色的塑膠天使翅膀放在她家的帳篷外。

　　根據莎樂媽媽的建議，珊德拉在故事中選擇了藍色的蝴蝶來隱喻女孩以及她的人生旅程。故事叫〈銀翼〉，內容涉及大自然以及生命的輪迴，在塵世和天堂之間建立起某種聯結。說故事的時候，珊德拉邀請所有的孩子和成人坐在她面前，並在講到特定情節時，請他們模仿雨林裡的各種聲音，這樣整個氣氛可以輕鬆一些。最後，每位親友都帶回一根鈴蘭花藤，種在自家的院子裡——在故事裡，黃色的鈴蘭

花是「銀翼」最好的朋友。

以下是珊德拉所描述的情景：

2007年2月28日，週日，下午四點，我們大家聚集在一條寬闊河岸的沙灘上。那是莎樂生前經常玩耍和游泳的地方。

當潮水漸漸退去，河水越來越淺，中央的河床露出來時，大家抬來了莎樂的爸爸、媽媽和親友一起做的圖騰柱，莊重的樹立在河中央。圖騰柱四分之三高的位置刻著天使的翅膀、一隻貓頭鷹、幾條海豚、一條鯨魚，還有一隻烏龜，整條柱子上環繞著一條刻得很精美的蛇。圖騰柱的中間刻了個心形，裡面放上莎樂的照片。

在圖騰柱底部附近，擺設了小小的祭壇，上面放著莎樂的骨灰罈，還有大家送給莎樂的禮物。繞著圖騰柱，人們在沙地上畫了個螺旋形，上面放了五顏六色的花朵、各種小石子和貝殼。火盆裡升起了火，也點燃了祭奉用的香草和松香。

孩子們在沙地上玩耍，把溼溼的沙子堆成城堡。莎樂的家人感謝大家的出席，一起懷念莎樂美好的一生，並向大家介紹我——她的幼兒園老師。我走上前，向大家講了這個故事。

故事講完後，人們分享了莎樂生前的點點滴滴，唱著專門獻給她的歌，彈奏起音樂。每個人都把寫著祝福、綁著緞帶的卡片放入火中。太平洋的海浪漸漸升起，莎樂的父母撒下莎樂的骨灰，圖騰柱也隨著潮水，像十字架一樣漸去漸遠；擺放成螺旋形的各色花朵和石頭，隨著漲起的潮水，漸漸浮滿整個湖面；許願蠟燭也向著大海漂流而去。最後，每位親友都帶著一根鈴蘭花藤回家。

從前，在潮溼的熱帶雨林裡，住著很多很多朋友，多得數不完。他們一起聊天、遊戲，也一起工作，有時候還會打起架來，就跟你認識的其他好朋友一樣！

　　在這群朋友裡，有一隻翅膀藍得發亮的蝴蝶名叫銀翼。銀翼喜歡玩躲貓貓，她那藍色的翅膀一搧一搧的，一下在這，一下卻跑到那邊去了，咻的一下就不見了。如果你仔細找一找，就會發現，原來她把自己翅膀藍色的那一面收起來了，現在她看起來就像掛在樹枝上的一片棕色樹葉。她真是夠頑皮的。聽，這是她的歌：

「嗨，我是銀翼，你好嗎？

看到我了嗎？

哈！你找不到我啦！但我看到你啦！」

（珊德拉揚起藍色的絲巾輕輕一揮，又把絲巾藏到身後去了。）

　　銀翼最好的夥伴是黃色的鈴蘭花。看到那黃色的花朵，銀翼就知道，鈴蘭又為她準備好美味的花蜜。銀翼停在黃色鈴蘭的花瓣上，用小小的蝴蝶腿輕輕撓了她一下和她打招呼，然後伸出長長的舌頭，用力吸著花蜜。嗯，味道真好！（銀翼身體裡小小的蝴蝶卵，又長大了一點點。）

　　在這潮溼的熱帶雨林裡，黃色鈴蘭住在一叢灌木旁邊，灌木下是一隻園丁鳥的家。園丁鳥巢裡放著許許多多藍藍的東西──是一根藍色的大頭針、一條藍色的細繩、亮藍的棒棒糖紙，還有他的藍色羽毛。鳥巢裡放這麼多藍藍的東西，真是交朋友的好辦法！銀翼飛過他的窩時，喜歡逗他玩，一邊欣賞他收藏的寶貝，一邊搧動著自己閃亮的翅膀，讓他也看得眼花撩亂。

園丁鳥的藍色寶藏上面真是個產卵的好地方！饞嘴的小幼蟲孵化出來不愁沒有葉子吃呢！而且，銀翼最好的朋友黃色鈴蘭就在附近，寶寶們長出翅膀就可以拜訪她了！

　　有一天晚上，銀翼看到天空中劃過一道特別的光。這光跟她的星星朋友很不一樣，就好像是個大大的星星球，後面還有一條壯麗的光尾巴。這尾巴比琴鳥的尾巴還要大——琴鳥是銀翼的鄰居，她總喜歡模仿其他鳥兒和動物，發出吵鬧的聲音。

　　銀翼飛到無尾熊爺爺那兒，他坐在一棵尤加利樹（桉樹）最高的樹枝上。「無尾熊爺爺，天上那道光芒是什麼？」

　　無尾熊爺爺嚼著尤加利樹葉，沒有馬上回答。他在老尤加利樹下挪了挪他的大屁股，就像其他爺爺那樣清了清嗓子說：「那就像一把巨大的掃帚，它打掃天堂、收集美好的東西，還把禮物撒入大地媽媽的懷抱。」

　　「都是些什麼禮物呀？」銀翼問。

　　無尾熊爺爺說：「比如五彩的顏色、明亮的光、美德。」無尾熊爺爺又清了一下喉嚨，「還有給我們吃的食物，讓我們可以攀爬玩耍的森林，讓我們呼吸的空氣。而且，它也從大地媽媽這裡收集禮物。」

　　「噢。」銀翼懂了。她飛入藏著園丁鳥窩的灌木叢，在一片大大的葉子下面，產下了她的卵。剛剛產完卵，她就聽到了「那那那」的聲音。那是她的朋友，雞蛋花獨角獸來了。

　　銀翼在雞蛋花獨角獸長長的白耳朵旁上下飛舞：「雞蛋花獨角獸，妳可以帶我去拜訪那道光芒嗎？」只要雞蛋花獨角獸願意，她可以跨越彩虹。而且她友善、溫柔又強壯。

雞蛋花獨角獸閉上了眼睛，想像著自己一躍，再躍，躍到天空中那明亮的光裡。

　　「我可以試試看。」雞蛋花獨角獸輕輕鳴叫著。她讓銀翼藏在她長長的白耳朵裡，一陣小跑之後，她越跑越快，向著天空一騰而起。她們越飛越高，越飛越高，一直飛到高高的天空裡，飛到鬆軟的白雲跟彗星光亮尾巴捉迷藏的地方。

　　「我愛妳。」銀翼搧動著翅膀，向獨角獸翩翩起舞道謝。獨角獸穿過白雲和繁星點點的天空，重新投入大地媽媽的懷抱，回到自己的家。

　　晨間的雨林一片寧靜。棕櫚樹優雅的擺動著葉子；露珠仙子在石頭和葉子上灑下晶瑩剔透的光；光芒四射的太陽和滴滴答答的雨點仙子相遇，在很多地方製造出了絢麗的彩虹；雞蛋花獨角獸穿梭在無數的彩虹之間，練習從彩虹上跳過去又鑽回來，還試著想穿過彩虹呢。

　　無尾熊爺爺坐在尤加利樹上，嚼著尤加利樹葉，研究彗星明亮的光芒和它壯麗的尾巴，他覺得自己更聰明了。

　　園丁鳥在他的窩前發現了美麗的藍色天使翅膀！黃色鈴蘭的花瓣閃著光，散發出比以前更醉人的清香。

　　銀翼所有的朋友都比以前更明亮，更美麗了。他們心中都充滿著銀翼帶來的亮光，直到永遠……

Chapter 25

用故事與孩子一起迎接新寶寶

〈魔法棒〉

適合年齡：5歲
應對狀況：迎接新生兒

　　這個故事是寫給一個5歲的小女孩，她們家很快就要多個弟弟了。可是父母擔心當老大的女兒也許會嫉妒，不願意接受這新弟弟。就請我寫了這故事幫助她接受弟弟，願意迎接弟弟進入這個家。媽媽幫女兒用各色的毛線、羽毛和貝殼做了一根魔法棒，讓小女孩更能融入故事情境。

　　從前，有個小女孩不喜歡玩遊戲也不喜歡玩玩具。有一天，當她坐在花園裡一棵大樹底下的時候，忽然，大樹上有根小小的樹枝斷了，掉到地上。樹枝落在她面前，而且奇怪的是，樹枝竟然對著她唱起了歌：

　　「請幫我穿上彩色的新衣；請日夜照顧我保護我——
　　當空氣中瀰漫魔法時，我會帶妳找到珍奇寶藏！」

小女孩聽到小樹枝的歌唱，非常興奮。她想：「這一定是魔法棒！」於是她把魔法棒撿起來帶回家。一進家門，她就走到客廳裡媽媽放毛線籃的地方，裡面滿滿都是五顏六色的毛線。她把魔法棒繞上漂亮的毛線，然後帶回房間，放在床頭櫃上，那是最安全的地方了。

　　第二天早上起來，她聽到魔法棒唱起歌來：「今天空氣中瀰漫著魔法，我會帶妳找到珍奇寶藏！」

　　小女孩拿起魔法棒，噢，魔法棒在動呢，好像在說：「跟我來！」她跟著魔法棒走進了花園，一走到草地上，就看見了從沒有見過的美麗羽毛！「這一定就是珍奇寶藏了！」小女孩邊想，邊把這些美麗的羽毛綁到魔法棒上，魔法棒變得更漂亮了。

　　第二天早上起來，她又聽到魔法棒唱起歌來：「今天空氣中瀰漫著魔法，我會帶妳找到珍奇寶藏！」

　　她跟著魔法棒走出了家門，一直走到海灘，而金黃的沙子上，躺著粉紅的、白的還有帶花紋的各種漂亮貝殼！「這一定就是珍奇寶藏！」小女孩邊想，邊把這些美麗的貝殼綁到魔法棒上，魔法棒就更漂亮了。

　　第三天早上起來，她又聽到魔法棒唱起歌來：「今天空氣中瀰漫著魔法，我會帶妳找到珍奇寶藏！」

　　可是這一次，魔法棒沒有帶她出門。魔法棒一路唱著歌，引著她走進了爸爸媽媽的房間。在床上，有個小小的、剛剛出生的寶寶躺在爸爸媽媽中間。小寶寶裹在暖和的毯子裡。「這是真正的珍奇寶藏！」小女孩想，她把魔法棒舉起來讓小寶寶看，魔法棒上五顏六色的毛線，美麗的羽毛和貝殼逗得小寶寶笑了。小女孩好開心啊，心裡滿滿都是喜悅。

　　之後，魔法棒帶著小女孩做了很多探險，找到了很多珍奇寶藏。可

是她最最喜愛的「珍奇寶藏」，是那裏在毛毯裡、躺在她爸爸媽媽床上的小寶寶。

〈水孩兒〉

適合年齡：4歲
應對狀況：迎接新生兒

　　這故事是寫給一個4歲的男孩，用意是要讓他理解，他馬上就要有小妹妹了。作者創作故事時，特地選擇水的主題，以配合他媽媽想在家裡水中分娩的計畫。

　　從前有個小男孩，他有個特別的朋友。這個朋友跟其他的朋友都不一樣，她住得很遠很遠，住在高高的天上，在白雲的天堂裡。

　　小男孩在花園裡玩的時候，有時候會聽到他的朋友從天上跟他說悄悄話。有時候在夜晚的夢裡，小男孩會到白雲上的天堂去找他的朋友，他們倆一起開心的在柔軟的白雲堆裡翻滾，從一朵雲跳到另一朵雲上。

　　有一天，這個特別的朋友覺得，是時候該離開天上雲朵的家，到地球上跟小男孩一家人生活了。她跟白雲天堂裡的每個人道別。雨水阿姨將她裹在紫色斗篷裡，下次下雨的時候，把她從天空中帶下來，輕輕放進一個清涼大池中。

　　男孩的爸爸、媽媽正等著她呢。他們把她從水裡抱起來，讓小男孩來看她。「這是你的新妹妹。」他們說，「她的名字叫萊菈。她將加入我們的生活。她需要一點時間，慢慢適應這個世界和慢慢長大，但她很快就可以跟你一起玩了。」

那真是最美好的一天，小男孩全家都好開心啊，現在有個新寶寶住進他們家了。小男孩畫了一些畫，掛在寶寶的房間裡，還撿來各種顏色的葉子和花朵做裝飾，掛在寶寶的床上讓她玩。有時候，他還會抱著新妹妹，哼著歌哄她睡覺呢！

　　很快，萊菈就長大了，可以到處爬了，後來還學會了走路和跑步。

　　沒過多久，他們就迎來萊菈的第一個生日，小男孩還幫妹妹打開了她的第一份生日禮物。

　　那是個美麗的金色小球！

　　小男孩把球放在地上滾過去，妹妹就把它滾回來。小男孩笑了，妹妹也笑了。他們一起玩著金球，開心的歡笑，如同那時在天堂上玩耍。

Chapter 26

面對孩子的分離焦慮時

〈猴子樹〉 作者：潔莉・諾力斯

適合年齡：4歲
應對狀況：父母離婚

　　這個的故事是家庭托嬰中心的保母潔莉・諾力斯寫給一個4歲女孩的。她的父母剛剛離婚，現在輪流帶她。小女孩很難適應這樣的新安排。她有三個十多歲的兄姊，所以家裡很多時候都是吵吵鬧鬧的，所以，潔莉才會選擇猴子作為主角。讀者可依不同年齡、不同的分離情況去調整故事內容（更多細節以及故事的效果，請見第32章）。

　　從前，在叢林的中心，有棵樹上住著一大家子吵吵鬧鬧的猴子。
　　他們盡情吵鬧無法又無天，
　　猴子樹上翻滾說笑也聊天，
　　用尾巴盪過來盪過去盪鞦韆，
　　抓抓跳蚤繼續開心玩。

有隻小猴子叫瑪莉，她學哥哥姊姊在猴子樹上做晚上睡覺的窩，她折彎柔軟的樹枝，塞進樹葉，就成了舒服的床。但要做一張穩固的床可不容易，瑪莉偶爾還是會從窩裡掉下來。練習很多次以後，她終於學會怎樣安安穩穩的睡在自己做的床裡。

　　全家人的床圍繞在瑪莉的床旁邊，

　　瑪麗安全舒適的窩在裡面。

　　有一天早上，瑪莉跟表哥表姊正玩得開心，天上忽然響起了一記悶雷。瑪莉一點都不在意，可是哥哥姊姊和表哥表姊卻開始吱吱叫，叫得很大聲，還爬到樹梢上去，想看看發生什麼事。

　　天上黑黑的烏雲開始聚攏，閃電和雷雨交加。雨水劈里啪啦打下來，風呼呼的吹。猴子們嚇得在猴子樹中間擠成一團，盼望著雷雨快點過去。他們非常安靜的等，非常非常的安靜……忽然，他們聽到喀嚓喀嚓的巨大聲響，大樹枝從猴子樹掉落，噗咚掉到了地上！

　　終於，雨停了，風也止住了，黑黑的烏雲消散了，猴子們看到暖暖的紅太陽又出現在天邊。

　　斷了一根大樹枝，有些猴子就得搬到旁邊的樹上，重新製作晚上睡覺的窩。所以，猴子們現在都很忙很忙。

　　瑪莉覺得，去另一棵樹上拜訪親戚挺好玩的。她也在那棵樹上做了個窩，這樣，她有時候也可以在那邊過夜……

　　現在猴子一家分別住在兩棵猴子樹上，他們又開始……

　　他們盡情吵鬧無法又無天，

　　猴子樹上翻滾說笑也聊天，

　　用尾巴盪過來盪過去盪鞦韆，

抓抓跳蚤繼續開心玩。

而瑪莉呢，她在兩棵樹上都有窩，所以……

全家人的床圍繞在瑪莉的床旁邊，

瑪麗安全舒適的窩在裡面。

〈月亮媽媽〉 作者：愛麗森‧布魯克

適合年齡：5歲
應對狀況：母親離家

　　這故事是為了一個5歲孩子而寫的，他的媽媽突然離開了家，把孩子留給了親戚（五個月後，媽媽回來了）。故事不只給孩子帶來力量，也幫助到他的家人。經作者愛麗森‧布魯克同意收入本書。

　　從前有個星星小孩，他在天上跟其他星星開心的玩耍。晚上，月亮媽媽出來的時候，地球上的孩子都能在夜空中見到她閃閃發亮。其實白天時她也會散發出光芒，只是沒人看得見，因為太陽爸爸又大又亮，他的光芒蓋過了所有的星光。

　　太陽爸爸睡覺的時候，月亮媽媽就會升起來，提醒她的星星孩子，整個晚上都要把星光送到地球上，為地球上的孩子照亮黑暗。月亮媽媽會照顧星星孩子，把他們擦得閃閃發亮，跟他們一起把銀光送到大地上。這樣一來，所有的小動物在夜裡都找得到食物，所有的植物都能長大。星星小孩喜歡待在月亮媽媽身邊，讓媽媽的月光柔和的灑在身上。

　　有一天晚上，當太陽爸爸收起大地最後一道光芒的時候，星星小孩想，月亮媽媽馬上就要來了。可是，他跟同伴在天上等了很久很久，月

亮媽媽一直都沒有來。所有的星星都在等啊等，外面又冷又黑，星星小孩覺得很難過。「如果月亮媽媽沒有把她銀色的月光灑落大地，那地上的負鼠、貓頭鷹，還有孩子們一定都覺得很黑吧！」他想，「地上那麼黑，月亮媽媽一定會很高興看到我把自己擦亮，變得明亮。」於是他不再悲傷，反而勇敢面對，開始擦亮自己，不斷的擦啊，磨啊，直到自己變得閃閃發亮。然後，他要哥哥姊姊們也照做。

地球上，有個小女孩靠著窗戶，看著外面黑漆漆的夜晚，等著月亮升起來。今天晚上，她已經坐了很久，而且覺得好冷，可是她想看到閃爍的星光，感覺月光灑在臉龐上的溫柔。每天晚上，爸爸媽媽唱過晚安歌以後，她就會從床上下來，踮著腳走到窗邊坐下，抬起頭來看著夜空。那是她最喜歡做的事情。但今晚她等了那麼久，都開始打呵欠揉眼睛了，周圍仍然是漆黑一片，沒有一點星光。她睏得快要睡著了，恍惚中，她看到有一顆星星閃呀閃的亮了起來。那星星變得越來越大，越來越大，彷彿就在她頭頂上照耀。那不就是星星小孩嗎！然後，一顆又一顆的星星都亮起來了，直到最後，天空中繁星點點，他們看來都如此的快樂，好像彼此在說話呢！小女孩開心墜入夢鄉了。

第二天早上，當太陽爸爸把他溫暖的陽光照射到大海和山頂的時候，星星小孩睡著了，經過一夜漫長的工作，他已經累了。他從來沒有試過靠自己發出那麼亮的光來呢！他夢到親愛的月亮媽媽跟他說：「你變成了一顆勇敢又明亮的星星，我很為你感到驕傲，我的星星小孩！我很快就會回來，再次在天空中閃耀。在我回來之前，你得跟你的朋友相互合作，把自己擦亮。那樣，你就可以把光亮送給大地。如果你可以在太陽爸爸傍晚下山的時候，抓住幾道溫暖的陽光，那樣你就會更明亮

了。如果你好好對待這些太陽光，太陽爸爸會教你怎樣使用的。我愛你，我的星星小孩，我會一直都想著你。晚安，我的星星小孩。」

　　那天晚上，星星小孩一覺睡醒，依然深深記得媽媽對他說的話。他知道，他一點都不孤單，他也不需要難過。媽媽說過的話他都放在心裡。接下來的夜晚，星星小孩沒有只靠自己發光，他請太陽爸爸將夕陽的光輝送給他收藏，就這樣，他成了天空中最明亮的星星。

〈無尾熊寶寶〉

適合年齡：4歲
應對狀況：分離焦慮

　　這是針對「分離焦慮」所寫的療癒故事。故事的對象是個4歲的小男孩，他上幼兒園的時候總是不願意與媽媽分開。故事驚人的效果請見第4章。

　　無尾熊媽媽和她的寶寶住在森林裡最高的尤加利樹上。無尾熊媽媽整天都忙著從這根樹枝爬到那根樹枝，採來最最多汁的葉子去餵肚子餓的寶寶。一根樹枝上最好的葉子摘完了就找另一根，而無尾熊寶寶則緊緊的抱住媽媽的背，一起東奔西走。

　　「無尾熊媽媽高高坐在樹上，
　　無尾熊寶寶肚子餓得咕咕叫。
　　媽媽摘來嫩葉做早餐，摘來嫩葉做午餐，
　　嫩葉嫩葉真可口，一口接一口，大口嚼。

午餐吃嫩葉，下午茶也是嫩葉，

嫩葉嫩葉真可口，一口接一口，吃不膩。」

等這根樹枝上的好葉子都吃完了，就背著寶寶到另一根樹枝上。

「無尾熊媽媽高高坐在樹上，

無尾熊寶寶肚子餓得咕咕叫。

媽媽摘來嫩葉做早餐，摘來嫩葉做午餐，

嫩葉嫩葉真可口，一口接一口，大口嚼。

午餐吃嫩葉，下午茶還是吃嫩葉，

嫩葉嫩葉真可口，一口接一口，吃不膩。」

尤加利樹的樹枝很多很多。每一天，無尾熊媽媽都會到一根樹枝上，去摘又嫩又新鮮的樹葉給寶寶吃。每一天，她都背著無尾熊寶寶上上下下的爬著。因為無尾熊寶寶總是肚子餓。

每一天，無尾熊寶寶都在長大，越長越大。他早餐吃尤加利樹葉，午餐吃尤加利樹葉，晚餐和下午茶也要吃尤加利樹葉──他長得越來越大，越來越大！還越來越重，越來越重……他那麼重，媽媽光是背他就很吃力了，更不用說還要爬上爬下。

無尾熊媽媽雖然很累很累，還是整天背著無尾熊寶寶在樹上到處爬。可是有一天，無尾熊媽媽坐在分杈的樹枝上，無尾熊寶寶又吵著肚子餓時，她竟然累到在樹枝上睡著了！而且睡得非常沉，不管無尾熊寶寶怎麼喊，都吵不醒媽媽。

最後，無尾熊寶寶從媽媽背上爬下來，坐在媽媽旁邊的樹枝上。他抬頭一看，頭頂上有一些美味的葉子。他實在太餓了，餓到想把這些嫩嫩的葉子摘下來當午餐！他想：要是能把這些葉子一口接一口，大口嚼，那該有多好！

於是無尾熊寶寶想，也許我已經長得夠大了，可以自己去摘那些嫩嫩的葉子了。他坐了一會兒，還是抵擋不著美味葉子的誘惑。

於是，他開始在樹幹上爬了起來——他有點害怕，但是比他想像的容易。他的小爪子已經長得又長又鋒利，而且夠硬，可以深深的刺進樹幹裡，讓他不會滑下來。

他一直向上爬呀爬，越爬越高，直到最後，他爬到了另一根樹枝上。無尾熊寶寶沿著樹枝小心翼翼的慢慢爬了一小段。他往下看，就看到媽媽正在下面的樹枝上睡覺呢。看，無尾熊寶寶多勇敢啊，可以自己爬那麼高！他面前就有一些嫩嫩的葉子，他摘了一些來當午餐，他自己高高的坐在樹上，吃著鮮嫩多汁的葉子，一口接一口，大口嚼。

等到無尾熊媽媽睡醒了，她四處看看。寶寶呢？寶寶在哪？她低下頭去找——寶寶該不會從她的背上滑下來，掉到樹底下去了吧？可是到處都沒看到無尾熊寶寶呀！這時候，媽媽聽到了咔滋咔滋的聲音，她抬頭一看，寶寶就在那！在高高的樹枝上——他不再是寶寶了，他已經長成了一隻小無尾熊，可以自己找到午餐吃了！

無尾熊媽媽笑了，打從心底的開心。她爬到樹上，坐在小無尾熊旁邊。他們一起摘嫩綠多汁的葉子當午餐、喝下午茶，他們一起吃嫩綠多汁的葉子，一口接一口，大口嚼。

Part 5.

說故事的藝術：
說故事的技巧與
演繹方式

Welcome

故事要講出來才有生命力！在這一部分，我們將關注說故事的技巧
以及故事的各種演繹方式。

請大家把這部分看成是「某種嘗試」，不要當成綜合指南。作為古老
的藝術形式之一，說故事是非常大的主題，有著豐富的文化內涵。我
曾為澳洲南十字星大學開設了一門說故事課程，時數長達一百五十個
小時，但即使是這樣，也不足以把這個話題講透。

Chapter 27

說故事和閱讀故事的差別

說故事呈現的個人風格，讓故事更加親切

　　說故事和讀故事有什麼不同呢？我曾在假日托嬰中心工作，每天都盡可能安排說故事時間。有個7歲的男孩非常喜歡這個說故事的安排。有天，他跟我說：「蘇珊，妳知道嗎？我覺得親身經歷的故事比書上的故事好聽。」

　　還有個孩子在聽我講完故事之後問我：「妳是從別的國家來的嗎？」因為那是他有生以來第一次聽到故事被「說」出來。孩子可以覺察到說故事與閱讀故事的不同。儘管因為年紀小，他們無法表達這種差異，甚至不能完全理解這些差異，但卻知道說故事和閱讀故事是截然不同的。**說故事比閱讀故事更能呈現個人風格，因為說故事者會在分享故事的過程中，使用眼神、手勢、聲音，與聽眾直接交流。**由於不受限於文字，說故事的人可以根據故事的梗概，用自己的語言自由發揮，並搭配動作和手勢，使故事變得更加親切。

說故事可以賦予孩子更多的想像空間；與繪本用圖畫敘述的方式不同，說故事的人需要用自己的語言，激發聽眾在腦海裡形成故事的畫面。說故事者的表情、聲音、身體語言和他們的個性，都有表達感情和傳遞訊息的效果。許多參加過我說故事課程的學生都說，聽人說故事最棒的地方在於，超越了書本的侷限。

澳洲故事家莫琳‧沃森（Maureen Watson）說：「透過言語說出來的故事，才能真正接觸到聽眾。」我親身驗證過這種感受——透過眼神、聲音還有手勢，說故事的人彷彿從身體裡拋出許多看不見的細線，用這些細線讓聽眾從頭到尾全神貫注。事實上，說故事的人也常常用這種辦法使好動的孩子安靜下來。只需要用眼神一瞥，或者改變聲調或手勢，就能讓孩子接收到訊息；不用走向孩子或中斷故事。這種「順勢療法」很適合幼兒，如果是大一點的孩子，就需要增加強度。

說故事者虜獲人心的力量可以增進孩子的專注力。這是許多「電視兒童」非常欠缺的，因為他們習慣坐在電視機前進行被動的娛樂。在我的幼兒園裡，有個為期一年的說故事計畫，期間我多次觀察到孩子的專注力有顯著改進。第一學期時，有些5歲的孩子連安靜的坐兩分鐘都做不到，但到學年結束時，他們卻能全神貫注的聽上十五到二十分鐘的故事。漸漸的，在做其他事情時，他們也有了同樣的專注力。這一點很重要，因為在上學讀書之前，孩子必須先學會專注。

基於上述故事對教育的幫助，說故事在學校教育裡是非常重要的一環。在學齡前及幼兒園階段，反覆講同一個故事非常重要（前面幾章說過，孩子就是在不斷的重複過程中成長的）；到了小學階段，故事的長度增加了，老師可以嘗試將故事分段，第一天只講故事的一部分，第

二天讓孩子再複述一遍，再繼續說故事的下一部分。這種練習也可以增強孩子的注意力和記憶力。

閱讀故事書所仰賴的書面文字，依然是重要的成長經歷

雖然以說的方式來分享故事是更生動、親切的，但「說」和「閱讀」都是傳遞或呈現故事的重要方式。在養育孩子的過程中，這兩種方式都需要用到。尤其是在今天，孩子的生活被各種螢幕所左右，大人不論是讀故事還是說故事，對於孩子來說都是一大福音。特別是在一對一的情況下，當我們與孩子並肩坐在一起，或者是抱著年幼孩子讀故事書的時候，故事書就成了連接我們和孩子之間的橋梁。

為孩子讀繪本時，插畫可以幫助孩子理解和欣賞故事。在讀故事的時候，偶爾與孩子交換眼神可以建立良好的溝通。如果是自己熟悉的故事，有些地方就可以用自己的話即席發揮，或者借助圖畫來講故事。如果想要逐字逐句的讀，那就要確定聽的人能清楚看到圖畫，可以在講完一頁後舉起那幅圖畫，也可以把書放在孩子們看得到的地方，讓每個孩子都能看見圖畫。如果你的身分是老師，讀故事之前，可以事先唸過一遍，這樣對正式上場時的表現會很有幫助。

市面上有很多精美的繪本，閱讀這些繪本對大人和小孩而言都是享受。本書前面的章節討論了什麼樣的故事適合什麼樣的年齡，這也可作為選書的準則。而最重要的一點，就是避免給年紀較小的孩子挑選過於刺激或恐怖的書籍。同樣，幸福而充滿希望的結局才是成長中孩子所需要的。

年紀比較大的孩子，已經漸漸不太看圖畫書，可以自己閱讀了。這時候，老師和家長如果繼續維持與孩子一起讀書的習慣，不論是著名詩集還是小說名著，都會是一件非常好的事情。這些經歷會使孩子終生難忘。有時候，我先生還會在睡前讀書給我聽，這可以讓我放鬆且舒服的進入夢鄉。

說故事源自傳統的口述文化。
讀故事則仰賴書面文字。
兩者都是分享故事的重要方式。

親自體會說故事和讀故事的差別很重要。如果家附近就有說故事團體，或者當地學校或圖書館裡，有老師或專家開設說故事的課程或講座，那就去聽吧！也可以和朋友一起體驗——讓他們先讀一段故事，然後再講給你聽。甚至可以把新聞或者八卦作為故事題材，先唸一次，再講一次。其實，我們每天都不經意的講故事呢！

三大重點，讓你的說故事技巧和程序更加順暢

學會說故事最好的方法就是「說」！在練習說故事的過程中，你會有許多驚喜的體驗。說故事是非常個人的獨特藝術。因為，每個說故事的人以及每個聽故事的人都不相同；即使是同一個故事，每次講都仍會有全新的體驗。

雖然說故事是個人的獨特藝術，還是有些應該知道的技巧，和值

得一試的方式是共通的。以下是我的總結。

重點1：說故事是一種分享

首先，當你開始說故事的時候，要不斷提醒自己，說故事是「分享」，而不是「表演」，這是我能給你最好的建議。第一次說故事時，你可能會緊張，只要抱著分享的心態，就可以緩和情緒。放鬆下來的氛圍，無論對於你或是對於聽眾來說，都應該是一種享受。**事實上，如果你自己很享受，聽故事的人就會更享受。**

另外一個建議，就是把世界想像成是個故事網路，在這個網路中，每個人把自己發現到特別的故事講給別人聽，使那些故事被注意到。這種想像會讓你感覺到，並不是只有你在說故事，全世界數百萬人都在相互分享故事。

說故事前做好充分的準備也可以幫助你放鬆。除非你是天生說故事的好手，不然這些準備工作可能會讓你覺得很艱辛。但你只要真正懂這個故事的重點，它就會永遠儲存在你的資料庫當中。

重點2：說故事前的準備工作與技巧

準備和記住故事有很多不同的方法：

- **逐字逐句背誦。**
- **牢記故事發生的順序，或用圖像架構出場景來記憶。**也就是說，根據故事的情節，在腦海裡構想出每個場景。如果你覺得有用，也可以寫下摘要或畫出草圖。
- **即興創作：掌握基本的順序，盡可能把故事的開頭和結尾練習**

好，**剩下的就臨場發揮吧**。無論你覺得哪種方法好用，在練習的時候你一定要開口說一遍，而不要只是在腦子裡「想」一遍，這是最重要的。對於說故事的人來說，故事落實的過程（從腦中想的變成口中說出的）是非常重要的。

重點3：創立說故事的程序有助於營造氛圍

創立一些簡單的說故事程序，有助於營造氛圍，幫助聽眾從一開始就進入狀態。說故事的程序可以幫助講故事的人和聽眾，從繁忙的日常生活進入故事王國，就像是一座橋梁。程序可以很簡單，例如在說故事之前彈奏幾個音符。在很多文化中，都是晚上圍在篝火旁講故事的，這個程序或傳統就可以架起時空之間的連接。

在家裡說故事的程序可以很簡單：上床睡覺時點上蠟燭，故事結束時唱一首搖籃曲；或者每次在晚餐結束時，講個小故事或好笑的故事；又或者在遠足途中或開車旅行的途中，養成分享故事的習慣。

治療師或諮商師等專業人士可以準備一個「故事袋」或「故事盒」，裡面裝著道具和木偶，或者裝著包含動物和小人的沙盤。每次孩子來訪時，故事就可以從這些東西開始。

我當老師時，說故事的程序會隨著場所或聽眾的變化而改變，但一定包括以下步驟的一部分或全部：

- 彈奏音樂（故事開始和結束時）
- 點上蠟燭或燈籠
- 坐在特別的故事椅上

- 安排說故事的專用角落或桌子，道具和木偶都放在那裡
- 在每天的生活節奏中，安排固定的故事時間
- 說故事前玩手指遊戲，讓孩子進入聽故事的狀態
- 唱一首故事歌，把孩子帶進房間

　　當孩子長大，進入小學階段後，通常可以直接進入故事環節，不需要有太多的形式。老師或者說故事的人，通常需要站在（而不是坐在）全班同學面前說故事。

　　給大一點的孩子說故事時，站著講會更戲劇化一些。這個階段的孩子，在聽神話、傳奇故事或是某些故事時，都需要戲劇化的講述方式。但有些時候，為了安撫某個好動的班級，讓大家平靜下來，或是為了配合特定的故事氛圍，可以選擇坐下來說故事，採用較為樸實、不需太誇張的風格，而這種風格更適合年紀小一點的孩子（請參考第31章）。

　　不管聽眾年齡的大小，在故事開始時彈奏某種樂器，如吉他、小豎琴、鼓，總是可以更容易帶領大家進入故事。在一些集會和節日中，我曾經吹著豎笛，跳著舞，像童話故事中的吹笛手，在人群中穿梭，去招攬聽眾。我也曾經搭起一座印第安式的圓錐形帳篷，並沿路擺放魔法踏腳石，一直通往帳篷的入口──事後證明那真是個說故事的好地方。還有一次，我坐在一棵大樹下，吹著大大的泡泡來吸引孩子們的注意，那天我講的是關於泡泡的故事。而在東非的幼兒園裡，老師會唱著下面這首歌把孩子們帶入說故事的房間，開始說故事。

「跟我來童話的王國，
來到故事開始的地方，
跟隨彩虹，跨過小橋，
進入金色的花園。」

Chapter **28**

多元文化如何進入故事的世界

說故事時，必須具備對各種文化的敏銳度

選擇說故事和寫故事時，必須保有對其他文化的敏銳度。我第一次體會到這件事，是在開普頓，和當地的科薩族老師們一起工作的時候。當時我準備寫個有關猴子的故事，但我一說完，整個小組突然沉默下來，然後有個老師說：「如果故事裡有猴子，當地人會認為不吉利。」她不想詳細解釋，所以我也不好多問。我把猴子從故事中移除，經過討論和建議，最後以兔子來取代。

這次經歷告訴我，**向不同國家或其他文化的人說故事的時候，一定要先做詳盡的調查**。這其實很簡單，只要在休息時間和當地人聊一聊，也可以上網或去圖書館查。對老師來說，如果班上的孩子來自各個不同的文化，孩子的父母便是很好的消息來源。

不同文化背景的故事，幫孩子建立國際觀

　　民間故事和童話是文化的一部分，可以表現出文化的特質。**講述來自不同文化背景的民間故事，可以幫助孩子建立國際觀，而不是只侷限在本土意識**。有位美洲印第安的故事家曾經告訴我，她相信每個故事傳達出來的特質，就是其內在的本質。

　　老師要培養孩子認識其他的文化，最好的方式就是講很多的民間故事。而那些故事，正是現今我們所需要的療癒性潤滑油。從過去的經驗得知，民間故事不僅可以豐富孩子見識，對少數民族的孩子來說，聽到自己族群的故事還會眼睛一亮。因為認同自己的文化是能夠帶來安慰和力量的。

　　在講當地的故事之前，要研究一下故事的背景和含義（可參考附錄一的網站），這表示對文化的尊重。在講這類故事之前，詢問當地人這樣做是否合適，也是一種尊重。我發現大部分的文化團體都很開放、熱情——大家都熱愛說故事，這個共同的愛好像一座橋梁，連接了所有的人。但是，獲准說故事並不代表有文字發表權，那是不同的兩件事。

　　在格魯姆（Howard Groome）所著的《教原住民孩子有效學習》（*Teaching Aboriginal Studies Effectively*）一書中，〈夢的故事〉這一章對於那些希望分享澳洲原住民故事的故事家很有幫助。格魯姆建議，任何講〈夢的故事〉的人都需要了解故事的歷史背景和目的——從精神層面的現實到行為和價值觀。澳洲當地著名的故事家莫琳·沃森認為，這些故事不僅在過去與人們密切相關，到今天也依然如此。我曾

經充滿崇敬的講過澳洲原住民〈夢的故事〉，但並沒有收入本書。那些故事的所有權不屬於某個人，而屬於當地各個部落的長者，如果你不是當地人，卻要求以書面形式記錄下來，是很不恰當的[29]。

不同文化有不同的說故事方式

如果調查不同文化的人們如何說故事，你會發現他們以各種不同的方式開始或結束故事。除了「很久很久以前⋯⋯」之外，故事的開頭還有很多種：

不同文化的故事開頭

- 有一天，就像今天一樣，在不遠的地方⋯⋯
- 故事，故事，讓它來，讓它走！⋯⋯（西非）
- 講故事的人：故事，故事！聽眾：故事來了！（東非）
- 那是發生在很久很久以前的事⋯⋯（澳洲原住民，用來講〈夢的故事〉）
- 媽媽有件寶貝，送給孩子的寶貝。你們知道那是什麼寶貝嗎？那就是故事！⋯⋯（南非）
- 曾經是這樣的，曾經又不是這樣⋯⋯
- 從前，可能發生在這兒，也可能發生在那兒，可能發生在任

---

29 澳洲原住民的神靈先祖們，用夢的含義、夢的神祕感，來作為畫分部落界限與領域的根據；超越了我們一般認知的時間與空間感，「夢世紀」（Dreamtime）顯示出澳洲原住民特殊的信仰系統。

何地方⋯⋯

不同文化的故事結尾

- 故事，故事，讓它來，讓它走！⋯⋯（西非）
- 故事，故事，給所有孩子們的牛奶！（東非）
- 媽媽有件寶貝，送給孩子的寶貝。你們知道那是什麼寶貝嗎？
  那就是故事！⋯⋯（南非）
- 故事結束了。（科薩族的傳統結束語）
- 現在你可以吃晚餐，禱告，然後上床睡覺⋯⋯早上比晚上更聰
  明。（俄羅斯）

　　你不妨嘗試以上的方法，甚至可以自創。你可以把這些方法運用在故事中，尤其用於與你文化有關的故事，或是符合班上孩子（或聽眾）文化背景的故事（當然，事先要先向家長打聽過）。但是，要特別留意——有些方法可能不適合你的背景以及生活方式，請謹慎使用。

Chapter *29*

針對不同聽眾和場合說故事

依照聽眾給予適合的故事類別，讓故事更有吸引力

　　為不同的聽眾和場合準備故事時，如果能分辨故事的類別將會很有幫助。大部分故事都能被歸類如下：

- ·短或長
- ·有趣或嚴肅
- ·在地或全球
- ·簡單或複雜
- ·概念或具體
- ·真實或虛構

　　還可以繼續增加：有戲劇張力的故事或簡單輕快的故事；需要聽眾參與或不需要聽眾參與的故事；有許多押韻和歌曲的故事或⋯⋯環

保故事〈光的花園〉（請見P172）是虛構的，不太長、嚴肅、有點兒複雜，而且全世界通用。〈羚羊、蝴蝶和變色龍〉（請見P288）是虛構的民間傳說，但也包含真實的元素。故事很有趣，內容是關於如何面對恐懼，所以有點嚴肅。

如果你覺得這樣的解釋還是有點模糊，請不要擔心。這或許是因為故事本身就很難清楚定位和分類。但是為什麼要了解故事的走向，最好的答案就是：為了讓你知道該怎麼講不同的故事。這樣一來，老師規劃每週或每年的故事計畫、說故事家的課程安排、父母在家裡安排說故事，都會比較方便。

如果你發現自己都在講或唸同一類型的故事，例如總是搞笑的、總是真實的，或者總是傷感的，那可能是被你的個性主導了。這時不妨試著延伸自己的喜好，眼光放遠一點，選擇不同「吸引力」的故事。我很喜愛非洲，也喜歡講非洲的故事，因此我必須不斷提醒自己要去了解和講講其他文化的故事。

說故事前，請記得事先理解聽眾和場所

作為說故事的人，你會發現，要看過很多故事才能找到你想要的——幸好故事是源源不絕的！我的建議是，**你所選的故事，一定要是自己熱愛，起碼要喜歡，必須感覺到自己與這個故事的聯繫。同樣重要的是，挑選故事時要把聽眾也考慮在內。**聽眾是來自同一個文化，還是來自許多不同的文化？都是男孩，都是女孩，還是既有男孩也有女孩？聽眾是已經上了很久的課，還是剛剛到學校？聽眾之前

有沒有聽過「說」故事，而不是「唸」故事？

如果是在集會上或在節日裡說故事，周圍會不會很吵？會不會干擾聽眾？在嘈雜的環境下，最好選擇富有變化、有許多活動、需要聽眾參與的故事，而不要又長又嚴肅，需要高度專注力的故事。

如本書前面章節所述，孩子的年齡也是關鍵，這時你可以用常識判斷故事合不合適。我曾讀過，有位很有名的演員興致勃勃的與懵懂的小孩子分享《哈姆雷特》中的橋段，卻驚訝的發現，孩子們完全沒興趣。如果他真的很想分享莎士比亞的故事，對小孩子來說，《仲夏夜之夢》裡小精靈調皮的那段或許是更好的選擇。即使那樣，孩子的專注力也很難持續很久。同樣，如果講〈薑餅人〉給11歲的孩子也不合適，除非你要讓他們演童話劇給更小的孩子看。

聽眾年齡不一時，可以選擇大家都喜愛的故事

說故事的人不像老師那樣，只需面對特定的班級。有時候，聽故事的孩子年齡不一，比如要在圖書館裡給4～9歲的孩子說故事，或者在一所小學校裡為所有低年級的孩子說故事。

這時候，最好的辦法就是選擇大家都喜歡、適合各個年齡的故事——其實，真正好的故事通常是適合所有人的。這樣的故事需要考慮到小孩子的需要，因此得有個美好的結局；若要吸引年紀稍大的孩子，選擇的故事篇幅可以長一些，情節可以複雜一些，同時帶點兒幽默。我發現如果聽眾當中年紀稍大的孩子會被故事吸引，年紀小的孩子似乎也能專注久一點——他們似乎在模仿大孩子的專注力。

如果聽故事的大部分是小孩子，但也有幾個大孩子，最好的辦法就是講適合小孩子的故事。但在開始講之前對大孩子們說：「這是你們學習講故事的機會，下次照顧弟弟妹妹的時候，就可以講這個故事哦！」這麼一來，大孩子就不會覺得自己像個「小寶寶」而產生對立情緒了。說故事時也可以讓他們當助手，幫忙拿著黑板或者敲敲鼓。

周遭的環境與情景，都是創造即興故事的種子

說故事並不總是照計畫進行的。你會發現，越是喜歡分享故事，就越有機會讓你說故事，不管是幫朋友照顧孩子，或是在餐廳跟朋友聚會的時候。老師帶領孩子遠足的時候，可能需要安撫他們在站牌下等車的那十分鐘，或者某個低年級的老師需要接個電話，你得幫忙照顧一下。為了應付這種突發事件，你需要準備很多的故事。身為家長，需要即興說故事的時候就更多了——在車裡，在睡前，走遠路的時候，在桌旁畫畫或塗鴉的時候，在廚房裡做餅乾或揉麵糰的時候（這時或許可以把〈薑餅人〉的故事改編為〈餅乾人〉或〈麵糰人〉）。此外，很多時候還可以利用故事來帶動氣氛，這時孩子們往往會出現有創意的點子。從很多方面來說，家庭有最肥沃的土壤，是隨時可以播下故事種子的最佳地點。

治療師、諮詢師等專業人士，往往需要在與孩子初見面時就說故事。只要有那些裝著道具和玩偶的「故事袋」或「故事盒」，以及放著動物和小人的沙盤，故事往往就都是現成的了。但是，你也許需要根據每個孩子的實際情況去說故事，這時就得即興發揮了。

Chapter 30

說故事所搭配的道具及表演方法

說故事時，為什麼要使用道具？

利用道具或輔助物來表現故事可以更為生動，尤其聽故事的對象是幼兒時。道具可以發揮的空間是無止境的，但是簡單道具更好的原因有兩個：

1. 道具越簡單，留給孩子自由馳騁的想像空間就越大。
2. 道具越簡單，說故事的人需要做的準備工作就越少（對於忙碌的老師、治療師或家長，這一點很重要）。

在〈魔法魚〉（請見P182）中，可以用撥開的豆莢當作小船；在〈三隻小豬〉中，可以用三個橡實當作小豬，用松果當作大野狼或鬣狗；在〈好熱的河馬〉[30]中，可以用一塊光滑的大石頭當作河馬；幾

30　編注：〈好熱的河馬〉（Hot Hippo）為非洲動物故事。

條打結的手帕可以當作王子和公主。孩子的想像力可以輕鬆接受這些。

不妨嘗試一些簡單的方法，而且你會驚訝的發現這是如此簡單，卻又如此有效。其他文化中的說故事方法也許可以給你一些靈感，例如：

- 使用畫布（印度）
- 使用卷軸（歐洲某些地方）
- 使用故事板（巴布亞新幾內亞）
- 使用摺紙（日本）
- 使用繩結（亞洲、非洲以及太平洋某些地區）
- 說故事時使用沙畫（澳洲原住民）
- 使用歌曲、舞蹈和樂器（許多文化中）

很多年前，在一個地區性遊戲團體裡，當我第一次放下書本嘗試講《金髮女郎和三隻小熊》的故事時，我緊張極了！是道具幫我度過了這種煎熬。我在地板上擺好一張小桌子，桌上放了三個小碗，桌邊放好三把椅子（用積木充當），此外還放了三張小床（小紙盒）。我從教室的玩具箱裡找出一個娃娃和三隻不同大小的熊，根據情節需要拿著它們來表演。這些道具就放在我面前，幫助我緊抓故事的線索，讓我可以按照正確的順序講述情節。終於講完了！孩子完全沒有發現我很緊張，他們坐在那裡，眼睛瞪得圓圓的，要我再講一個故事！

很多年過去了，我再也不需要用道具來壯膽，可是有些時候，我

依然刻意使用道具。在一些特別的情況下，對青少年或成人說故事的時候也會用到。因為使用道具可以：

- 激發好奇心
- 幫助孩子傾聽以及專注
- 幫助說故事的人記住情節順序
- 幫助新手建立信心
- 為故事添加藝術氣息
- 以不同的方式呈現故事

兩大重點，選擇適合的故事道具

有些故事特別適合使用道具，尤其是講給小孩子聽的、重複多次同樣情節的小故事，例如〈拔蘿蔔〉（請見P254）和〈魔法魚〉（請見P182）。在另一些故事中，一個簡單的道具就可以顯出奇妙的效果。例如在講〈星星蘋果〉（請見P143）這個故事時，把蘋果從中間切開，露出裡面的星星，一下子就打開了故事的空間。講美洲印第安童話〈隱形的獵人〉（請見P235）時，敲擊小鼓會讓那首不斷重複的歌曲更有力量。另外，由於故事比較長，鼓聲伴奏的歌曲可以維持聽眾的注意力。

道具更適合在給年幼孩子說故事時使用，但我們不要因此小看它對其他年齡聽眾的影響力。最近，在一個成人故事晚會上，我從屋子角落裡找了一把掃帚來做道具，製造了不可或缺的幽默。

重點1：道具要易於操作

篇幅較長、情節曲折而複雜的故事通常不適合使用道具，因為這樣的故事需要的道具太多，幾乎可以演出木偶劇或是戲劇了。更簡單的做法是讓故事在聽眾的想像中展開。道具反而會造成干擾，破壞他們聽故事的專注力。

你也需要衡量準備道具會占用你多少時間。不論是自製或現成的道具，都必須易於操作，要確定不會站不穩，或者多到兩隻手忙不過來，你還需要在正式上場前練習幾次。舞台設計和舞台感也是必要的，例如不要把木偶或娃娃背向觀眾；如何讓某個角色走出房子；如何穿過整個場景；如果角色是人，還要考慮如何走得像人，而不是像袋鼠那樣用跳的，當然，如果角色是袋鼠則另當別論。

在錯誤中學習，一段時間之後，你慢慢會知道哪些故事需要道具，哪些故事不用道具效果反而更好，或更強烈。說故事的時候，你也會知道什麼時候需要道具，什麼時候最好不用。

我的建議是，**剛開始學習說故事的時候可以使用道具，尤其是你缺乏自信的時候。**

重點2：同樣的故事，可以用不同的道具詮釋

有些故事不但適合用道具，而且還可以用不同方式詮釋。當然，說故事的時候不一定要使用上所有方法。在表演挪威故事〈三隻山羊〉（請見P244）時，我坐在椅子上，腿上鋪一塊藍色的布，讓布垂到地上當河流，上面放一塊木頭當橋。山羊用毛線編織的填充動物來

表示，也可以用一束羊毛或者把樹葉折一折當山羊。用一團深棕色的羊毛打個結就是巨人，或者也可以用松果來代表。

這個故事也可以用偶戲的形式來表現，在桌子或沙盤上，用天然物品做背景，用線織或泥捏的動物來當山羊和巨人。或者也可以用氈毛貼板或魔鬼沾來說故事，把氈毛剪成動物的形狀做道具。此外，還可以一隻手套著指偶，另一隻手當橋。

有時候，我也會讓孩子們裝扮成故事中的角色，在髮帶插上各種形狀的羽毛來當山羊的角，巨人則披上有帽子的大斗篷。巨人通常就躲在我身邊的籃子裡，在講到的時候跳出來。一條長板凳或一根長木頭就是羊要穿過的橋。

此外，還可以使用樂器。講〈三隻山羊〉的時候，我給聽故事的孩子一人一種樂器，不同的樂器代表不同的角色──三角鐵或搖鈴代表小山羊，手鼓代表中山羊，鼓代表大山羊。當然，孩子們必須學習聽指揮，留意我的手什麼時候抬起（開始演奏），什麼時候放下（停止演奏）。

除了上述建議，使用道具的方法還有很多很多，而很多故事都可以用這些方法來表現。無論對於說故事的大人還是聽故事的孩子，使用道具都是一件充滿創意、讓人享受，又非常好玩的事！

Chapter 31

說故事評估標準，
幫助你完成適合孩子的故事

檢視你的說故事技能，了解過程中需要的重要元素

在正式的說故事課程中，我曾使用下頁表格評估說故事者的技能。你可以將表格印出來，根據這些標準來評估自己或他人；這樣可能會對你有所幫助，但千萬不要被它限制了！故事怎麼講是因人而異的。很多天生的故事高手不需要經過這樣的練習。

這個表格是為了幫助說故事的人明白過程中所需要的元素。老師可能比家長更需要。不過，我要提醒大家：為幼兒說故事的時候，不能誇大角色，也不要以太戲劇化的方式表現，尤其是講童話或民間故事的時候，這是很多人都會犯的錯。**我們的目的不是要去嚇唬或刺激孩子，而是要透過故事內容增加孩子的力量。**信任故事中圖像的力量吧，它們可以如實傳達出故事。我們這些說故事者的主要任務，只是把故事傳遞給小孩子，其餘的工作，就交給他們豐富的想像力去完成！說故事的人添加過多的個人色彩，反而會對他們有害呢！

表7：說故事的評估準則

能力要素	操作標準	你的情況
布置場地	· 準備好聽故事的場地，確保聽眾能聽見、看見說故事的人 · 準備說故事的地方或椅子 · 如果需要，擺好道具，放在方便拿取的地方	
故事開場	· 運用技巧吸引聽眾的注意力（例如唱歌或彈奏音樂） · 故事的開頭要吸引人	
說故事時	· 適當使用身體語言和手勢 · 口齒清晰 · 敘述流暢 · 根據故事內容及孩子的年齡，採用適合的演說風格（對年幼的孩子，敘述方式不要太強烈） · 運用節奏和停頓（不要太快或太慢） · 如果為不同角色配音（不是必須），確保聲音符合該角色，不然聽眾會搞糊塗 · 不要（過分）誇大角色（尤其對年幼的孩子） · 不要使用太多描述	
故事結尾	· 技巧性結束故事（例如唱歌、彈奏音樂或遊戲）	
總評	· 準備充分 · 對故事了解很透徹 · 聽眾從故事中獲得了滿足感（例如長度適中，不會讓聽眾覺得交代不清） · 聽眾很投入（展示出故事的魔力）	

評估：合格_____不合格_____

你的情況：

每天一故事，
爲工作與生活帶來新的光芒

　　如果這本書不負所托，你一定體會到了「每天一故事」的效果。儘管講了三十多年的故事，故事的力量還是常常讓我讚歎。老故事不斷以新方式呈現出生命力，新故事也為工作和生活帶來新的光芒。

　　最近，我跟大兒子基倫以及他兒子托托坐車出遊。當時托托很不開心，因為媽媽去上班了，他很想跟媽媽一起去。他坐在汽車的幼兒安全椅裡，邊哭邊扭動著身體，誰都無法安慰他。我兒子看到小孩那麼傷心，也很沮喪。我坐在前排，想著可以說些什麼或者做點兒什麼。這時車子轉了個彎，後車廂裡的那些衝浪板彼此撞擊，發出嘎吱嘎吱的聲音。我突然想起〈吱嘎吱嘎響的床〉（請見P142），就決定講那個故事。

　　其實我沒把握，因為托托還很小，那週才剛滿3歲，而且當時他真的很吵。開始講的時候，我的聲音幾乎被淹沒了。突然間，很神奇的，車裡安靜下來。五分鐘之後，故事講完了，有個很小的聲音說：「可不可以再講一個啊？」

　　就這樣，到達目的地時，我們開心的唱著歌，心情完全不同了。

　　故事，以最簡單且未經計畫的方式，解決了困境。

　　最近，現在澳洲居住和工作的加拿大故事家珊德拉寫了個新故

事，這個故事深深打動了我。珊德拉曾參加我的工作坊，幾週之後，她聯繫我，告訴我她需要完成突如其來的任務——籌劃一個小女孩的葬禮。那個小女孩莎樂是她們幼兒園的孩子，還差幾個月就4歲了，和家人在雨林露營時被蛇咬傷而去世（故事請見P308）。

珊德拉結合故事的創作和講述，用這個美麗的故事來紀念不幸離去的幼小生命，非常值得我們學習。莎樂的父母說，莎樂死後，她哥哥身上似乎充滿前所未見的勇敢，就好像妹妹勇敢的靈魂進入了他的內心；莎樂最好的朋友貝瑟尼在莎樂死後特別喜愛一隻玩具獨角獸。貝瑟尼的媽媽說，在葬禮上，她的女兒聽故事聽得很專心。

葬禮上，大家還分享了莎樂生前的點點滴滴。莎樂的父母非常感謝珊德拉所做的一切，他們感慨的說，難怪莎樂把珊德拉當作「仙女教母」，難怪她那麼喜歡珊德拉的幼兒園。莎樂之前也上過好多個幼兒園，但都待不久，媽媽只好不斷尋找，直到莎樂和珊德拉相遇。

讓故事的療癒力量，也能在不同文化中展現

從事療癒故事的工作過程中，參加過我的工作坊的人逐漸擴大成為更大的網路，他們還把自己的想法、問題和故事創意告訴給我，這是最令我開心的。大多數人透過郵件與我聯繫，但也有人（尤其是非洲的那些同事）會發越洋訊息給我。例如：「蘇珊，幫我想想怎麼寫個故事給6歲的男孩，他經常推人，對班上其他孩子非常粗魯。」

回覆這樣的簡訊很有意思，但有時也會有點小麻煩，因為我得寫好多文字：

講一隻疣豬的故事吧，他必須學習用長牙做有建設性的事情，例如挖食物吃、挖洞穴住。一開始，疣豬因為自己有力的長牙總是傷害到大家，所以失去了很多朋友，後來有個小動物遭遇困難（可能是陷入了泥淖），疣豬用長牙解救了他，還跟他成了好朋友。你覺得怎樣？

　　幸運的是，我最近學會了智慧輸入法。更令人高興的是，我的非洲同事現在有電腦了，我們可以來回發送內容很長的電子郵件。偶爾我也會打電話給他們，雖然訊號總是不太好。

　　不久前的一天晚上，我打開「收件匣」，看到下面這封郵件，是一個澳洲幼兒園老師寄給我的：

　　我曾參加過幾次您的工作坊，最近一次是在今年四月份，您提到可以寫信給您。我現在辦了一家華德福理念的家庭式幼兒園，照顧3～5歲的孩子。

　　附件中〈猴子樹〉的故事，是我為園裡一個4歲的孩子寫的。這個孩子的父母去年離婚了，她很難適應這種共同監護的新方式。她有三個十幾歲的哥哥姐姐，家裡總是吵吵鬧鬧的，有點混亂，因此我選擇了猴子作為故事的主題。

　　希望我選擇的方向是正確的。我非常期待您的意見。我在您的工作坊中學到了很多，甚至可以自己寫療癒故事啦！

　　我打開了附件，很榮幸的讀到了這個美麗的故事——故事簡單，

有精采的重複和童謠，很適合4歲大的孩子，而且恰到好處的運用了「隱喻、情節和解決方案」這個框架去處理孩子的問題。

在回信中，我毫不吝嗇稱讚她，然後提出以下的問題。在評估療癒故事時，這些問題都是關鍵：

「講過這個故事後，孩子和家長的行為有無發生變化？」

「這個故事在幼兒園裡講了多少次？」

「有沒有把這個故事分享給孩子的父母／祖父母／其他照護人，讓他們講給孩子聽？如果有，得到回應意見了嗎？」

第二天，她回信回答了以上的問題：

Z是2006年2月來到幼兒園的。她父母去年離婚，開始的時候，Z明顯的很沮喪並且缺乏自信。漸漸的，她的情緒穩定下來，不過我可以看出，與其他孩子相處時，她還是信心不足。今年她的父母實行新的監護方案，她又出現退化行為，變得非常焦慮，父母離開時她會哭、會很沮喪，有時候還會非常傷心。

就是在這樣的情況下，我決定寫這個故事。我把故事交給孩子的母親，讓她在家裡讀給她聽，效果立竿見影，她在園裡的狀況立刻有了改變。我了解到，和爸爸在一起的時候，她還是常常要回家找媽媽，但是她在幼兒園裡的情緒非常穩定，是這一年半以來最自信和開心的。她的母親告訴我，她只給孩子讀過幾次故事，Z卻經常把〈猴子樹〉掛在嘴邊，看得出她聽進去了。

她媽媽還提到，Z現在不再像以前那麼黏人，那麼難以滿足，事實上她現在是四個孩子中情感最獨立的。最近我寄給那位母親一張照片，

Z笑得那麼自然而真實，我已經很久沒有見過她如此開心的笑容了。

（經作者潔莉允許，我很榮幸把〈猴子樹〉收入本書P317。）

最近，我的電子郵件聯絡人似乎在奇蹟般擴大，給我寫信的人，有的素不相識，有的來自我從未去過的地方。今天早上，我收到一封來自阿拉斯加邊境懷特霍斯城的郵件，我非常珍惜這樣的際遇。

我購買了幾本您的著作，那是紐西蘭幼兒園老師推薦給我的。我工作的地點在加拿大育空省，靠近阿拉斯加，我經常在幼兒園工作中講妳的那些故事。對我來說它們非常有價值，常常以特別的方式打動孩子。

我非常想參加您的工作坊，很想知道您什麼時候會在北美開工作坊，確切地點在什麼地方？

由於這封郵件，我們計畫明年去育空省拜訪。這位新網友邀請我和我先生住在他們家。我們打算分享故事，並開幾次提供食宿的故事工作坊。後來我得知，她先生開了家有機烘焙坊，這麼說來，「每天一故事」就意味著我們可能會吃得太多，需要「每天一遠足」！

每天一遠足有助於帶來故事靈感。我不禁開始想，在育空漫步河谷，聽著山間的風聲，我會聽到什麼樣的故事呢？

故事的效果不會只侷限在一個地方、一個作用

我想用一個故事來作為這本書的結尾。

故事的名字叫〈琳達之歌〉（請見 P355），來自我多年以前寫的故事〈神奇的南瓜〉。那是1997年我送給當時參加南非故事課程所有婦女的禮物。故事的靈感來自我的非洲朋友諾門（Nomangesi Mzam）所說的一句話，故事中的隱喻、情節和解決方案都由此而來。這句話是這樣的：「在種族隔離的荊棘中，只有高聲歌唱，才能披荊斬棘，找到出路。」

這個故事披荊斬棘，進入了開普敦有色人種居住區的許多教育機構和學校。有個叫納姆（Nombuelo Mejesi）的朋友曾形容這是為新南非而寫的療癒故事。

我一度認為，這個故事的主要對象和作用是在非洲。不管是在開普敦還是在肯亞，我在工作中以及其他場合下遇到的孩子和大人們都反覆的要求我講這個故事——有些孩子還給我取了個外號叫「南瓜小姊」。

然而，我早就應該知道，**一個故事不會只侷限於一個「地方」、只有一種「作用」**。今年（2007）我去澳洲出席兩年一次的全國性幼兒教育會議——「人生關鍵期」（Vital Years）。令我驚訝的是，在會議上，這個故事被改編成了玩偶劇。有個朋友打電話和我聊起這件事，並告訴我，她回家後（她住在澳洲東北部的亞熱帶海岸）準備在開學日表演類似的玩偶戲。表演之後，她寫了一封電子郵件給我：

蘇珊妳好：

　　只是想告訴妳，〈琳達之歌〉深受歡迎，從祖父母到剛走路的小孩都喜歡。當時的氣氛是那麼令人著迷，奇妙無比。妳使用的隱喻在所有人身上都奏效，不管他們來自哪個國家。這個星期四我們會為十二年級的學生們再表演一次，緊接著還要為老師們表演……再次感謝妳。

　　祝好

卡羅

2007 年 4 月 8 日

〈琳達之歌〉

　　很久以前，有個村莊，村莊的旁邊有一塊田地，田地中間有一顆小小的南瓜籽，它剛剛開始發芽。這小小的幼芽長啊，長啊，綠色的南瓜藤漸漸鋪滿了地面，南瓜藤的深處，長出一個又大又漂亮的金色的南瓜。村民一輩子都沒有見過這麼大、這麼漂亮的南瓜。

　　不過，這個南瓜可不是普通的南瓜，這塊田地也不是普通的田地。隨著南瓜漸漸長大，田地周圍也長出一道刺籬笆，把田地緊緊包圍起來。籬笆裡的荊棘長得那麼密，那麼厚，等到南瓜成熟了，可以摘下的時候，卻沒有人可以穿過籬笆去摘它。

　　大家開了個會，討論該怎麼辦。一位老爺爺說：「我有一把鋒利的斧頭，我看看能不能把荊棘砍倒。」於是他拿起斧頭，想從籬笆中間砍出一條路來。可是舊的刺枝剛砍下，新的刺枝馬上就從原來的位置上長出來。他從早砍到晚卻沒有半點成效，最後只好放棄。

一位農夫說：「我有一把結實的鏟子，我看看能不能挖斷荊棘的根。」於是拿起鏟子往地裡挖。可是荊棘的根是那麼硬，而且密密麻麻的纏在一起。他從早挖到晚卻沒有半點成效，最後只好放棄。

　　有個小伙子說：「我是爬樹高手，我看看能不能爬過這道刺籬笆。」於是他攀住刺枝往上爬，可是那些刺那麼長，那麼尖，就像針一樣，戳破了他的衣服，刺進了他的肉。他從早爬到晚卻沒有半點進展，最後還是放棄了。

　　第二天，有叫琳達的小女孩路過村莊，大家都說她有世上最美的歌喉。她路過的時候，聽見了大家的煩惱，於是走到籬笆旁邊，在一塊石頭上坐下，開始放聲歌唱：

　　「Ithanga elikulu, Ithanga elikulu; lishleli ebobeni, lishleli ebobeni」

　　琳達的歌聲是那麼動聽，附近田野裡的小動物們都來到她的身旁，靜靜的聽著。（重複歌聲）

　　琳達的歌聲是那麼動聽，天空中的鳥兒都飛下來，落在樹枝上，靜靜的聽著。（重複歌聲）

　　琳達的歌聲是那麼動聽，蚯蚓和蟲子都爬出地面，停在她的腳邊，靜靜的聽著。（重複歌聲）

　　琳達的歌聲是那麼動聽，甚至天上的雲也降落下來，靠近地面，靜靜的聽著。（重複歌聲）

　　一朵小雲不知不覺降得越來越低，正好落在琳達的面前。琳達停止歌唱，微笑著看了看圍觀的村民，然後踏上那朵小雲。小雲朵載著她慢慢升起，飛過了刺籬笆，降落在南瓜田的中間。

　　琳達伸手摘下那個漂亮的大南瓜，把它放在雲朵上。小雲朵又一次

帶著她升起來，飛過刺籬笆，飛到村子中央降落下來。

　　那天晚上，村民們把南瓜煮熟，開了個盛大的南瓜宴，一起歡慶這奇妙的一天。這一天，琳達用她那動人的歌聲，找到了一條路，越過了魔法刺籬笆，摘到了世界上最奇妙、最美麗的金色大南瓜。

推薦書目和網站

以下是蘇珊‧佩羅所推薦的閱讀書目與網站，能夠幫助所有說故事者在創造故事的過程中獲得更多靈感。

推薦書目

- Barfield, O. (1977), *Matter, Imagination and Spirit - The Rediscovery of Meaning and Other Essays,* Wesleyan University Press: Middletown, CT
- Baldwin Dancy, Rahima (2006), *You Are Your Child's First Teacher*, Hawthorn Press, Stroud
- Barton, B. (1991), *Tell Me Another*, Rigby Heinemann, Victoria.
- Bettelheim, B. (1976), *The Uses of Enchantment*, Penguin Books, Middlesex, England.
- Blaxland-de Lange, S. (2006), *Owen Barfield: A Biography*, Temple Lodge: U.K.
- Cassady, M. (1990) *Storytelling Step By Step*. Resource Publ., California
- Dodd, S. (1994), *Managing Problem Behaviours*, MacLennan & Petty Pty Ltd, NSW
- Edmunds, L. Francis (2004), *Introduction to Steiner Education: The Waldorf School*, Rudolf Steiner Press, Sussex
- Egan, K. (1988). *Teaching as Storytelling*, Routledge, London
- Estes, C.P. (1992), *Women who run with the Wolves*, Rider, London
- Gersie, A. (1991). *Storymaking in Bereavement*, Jessica Kingsley Publishers, London.
- Greer, C. & Kohl, H. (1995) A Call to Character: A Family Treasury of Stories,*Poems, Plays, Proverbs and Fables*, Harper Collins, N.Y.
- Groome, H. (1994), *Teaching Aboriginal Studies Effectively*, Social Science Press, Sydney.

- Johnston, A. (1996), *Eating in the Light of the Moon*, Birch Lane Press, N.J.

- Kilpatrick,W. & Wolfe, G.(1994), *Books That Build Character - A Guide to Teaching your Child Moral Values through Stories*, Touchstone, N.Y.

- Mani, G. (1996) *Storyteller, Storyteacher: Discovering the Power of Story Telling for Teaching and Living*, Stenhouse, York.

- McDonald, M. R. (1993) *The Storytellers' Start-up Book*, August House, Little Rock, Arkansas.

- McKay, H. & Dudley, B. (1996) *About Storytelling: A Practical Guide*, Hale & Iremonger, Sydney

- Mellon, N. (1992). *Storytelling and the Art of Imagination*, Element, Dorset

- Mellon, N. (2000). *Storytelling with Children*, Hawthorn Press, Stroud

- Meyer, R. (l98l), *The Wisdom of Fairy Tales*, Floris Books, Edinburgh

- Milne, A.A. (1973), *When We Were Very Young & Now We Are Six*, Methuen: London

- Okri, B. (1996), *Birds of Heaven*, Phoenix, London

- Pearmain, E.D. (2006), *Once Upon a Time: Storytelling to Teach Character and Prevent Bullying*, Marco Products, PA.

- Pellowski, A.(1990), *The World of Storytelling*, H.W. Wilson Company, N.Y.

- Porter, L. (1999), *Young Children's Behaviour: Practical Approaches for Caregivers and Teachers*, MacLennan & Petty Pty Ltd, NSW

- Steiner, R. (2001), *Nature Spirits – Selected Lectures*, Translated by M. Barton, Rudolf Steiner Press, London

- Steiner, R. (1989) *The Poetry and Meaning of Fairy Tales*, Mercury Press, N.Y.

- Van der Post, L. (1972), *A Story Like The Wind*, Penguin Books, London.

- Watson, M. 1986, *'To Spear a Hotdog – Storytelling for Today's Children'*, in *Coming Out!* Nelson, Vic.

- Wyatt, I. (1975), *The Seven-Year-Old Wonder Book*, Dawn-Leigh Publications, CA.

參考網站

- **治療故事聯盟** http://www.healingstory.org/
  透過說故事的經驗和技巧分享，探索和推廣說故事的藝術。

- **蘇珊‧佩羅**（Susan Perrow）http://healingthroughstories.blogspot.com/
  故事治療創作者交流網站，同時推廣蘇珊‧佩羅的故事書。

- **蘇珊‧佩羅官方網站** http://susanperrow.com/
  本書作者蘇珊‧佩羅官方網站，提供作者最新訊息以及故事資訊。

- **講故事課程——南十字星大學** http://www.scu.edu.au/
  課程編號：ENG00355

- **南希‧梅隆**（Nancy Mellon）http://www.healingstory.com/
  世界各地的說故事活動訊息，及南希的故事治療學校的資訊。

- **艾麗莎‧佩梅**（Elisa Pearmain）http://wisdomtales.com/
  從前從前，有一所專門教導國中生的教室，是以說故事的方式讓孩子
  養成良好品格，防止霸凌行為。

- **原住民文學** http://www.indigenouspeople.net/
  世界原住民文學中心站，提供很多網站聯結，有豐富的故事和文化。

- **說故事的藝術** http://www.storyarts.org
  提供在課堂上說故事的概念、教學大綱中可使用的說故事的課程計畫
  和活動，以及海瑟‧福斯特（Heather Forest）音樂故事的示範。

- **一年四季的故事** http://www.h-net.org/~nilas/seasons/
  提供適合5～12歲的孩子，有關季節、大自然的故事，還有許多動植
  物故事的書目。

- **卡倫‧翠絲**（Karen Chase）http://www.storybug.net/
  從世界各地的民間傳說、吉卜林故事全集、玩偶戲場景到互動的故事
  資源，應有盡有！

- **格林童話集** www.cs.cmu.edu/~spok/grimmtmp/
  瑪格麗特‧杭特（Margaret Hunt）翻譯的《格林兄弟家庭故事集》全書209個故事。

- **想像力教育研究小組** http://www.ierg.net/
  由一群研究者、老師、研究生、家長以及想讓教育更有成效的人所組成。他們把他們的新方式稱為「想像力教育（Imaginative Education，簡稱IE）」。讓學生運用想像去學習，讓老師帶著想像教學，這樣才能使課程更生動，對學生而言才有意義。IERG（Imaginative Education Research Group）由加拿大哥倫比亞省菲沙大學的教育工作者於2001年創建。

- **樹精靈網** http://www.spiritoftrees.org/
  這是治療師、教育者、環境保護者、說故事和愛樹的人常用的網站。你可以在這裡找到與樹有關的多種文化的民間故事和神話。

- **澳洲夢世紀故事** http://www.dreamtime.net.au/
  這網站是說故事人和老師的藏寶地。你可以在這裡找到很多澳洲的故事、文化和歷史背景資料，幫助你探索澳洲本土文化。這裡有夢的故事，教師用的或是學生看的內容。

- **花之樹和其他印度故事** http://ark.cdlib.org/ark:/13030/ft067n99wt/
  A. K拉瑪弩健（A. K Ramanujan）口述的故事集。

- **故事藤** http://www.drawandtell.com/hastoryvine.html
  線上沙畫故事，還有說故事、故事寫作以及語言學習的各種故事。

- **兒童說故事俱樂部** http://www.storycraft.com.
  這裡有幫助孩子成為說故事者的資訊，還提供了新的創意輔助說故事，以及故事中的表達技巧等等。

- **傳統口述故事** http://journal.oraltradition.org/
  「傳統口述故事」是國際性、跨學科的論壇，討論全世界的口述傳統及其相關的形式。這個網站是免費的，現在就去體驗吧。

- **金‧約翰‧培恩，教育學碩士**（Kim-John Payne, M. Ed）
  http://www.thechildtoday.com/
  金‧培恩是顧問、研究者和教育者，致力於研究孩子在兄弟姊妹或同學之間相處困難的問題，孩子在家庭、學校的注意力缺乏和行為的問題，以及挑釁、攻擊性、成癮、自負等情緒問題。

- **童年聯盟** http://www.allianceforchildhood.org/
  這是一個世界性的組織，推廣兒童健康發展、熱愛學習、快樂生活的理念與做法。他們在許多國家開展公眾教育運動，讓民眾了解童年所蘊含的希望以及童年的脆弱。他們是為了給孩子們更公平、民主和為生態負責的未來。還有很多聯結、資源和新的出版品。

- **澳洲幼兒教育** http://www.earlychildhoodaustralia.org.au/
  提供各種與兒童發展和早期幼兒教育相關的資源、新聞、數據資料等。

- **新南威爾斯政府──社區服務部門育兒網站**
  https://www.facs.nsw.gov.au/families
  提供關於育兒的資源、新聞、數據。

- **家長資訊網** http://www.parentshop.com.au/
  幫助家長實行簡單易行而又有成效的養育和教育資訊。

【附錄二】
創作故事分析表格參考答案

以下是第5章表5和表6的參考答案。最後為空白表格，有需要的讀者請自行影印使用。

表5：分析治療性故事——針對各種常見行為的故事

故事	隱喻	情節	解決方案
德貝的靴子 （請見P160）	·小紅靴 ·在一起的好朋友	描述一雙靴子一天的冒險經歷（使用大量重複）。	·休息時脫下靴子，仔細放在一起，而不是亂扔。
老奶奶和驢子 （請見P167）	·自然孩子 ·祖母 ·驢子 ·種子（花） ·街上的垃圾 ·與自然失去聯結	從鄉下搬到城裡，周圍的環境從美到醜，再恢復美麗。	·孩子們幫助清理垃圾，種植花園。
小掃帚 （請見P282）	·小心（可以用偶戲表現） ·不同顏色的帽子 ·重複的情節和歌謠	三個小人輪流使用掃帚，一個胡亂敷衍，一個匆忙完成，一個認真仔細打掃。	·小金帽人示範如何把麵包屑掃在一起。 ·掃帚完成了任務，非常開心。

故事	隱喻	情節	解決方案
亂跑亂跳的 小紅馬 （請見 P257）	·亂踢亂跳的 　小馬 ·農夫 ·刷子 ·歌曲	小馬學會了停止亂 踢亂跳，安靜下 來，享受被人撫摸 和刷毛。	·朋友們一起分 　享。 ·安靜下來、被 　人呵護的正面 　體驗。 ·輕輕撫摸而不 　是亂踢亂跳。
愛抱怨的 鯨魚 （請見 P139）	·鯨魚群 ·抱怨歌 ·鯨魚的歌聲 ·環礁湖 ·淺水	小鯨魚忙著抱怨， 以致與鯨魚群失 散，困在環礁湖的 淺水中；他唱起鯨 魚的歌，因而獲 救。	·以善用聲音取 　代最初的抱怨 ·歸屬感。 ·歌唱的快樂。
著急的小棕 斑馬 （請見 P194）	·棕色條紋 ·黑色條紋 ·陰影（陽光） ·倒影	小斑馬悶悶不樂， 他想擁有大斑馬的 黑斑紋，想盡辦法 讓自己的棕斑紋變 黑。	·成長需要時間 ·有時等待很重 　要。 ·要慢慢長大。 ·吃和玩可以幫 　助我們長大。

表6：分析治療性故事——針對特定情況的故事

故事	隱喻	情節	解決方案
無尾熊寶寶 （請見P321）	・樹（世界） ・不斷長大，老在喊餓的寶寶 ・疲憊的媽媽 ・汁水豐富的葉子 ・更高的樹枝	媽媽和寶寶在樹上，媽媽睡著了，寶寶餓了，自己爬上去摘到了好吃的葉子。	無尾熊寶寶變得強壯又勇敢，可以離開媽媽，獨自去闖蕩世界了。
張牙舞爪的小螃蟹 （請見P209）	・鉗子 ・生氣的海灘朋友 ・智慧的烏龜 ・編織手套	小螃蟹總用大鉗子掐人，很不討人喜歡——烏龜為小螃蟹織了一副手套，他的鉗子變得溫暖而舒適，再也不傷害別人了。	・學會用鉗子（手）做不會造成破壞的事情。 ・用包容的方式解決攻擊行為。
折疊小刀和城堡 （請見P161）	・唱歌的折疊小刀 ・城堡 ・夢 ・銀色月光	小男孩不斷用小刀進行破壞並造成了相應的後果，後來他做了一個雕刻出木頭城堡的夢。	・小男孩體會到創造美麗事物的快樂。 ・使用手和工具來創造而不是破壞。
天生的國王 （請見P296）	・王子 ・摔斷的骨頭 ・城堡的高牆 ・有智慧的奶奶 ・奶奶的鏡子 ・陽光 ・黑暗的房間 ・用皇冠做道具	意外事故以及緩慢的療癒過程；從光明到黑暗，又從黑暗到光明；從外到內，又從內到外。	・王子需要自己走出城堡，走進陽光。 ・自信和內心力量的建立。

故事	隱喻	情節	解決方案
雲朵男孩 （請見P53）	·住在雲朵上的男孩 ·用娃娃做道具	「雲朵男孩」離開天空，來到地球。	·小男孩與新娃娃建立情感。 ·消除了同儕以及商業玩具的影響。
毛巾的 故事 （請見P248）	·老爺爺毛巾 ·新毛巾 ·擦澡歌	學習如何做毛巾，學習擦澡歌。	·新毛巾很開心有機會成為真正的毛巾。 ·孩子發現安靜站著，被毛巾擦乾很舒服。

構建你的療癒性故事

故事	隱喻	情節	解決方案

看完故事醫生蘇珊‧佩羅的創作故事之旅，你是不是也躍躍欲試，
想要為孩子量身創造獨一無二的引導故事了呢？
請利用上一頁的故事引導表格，在下面完成這個簡單又溫暖的故事吧！